元史

四部備要

史部

中華書局據武英殿本校刊

桐鄉　陸費逵總勘
杭縣　高時顯
　　　吳汝霖輯校
杭縣　丁輔之監造

元史卷一百八十三

明翰林學士亞中大夫知制誥兼修國史宋　濂等修

列傳第七十

王守誠

王守誠字君實太原陽曲人氣宇和粹性好學從鄧文原虞集游文辭日進泰定元年試禮部第一廷對賜同進士出身授祕書郎遷太常博士續編太常集禮若干卷以進轉藝林庫使與著經世大典拜陝西行臺監察御史除奎章閣鑒書博士拜監察御史僉山東廉訪司事改戶部員外郎中書右司郎中拜禮部尚書與修遼金宋三史書成擢參議中書省事調燕南廉訪使至正五年帝遣使宣撫四方除守誠河南行省參知政事與大都留守答爾麻失里使四川首薦雲南都元帥述律鐸爾直有文武材初四川廉訪使某與行省平章某不相能誣宣使蘇伯延行賄於平章某瘐死獄中至是伯延親屬有愬會茶鹽轉運司官亦訟廉訪使累受金廉訪使倉皇去官至揚州死副使而下皆以事罷

憲史四人奏差一人籍其家而竄之餘皆斥去重慶銅梁縣尹張文德出遇少年執兵刃疑爲盜擒執之果拒敵文德斬其首得懷中帛旗書曰南朝趙王賊黨聞之遂焚劫雙山文德捕殺百餘人重慶府官以私怨使縣吏誣之乃議文德罪比不卽捕強盜例加四等遇赦免猶擬杖一百守誠至爲直其事他如以贓罪誣人動至數千緡與夫小民田婚之訟殆百十計守誠皆辨析詳讞辭窮吐實爲之平反州縣官多取職田者累十有四人悉釐正之因疏言仕於蜀者地僻路遙俸給之薄何以自養請以戶絕及屯田之荒者召人耕種收其入以增祿秩宜賓縣尹楊濟亨欲於蟠龍山建憲宗神御殿儒學提舉謝晉賢請復文翁石室爲書院皆采以上聞成之風采聳動天下論功居諸道最進資政大夫河南行省左丞未上母劉氏歿于京師聞喪亟歸遂遘疾以至正九年正月卒年五十有四帝賜鈔萬緡謚文昭有文集若干卷

王思誠

王思誠字致道兗州嵫陽人天資過人七歲從師授孝經論語卽能成誦家本

業農其祖佑訴家人曰兒大不教力田反教爲迂儒邪思誠愈自力弗懈後從
汶陽曹元用游學大進中至治元年進士第授管州判官召爲國子助教改翰
林國史院編修官尋陞應奉翰林文字再轉爲待制至正元年遷奉議大夫國
子司業二年拜監察御史上疏言京畿去年秋不雨冬無雪方春首月蝗生黃
河水溢蓋不雨者陽之亢水涌者陰之盛也嘗聞一婦銜冤三年大旱往歲伯
顏專擅威福讎殺不辜郯王之獄燕鐵木兒宗黨死者不可勝數非直一婦之
冤而已豈不感傷和氣邪宜雪其罪勑有司行禱百神陳牲幣祭河伯發卒塞
其缺被災之家死者給葬具庶幾可以召陰陽之和消水旱之變此應天以實
不以文也行部至檀州首言采金鐵冶提舉司設司獄掌囚之應徒配者鈦趾
以春金鑛舊嘗給衣與食天曆以來水壞金冶因罷其給嚙草飲水死者三十
餘人瀕死者又數人夫罪不至死乃拘囚至於餓死不若加杖而使速死之愈
也況州縣俱無因糧輕重因不決者多死獄中獄吏妄報其病月日用藥次第
請定瘐死多寡罪著爲令又言至元十六年開壩河設壩夫戶八千三百七十

有七車戶五千七十出車三百九十兩船戶九百五十出船一百九十艘壩夫累歲逃亡十損四五而運糧之數十增八九船止六十八艘戶止七百六十有一車之存者二百六十七兩戶之存者二千七百五十有五晝夜奔馳猶不能給壩夫戶之存者一千八百三十有二一夫日運四百餘石肩背成瘡顱額如鬼甚可哀也河南湖廣等處打捕鷹房府打捕戶尚玉等一萬三千二百二十五戶阿難答百姓劉德元等二千三百戶可以簽補使勞佚相資又言燕南山東密邇京師比歲饑饉羣盜縱横巡尉弓兵與提調捕盜官會鄰境以討之賊南則會于北賊西則會于東及與賊會望風先遁請立法嚴禁之又言初開海道置海仙鶴哨船四十餘艘往來警邏今弊船十數止於劉家港口以捕盜爲名實不出海以致寇賊猖獗宜即萊州洋等處分兵守之不令泊船島嶼禁鎮民與梢水爲婚有能捕賊者以船畀之獲賊首者賞以官仍移江浙河南行省列戍江海諸口以詰海商還者審非寇賊始令泊船下年糧船開洋之前遣將士乘海仙鶴於二月終旬入海庶幾海道寧息朝廷多是其議松州官吏誣構

良民以取賂愬于臺者四十人選思誠鞫問思誠密以他事入松州境執監州以下二十三人皆罪之還至三河縣一囚愬不已俾其黨異處使之言囚曰賊向盜某芝麻某追及刺之幾死賊以是圖復讐今弓手欲捕獲功之數適中賊計其贓實某妻裙也以裙示失主主曰非吾物其黨詞屈遂釋之豐潤縣一囚年最少械繫瀕死疑而問之曰昏暮三人投宿將詣集場約同行未夜半趣行至一冢間見數人如有宿約者疑之衆以爲盜告不從脅以白刃驅之前至一民家衆皆入獨留戶外遂潛奔赴縣未及報而被收思誠遂正有司罪少年獲免出僉河南山西道肅政廉訪司事行部武鄉縣監縣來迓思誠私語吏屬曰此必贓吏未幾果有愬于道側者問曰得無訴監縣敚汝馬乎其人曰然監縣抵罪吏屬問思誠先知之故曰衣弊衣乘駿馬非詐而何陝西行臺言欲疏鑿黃河三門立水陸站以達於關陝移牘思誠會陝西河南省憲臣及郡縣長吏視之皆畏險阻欲以虛辭復命思誠怒曰吾屬自欺何以責人何以待朝廷諸君少留吾當躬詣其地衆惶恐從之河中灘磧百有餘里巉石錯出路窮舍騎

徒行攀藤葛以進衆憊喘汗弗敢言凡三十里度其不可乃作詩歷敘其險執政采之遂寢其議召修遼金宋三史調祕書監丞會國子監諸生相率爲鬨復命爲司業思誠召諸生立堂下黜其首爲鬨者五人罰而降齋者七十人勤者升惰者黜於是更相勉勵超陞兵部侍郎監燒燕南昏鈔忽心悸弗寧已而母病事畢馳還京師侍疾及丁內憂扶櫬南歸甫禫朝廷行內外通調法選郡縣守令起思誠太中大夫河間路總管磁河水頻溢決鐵燈干鐵燈干真定境也召其邑吏責而懲之遂集民丁作堤晝夜督工期月而塞復築夾堤于外亘十餘里命瀕河民及弓手列置草舍於上擊木以防盜決是年民獲耕藝歲用大稔乃募民運碎甓治郭外行道高五尺廣倍之往來者無泥塗之病南皮民父祖嘗瀕御河種柳輸課於官名曰柳課後河決柳俱沒官猶徵之凡十餘年其子孫益貧不能償思誠連請於朝除之郡庭生嘉禾三本一本九莖一本十六莖一本十三莖莖五六穗僚屬欲上進思誠曰吾嘗惡人行異政沽美名乃止所轄景州廣川鎮漢董仲舒之里也河間尊福鄉博士毛萇舊居也皆請建書

院設山長員召拜禮部尚書十二年帝以四方民頗失業命名臣巡行勸課思誠至河間及山東諸路召集父老宣帝德意莫不感泣緘進二麥豌豆帝嘉之賜上尊二召還遷國子祭酒俄復爲禮部尚書知貢舉升集賢侍講學士兼國子祭酒應詔言事一曰置行省丞相以專方面二曰寬內郡徵輸以固根本三曰汰冗兵以省糧運四曰改祿秩以養官廉五曰罷行兵馬司以便詰捕六曰復倚郭縣以正紀綱七曰設常選以起淹滯尋出爲陝西行臺治書侍御史辭以老病不允力疾戒行十七年春紅巾陷商州奪七盤進據藍田縣距奉元一舍思誠會豫王阿剌忒納失里及省院官於安西正月魯帖木兒邸衆洶懼無言思誠曰陝西重地天下之重輕繫焉察罕帖木兒河南名將賊素畏之宜遣使求援此上策也戍將嫉客兵輒己論久不決思誠曰吾兵弱旦夕失守咎將安歸乃移書察罕帖木兒曰河南爲京師之庭戶陝西實內郡之藩籬兩省相望互爲唇齒陝西危則河南豈能獨安乎察罕帖木兒新復陝州得書大喜曰先生真有爲國爲民之心吾寧負越境擅發之罪遂提輕兵五千倍道來援思

誠犒軍于鳳凰山還定守禦九事夜宿臺中未嘗解衣同官潛送妻子過渭北思誠止之分守北門其屬聞事急欲圖苟免思誠從容諭之曰吾受國重寄安定一方期戮力報効死之可也自古皆有死在遲與速耳衆乃安既而援兵破賊河南總兵官果以察罕帖木兒擅調遣人問之思誠亟請於朝宜命察罕帖木兒專守關陝仍令便宜行事詔從之行樞密院掾史田甲受賂事覺匿豫邸監察御史捕之急并繫其母思誠過市中見之曰嘻古者罪人不孥况其母乎吾不忍以子而繫其母令釋之不從思誠因自劾不出諸御史謁而謝之初監察御史有封事自中丞以下惟署紙尾莫敢聞其由事行始知之思誠曰若是則上下之分安在凡上章必拆視不可行者以臺印封置架閣庫俄起五省餘丁軍思誠爭曰關中方用兵困於供給民多愁怨復有是役萬一爲變所繫豈輕耶事遂寢十七年召拜通議大夫國子祭酒時臥疾聞命卽起至朝邑疾復作十月卒于旅舍年六十有七諡獻肅

李好文

李好文字惟中大名之東明人登至治元年進士第授大名路濬州判官入爲翰林國史院編修官國子助教泰定四年除太常博士會盜竊太廟神主好文言在禮神主當以木爲之金玉祭器宜貯之別室又言祖宗建國以來七八十年每遇大禮皆臨時取具博士不過循故事應答而已往年有詔爲集禮而乃令各省及各郡縣置局纂修宜其久不成也禮樂自朝廷出郡縣何有哉白長院者選僚屬數人仍請出架閣文牘以資採錄三年書成凡五十卷名曰太常集禮遷國子博士丁內憂服闋起爲國子監丞拜監察御史時復以至元紀元好文言年號襲舊於古未聞襲其名而不蹈其實未見其益因言時弊不如至元者十餘事錄囚河東有李拜拜者殺人而行兇之仗不明凡十四年不決好文曰豈有不決之獄如是其久乎立出之王傳撒都剌以足踢人而死衆皆曰殺人非刃當杖之好文曰怙勢殺人甚於用刃況因有所求而殺之其情爲尤重乃置之死河東爲之震肅出僉河南浙東兩道廉訪司事六年帝親享太室召僉太常禮儀院事至正元年除國子祭酒改陝西行臺治書侍御史遷河東

道廉訪使三年郊祀召爲同知太常禮儀院事帝之親祀也至寧宗室遣阿魯
問曰兄拜弟可乎好文與博士劉聞對曰爲人後者爲之子也帝遂拜由是每
親祀必命好文攝禮儀使四年除江南行臺治書侍御史未行改禮部尚書與
修遼金宋史除治書侍御史仍與史事俄除參議中書省事視事十日以史故
仍爲治書已而復除陝西行臺治書侍御史時臺臣皆缺好文獨署臺事西蜀
奉使以私憾摭拾廉訪使曾文博僉事兀馬兒王武事文博死兀馬兒誣服武
不屈以輕侮抵罪好文曰奉使代天子行事當問民疾苦黜陟邪正今行省以
下至於郡縣未聞舉劾一人獨風憲之司無一免者此豈正大之體乎率御史
力辨武等之枉并言奉使不法者十餘事六年除翰林侍講學士兼國子祭酒
又遷改集賢侍講學士仍兼祭酒九年出參湖廣行省政事改湖北道廉訪使
尋召爲太常禮儀院使於是帝以皇太子年漸長開端本堂命皇太子入學以
右丞相脫脫大司徒雅不花知端本堂事而命好文以翰林學士兼諭德好文
力辭上書宰相曰三代聖王莫不以教世子爲先務蓋帝王之治本於道聖賢

之道存於經而傳經期於明道出治在於爲學關係至重要在得人自非德堪
範模則不足以輔成德性自非學臻閫奧則不足以啓迪聰明宜求道德之鴻
儒仰成國家之盛事而好文天資本下人望素輕草野之習而久與性成章句
之學而寖以事廢驟膺重託負荷誠難必別加選掄庶幾國家有得人之助而
好文免妨賢之譏丞相以其書聞帝嘉歎之而不允其辭好文言欲求二帝三
王之道必由於孔氏其書則孝經大學論語孟子中庸乃摘其要略釋以經文
又取史傳及先儒論說有關治體而協經旨者加以所見倣真德秀大學衍義
之例爲書十一卷名曰端本堂經訓要義奉表以進詔付端本堂令太子習焉
好文又集歷代帝王故事總百有六篇一曰聖慧如漢孝昭後漢明帝幼敏之
類二曰孝友如舜文王及唐玄宗友愛之類三曰恭儉如漢文帝却千里馬罷
露臺之類四曰聖學如殷宗緝學及陳隋諸君不善學之類以爲太子問安餘
暇之助又取古史自三皇迄金宋歷代授受國祚久速治亂與廢爲書曰大寶
錄又取前代帝王是非善惡之所當法當戒者爲書名曰大寶龜鑑皆錄以進

焉久之陞翰林學士承旨階榮祿大夫十六年復上書皇太子其言曰臣之所言卽前日所進經典之大意也殿下宜以所進諸書參以貞觀政要大學衍義等篇果能一一推而行之則萬幾之政太平之治不難致矣皇太子深敬禮而嘉納之後屢引年乞致仕辭至再三遂拜光祿大夫河南行省平章政事仍以翰林學士承旨一品祿終其身

孛朮魯翀 子遠附

孛朮魯翀字子翬其先隆安人金泰和閒定女直姓氏屬望廣平祖德從憲宗南征因家鄧之順陽以功封南陽郡侯父居謙用翀貴封南陽郡公初居謙辟掾江西以家自隨生翀贛江舟中釜鳴者三人以爲異翀稍長卽勤學父歿家事漸落翀不恤而爲學益力乃自順陽復往江西從新喻蕭克翁學克翁宋參政燧之四世孫也隱居不仕學行爲州里所敬嘗夜夢大鳥止其所居翼覆軒外舉家驚異出視之冲天而去明日翀至翀始名思温字伯和克翁爲易今名字以夢故後復從京兆蕭𣂏游其學益宏以肆翰林學士承旨姚燧以書抵𣂏

曰燧見人多矣學問文章無足與子鞏比倫者於是𦘕以女妻之大德十一年用薦者授襄陽縣儒學教諭陞汴梁路儒學正會修世皇實錄燧首以翀薦至大四年授翰林國史院編修官延祐二年擢河東道廉訪司經歷遷陝西行臺監察御史賑濟吐蕃多所建白五年拜監察御史時英皇未出閤翀言宜擇正人以輔導帝嘉納之尋劾奏中書參議元明善帝初怒不納明日乃命改明善他官而傳旨慰諭翀巡按遼陽有旨給以弓矢環刀後因爲定制還往淮東廉憲司官聲跡淮東憲臣惟尙刑多置獄具翀曰國家所以立風紀蓋將肅清天下初不尙刑也取其獄具焚之時有旨凡以吏進者例降二等從七品以上不得用翀言科舉未立人才多以吏進若一槩屈抑恐未足盡天下持平之議請吏進者宜止於五品許之因著爲令除右司都事時相鐵木迭兒專事刑戮以復私憾翀因避去頃之擢翰林修撰又改左司都事於是拜住爲左相使人勞翀曰今規模已定不同往日宜早至也翀強爲起會國子監隸中書俾翀兼領之先是陝西有變府縣之官多罣誤者翀白丞相曰此輩皆脅從非同情者乃

悉加銓敘帝方獵柳林駐故東平王安童碑所因獻駐蹕頌皆稱旨命坐賜飲
尙尊從幸上京次龍虎臺拜住命翀傳旨中書翀領之行數步還曰命翀傳否
拜住歎曰眞謹飭人也間謂翀曰爾可作宰相否翀對曰宰相固不敢當然所
學宰相事也夫爲宰相者必福德才量四者皆備乃足當耳拜住大悅以酒觴
翀曰非公不聞此言迎駕至行在所翀入見帝賜之坐陞右司員外郎奉旨預
修大元通制書成翀爲之序泰定元年遷國子司業明年出爲河南行省左右
司郎中丞相曰吾得賢佐矣翀曰世祖立國成憲具在愼守足矣譬若乘舟非
一人之力所能運也翀乃開壅除弊省務爲之一新三年擢燕南河北道廉訪
使晉州達魯花赤有罪就逮而奉使宣撫以印帖徵之欲緩其事翀發其姦奉
使因遁去入僉太常禮儀院事盜竊太廟神主翀言各室宜增設都監員內外
嚴置扃鎖晝巡夜警永爲定制從之又纂修太常集禮書成而未上有旨命翀
兼經筵官文宗之入也大臣問以典故翀所建白近漢文故事衆皆是之文宗
嘗字呼子翬而不名命翀與平章政事溫迪罕等十人商論大事日夕備顧問

宿直東廡下文宗虛大位以俟明宗翀極言大兄遠在朔漠北兵有阻神器不可久虛宜攝位以俟其至文宗納其言及文宗親祀天地社稷宗廟翀爲禮儀使詳記行禮節文於笏遇至尊不敢直書必識以兩圈帝偶取笏視曰此爲皇帝字乎因大笑以笏還翀竣事上天曆大慶詩三章帝命藏之奎章閣擢陝西漢中道廉訪使會立太禧院除僉太禧宗禋院兼祗承神御殿事詔遣使趣之還迎駕至龍虎臺帝問子翬來何緩太禧院使阿榮對曰翀體豐肥不任乘馬從水道來是以緩耳太禧臣日聚禁中以便顧問帝嘗問阿榮曰魯子翬飲食何如對曰與衆人同又問談論如何曰翀所談義理之言也從幸上都嘗奉勅撰碑文稱旨帝曰俟朕還大都當還汝潤筆貲也遷集賢直學士兼國子祭酒諸生素已望翀至是私相歡賀翀以古者教育有業退必有居舊制弟子員初入學以羊贄所貳之品與羊等翀曰與其饜口腹孰若爲吾黨燥濕寒暑之虞乎命撙集之得錢二萬緡有奇作屋四區以居學者諸生積分有六年未及釋褐者翀至皆使就試而官之帝師至京師有旨朝臣一品以下皆乘白馬郊迎

大臣俯伏進觴帝師不爲動惟翀舉觴立進曰帝師釋迦之徒天下僧人師也
余孔子之徒天下儒人師也請各不爲禮帝師笑而起舉觴卒飲衆爲之慄然
文宗崩皇太后聽政命別不花塔失海牙阿兒思蘭馬祖常史顯夫及翀六人
商論國政翀以大位不可久虛請嗣君卽位早正宸極以幸天下帝既卽位大
臣以爲赦不可頻行翀曰今上以聖子神孫入繼大統當新天下耳目今不赦
豈可收怨於新造之君乎皇太后以爲宜從翀言議乃定遷禮部尚書階中憲
大夫有大官妻無子而妾有子者其妻以田盡入于僧寺其子訟之翀召其妻
詰之曰汝爲人妻不以資產遺其子他日何面目見汝夫於地下卒反其田元
統二年除江浙行省參知政事逾年以遷葬故歸鄉里明年召爲翰林侍講學
士以疾辭不上至元四年卒年六十贈通奉大夫陝西行省參知政事護軍追
封南陽郡公諡文靖翀狀貌魁梧不妄言笑其爲學一本於性命道德而記問
宏博異言僻語無不淹貫文章簡奧典雅深合古法用是天下學者仰爲表儀
其居國學者久論者謂自許衡之後能以師道自任者惟耶律有尚及翀而已

有文集六十卷子遠字明道以翀廕調祕書郎轉襄陽縣尹須次居南陽賊起遠以忠義自奮傾財募丁壯得千餘人與賊拒戰俄而賊大至遠被害死遠妻雷爲賊所執賊欲妻之乃紿賊曰我乃參政冢婦縣令嫡妻夫死不貳肯從汝狗彘以生乎賊醜其言將辱之雷號哭大罵不從乃見殺舉家皆被害

李泂

李泂字溉之滕州人生有異質始從學即穎悟彊記作爲文辭如宿習者姚燧以文章負大名一見其文深歎異之力薦于朝授翰林國史院編修官未幾以親老就養江南久之辟中書掾非其志也及考除集賢院都事轉太常博士拜住爲丞相聞泂名擢監修國史長史歷祕書監著作郎太常禮儀院經歷泰定初除翰林待制以親喪未克葬辭而歸天曆初復以待制召於是文宗方開奎章閣延天下知名士充學士員泂數進見奏對稱旨超遷翰林直學士俄特授奎章閣承制學士泂既爲帝所知遇乃著書曰輔治篇以進文宗嘉納之朝廷有大議必使與焉會詔修經世大典泂方臥疾即強起曰此大制作也吾豈可

以不預力疾同修書成既進奏旋謁告以歸復除翰林直學士遣使召之竟以疾不能起泂骨骼清峻神情開朗秀眉踈髯目瑩如電顏面如冰玉而脣如渥丹然峨冠褒衣望之者疑爲神仙中人也其爲文章奮筆揮洒迅飛疾動汩汩滔滔思態疊出縱横奇變若紛錯而有條理意之所至臻極神妙泂每以李太白自儗當世亦以是許之嘗游匡廬王屋少室諸山留連久乃去人莫測其意也僑居濟南有湖山花竹之勝作亭曰天心水面文宗嘗勑虞集製文以記之泂尤善書自篆隸草真皆精詣爲世所珍愛卒年五十九有文集四十卷

蘇天爵

蘇天爵字伯修真定人也父志道歷官嶺北行中書省左右司郎中和林大饑救荒有惠政時稱能吏天爵由國子學生公試名在第一釋褐授從仕郎大都路薊州判官丁內外艱服除調功德使司照磨泰定元年改翰林國史院典籍官陞應奉翰林文字至順元年預修武宗實錄二年陞修撰擢江南行臺監察御史明年慮囚于湖北湖北地僻遠民獠所雜居天爵冒瘴毒徧歷其地因有

言冤狀者天爵曰憲司歲兩至不言何也皆曰前此慮囚者應故事耳今聞御史至當受刑故不得不言天爵爲之太息每事必究心雖盛暑猶夜篝燈治文書無倦江陵民文甲無子育其甥雷乙後乃生兩子而出乙乙俟兩子行賣茶即舟中取斧並斲殺之沉斧水中而血漬其衣跡故在事覺乙具服部使者乃以三年之疑獄釋之天爵曰此事二年半耳且不殺人何以衣污血又何以知斧在水中又其居去殺人處甚近何謂疑獄遂復寘于理常德民盧甲莫乙汪丙同出傭而甲誤墮水死甲弟之爲僧者欲私甲妻不得訴甲妻與乙通而殺其夫乙不能明誣服擊之死斷其首棄草間屍與仗棄譚氏家溝中吏往索果得髑髏然屍與仗皆無有而譚誣證曾見一屍水漂去天爵曰屍與仗縱存今已八年未有不腐者召譚詰之則甲未死時目已瞽其言曾見一屍水漂去妄也天爵語吏曰此乃疑獄況不止三年俱釋之其明於詳讞大抵此類入爲監察御史道改奎章閣授經郎元統元年復拜監察御史在官四閱月章疏凡四十五上自人君至于朝廷政令稽古禮文閭閻幽隱其關乎大體繫乎得失者

知無不言所劾者五人所薦舉者百有九人明年預修文宗實錄遷翰林待制
尋除中書右司都事兼經筵參贊官後至元二年由刑部郎中改御史臺都事
三年遷禮部侍郎五年出爲淮東道肅政廉訪使憲綱大振一道肅然入爲樞
密院判官明年改吏部尚書拜陝西行臺治書侍御史復爲吏部尚書陞參議
中書省事是時朝廷更立宰相庶務多所弛張而天子圖治之意甚切天爵知
無不言言無顧忌夙夜謀畫須髮盡白至正二年拜湖廣行省參知政事遷陝
西行臺侍御史四年召爲集賢侍講學士兼國子祭酒天爵自以起自諸生進
爲師長端己悉心以範學者明年出爲山東道肅政廉訪使尋召還集賢充京
畿奉使宣撫究民所疾苦察吏之姦貪其興除者七百八十有三事其糾劾者
九百四十有九人都人有包韓之譽然以忤時相意竟坐不稱職罷歸七年天
子察其誣乃復起爲湖北道宣慰使浙江道廉訪使俱未行拜江浙行省參知
政事江浙財賦居天下十七事務最煩劇天爵條分目別細鉅不遺九年召爲
大都路都總管以疾歸俄復起爲兩淛都轉運使時鹽法弊甚天爵拯治有方

所辦課爲鈔八十萬錠及期而足十二年妖寇自淮右蔓延及江東詔仍江浙行省參知政事總兵于饒信所克復者一路六縣其方略之密節制之嚴雖老帥宿將不能過之然以憂深病積遂卒于軍中年五十九天爵爲學博而知要長於紀載嘗著國朝名臣事略十五卷文類七十卷其爲文長於序事平易溫厚成一家言而詩尤得古法有詩藁七卷文藁三十卷於是中原前輩凋謝殆盡天爵獨身任一代文獻之寄討論講辯雖老不倦晚歲復以釋經爲己任學者因其所居稱之爲滋溪先生其他所著文有松廳章疏五卷春風亭筆記二卷遼金紀年黃河原委未及脫藁云

元史卷一百八十三

元史卷一百八十四

明翰林學士亞中大夫知制誥兼修國史宋　濂等修

列傳第七十一

王都中

王都中字元俞福之福寧州人父積翁仕宋爲寶章閣學士福建制置使至元十三年宋主納土乃以全閩八郡圖籍來入覲世祖於上京降金虎符授中奉大夫刑部尚書福建道宣慰使兼提刑按察使尋除參知政事行省江西俄以爲國信使宣諭日本至其境遇害于海上都中生三歲即以恩授從仕郎南劍路順昌縣尹七歲從其母葉訴闕下世祖閔焉給驛券俾南還賜平江田八千畝宅一區已而世祖追念其父功不置特授都中少中大夫平江路總管府治中時年甫十七僚吏見其年少頗易視之都中遇事剖析動中肯綮皆聘眙不敢欺崑山有詭易官田者事覺而八年不決都中爲披故牘洞見底裏其人乃伏辜吳江有違拒有司築堤護田之令而歸過於衆人者都中詢知其故皆置

不問其人乃無所逃罪學舍久壞不治而郡守缺都中曰聖人之道人所共由
何獨守得爲乎乃首募大家合錢新其禮殿秩滿除浙東道宣慰副使金華有
毆殺人者吏受賕以爲病死都中摘屬吏覆按得其情獄具縣長吏而下皆以
贓敗餘姚有豪民張甲居海濱爲不法擅制一方吏無敢涉其境都中捕繫之
痛繩以法遷荆湖北道宣慰副使適歲祲都中躬履山谷以拯其饑民賴以全
活者數十萬武宗詔更鈔法行銅錢以都中爲通才除江淮泉貨監凡天下爲
監者六惟所鑄錢江淮號最精改郴州路總管郴居楚上流谿洞猺獠往來民
間憚其強猾莫敢與相貿易都中煦之以恩懾之以威乃皆悅服郴民染於蠻
俗喜鬬爭都中乃大治學舍作籩豆簠簋笙磬琴瑟之屬使其民識先王禮樂
之器延宿儒教學其中以義理開曉之俗爲之變隣州茶陵富民覃乙死無子
惟一小妻及其贅壻妻誣其壻拜屍成婚藏隱玉杯夜明珠株連八百餘人奉
使宣撫移其獄委之都中窮治悉得其情而正其罪州長吏而下訐其贓至十
一萬五千餘緡人以爲神明遷饒州路總管年饑米價翔踊都中以官倉之米

定其價爲三等言於行省以爲須糶以下等價民乃可得食未報又於下等價減十之二使民就糴時宰怒其專擅都中曰饒去杭幾二千里比議定往還非半月不可人七日不食則死安能忍死以待乎其民亦相與言曰公爲我輩減米價公果得罪我輩當粥妻子以代公償時宰聞之乃罷郡歲貢金而金戶貧富不常都中考得其實乃更定之包銀之法戶不過二兩而州縣徵之加十倍都中責之一以詔書從事父老或以兩歧之麥六穗之禾爲獻都中曰此聖主之嘉瑞非臣下所敢當遂以聞于朝以內憂去郡民爲立生祠服闋除兩浙都轉運鹽使未上擢海北海南道肅政廉訪使中書省臣奏國計莫重於鹽筴乃如前除鹽亭竈戶三年一比附推排世祖舊制也任事者恐斂怨久不舉行都中曰爲臣子者使皆避謫何以集事乃請于行省徧歷三十四場驗其物力高下以損益之役既平而課亦足公私便之擢福建閩海道肅政廉訪使俄遷福建道宣慰使都元帥又改浙東道宣慰使都元帥天曆初被省檄整點七路軍馬境內晏然徙廣東道宣慰使都元帥三易鎮皆佩元降金虎符元統初朝廷

以兩淮鹽法久壞詔命都中以正奉大夫行戶部尚書兩淮都轉運鹽使仍賜襲衣法酒都中既至參酌前所行於兩浙者次第施行之鹽法遂修尋拜河南行省參知政事中道以疾作南歸於是天子閔其老詔卽其家拜江浙行省參知政事至正元年卒贈昭文館大學士諡清獻都中歷仕四十餘年所至政譽輒暴著而治郡之績雖古循吏無以尚之當世南人以政事之名聞天下而位登省憲者惟都中而已又其清白之操得於家傳所賜田宅之外不增一疃不易一椽廩祿悉以給族姻之貧者人尤以是多之幼留京師及拜許衡卽知所趨嚮中年尤致力於根本之學自號曰本齋有詩集三卷

王克敬

王克敬字叔能大寧人幼奇穎嘗戲道旁丞相完澤見之謂左右曰是兒貌秀偉異日必令器也大寧朔土習尚少文而克敬獨孜孜爲儒者事既仕累遷江浙行省照磨尋陞檢校徽州民汪俊上變誣富人反省臣遣克敬往驗之克敬察其言不實中道數爲開陳禍福俊悔將對簿竟仰藥以死調奉議大夫知

順州以內外艱不上除江浙行省左右司都事延祐四年往四明監倭人互市
先是往監者懼外夷情叵測必嚴兵自衞如待大敵克敬至悉去之撫以恩意
皆帖然無敢譁有吳人從軍征日本陷於倭者至是從至中國訴於克敬願還
本鄉或恐爲禍階克敬曰豈有軍士懷恩德來歸而不之納邪脫有釁吾當坐
事聞朝廷嘉之番陽大饑總管王都中出廩粟賑之行省欲罪其擅發克敬曰
番陽距此千里比待命民且死彼爲仁而吾屬顧爲不仁乎都中因得免拜監
察御史用故事監吏部選有履歷當陞者吏故抑之問故吏曰有過克敬曰法
笞四十七以上不陞今不至是吏曰責輕罪重曰失出在刑部銓曹安知其罪
重卒陞之治書侍御史張伯高曰往者監選以減駁爲能今王御史乃論增品
級可爲世道賀矣尋還左司都事時英宗厲精圖治丞相拜住請更前政不便
者會議中書堂克敬首言江南包銀民貧有不能輸者有司以責之役戶甚無
謂也當罷之兩浙煎鹽戶牢盆之役其重者尤害民當免其宅役議定以聞悉
從之泰定初出爲紹興路總管郡中計口受鹽民困於誅求乃上言乞減鹽五

千引運司弗從因歎曰使我爲運使當令越民少蘇矣行省檄克敬抽分船貨拗番者例籍其貨商人以風水爲解有司不聽克敬曰某貨出某國地有遠近貨有輕重冒重險出萬死舍近而趨遠棄重而取輕豈人情邪具以上聞衆不能奪商人德之擢江西道廉訪司副使轉兩浙鹽運司使首減紹與民食鹽五千引温州逮犯私鹽者以一婦人至怒曰豈有逮婦人千百里外與吏卒雜處者污教甚矣自今毋得逮婦人建議著爲令明年擢湖南道廉訪使調海道都漕運萬戸是歲當天曆之變海漕舟有後至直沽者不果輸復漕而南還行省欲坐罪督運者勒其還趨直沽克敬以謂脫其常年而往返若是信可罪今蹈萬死完所漕而還豈得已哉乃請令其計石數附次年所漕舟達京師省臣從之召爲參議中書省事有以飛語中大臣者下其事克敬持古八議之法謂勳貴可以不議且罪狀不明而輕罪大臣何以白天下宰相傳旨大長公主爲皇外姑賜錢若干平雲南軍還賜錢若干英后入覲賜錢若干克敬乞覆奏宰相怒曰參議乃敢格詔命邪克敬曰用財宜有道大長公主供饋素優今賜錢出

無名不當也自諸軍征討以來賞格未下平雲南省獨先受賞是不均也英后
遠還徒御衆多非大錫賚恩意不能洽今賜物鮮少是不周也宰相以聞帝可
其議拜中奉大夫參知政事行省遼陽俄除江南行臺治書侍御史又遷淮東
廉訪使以正綱紀爲己任不縱貪墨不阿宗戚聲譽益著入爲吏部尚書乘傳
至淮安墜馬居吳中養疾元統初起爲江浙行省參知政事請罷富民承佃江
淮田從之松江大姓有歲漕米萬石獻京師者其人旣死子孫貧且行乞有司
仍歲徵弗足則雜置松江田賦中令民包納克敬曰匹夫妄獻米徼名爵以榮
一身今身死家破又已奪其爵不可使一郡之人均受其害國用寧乏此耶具
論免之江浙大旱諸民田減租唯長寧寺田不減遂移牘中書以謂不可忽天
變而毒疲民嶺海猺賊竊發朝廷調戍兵之在行省者往討之會提調軍馬官
缺故事漢人不得與軍政衆莫知所爲克敬抗言行省任方面之寄假令萬一
有重於此者亦將拘法坐視邪乃調兵往捕之軍行給糧有差事聞于朝卽令
江西湖廣二省給糧亦如之視事五月請老年甫五十九謂人曰穴趾而峻墉

必危再實之未必傷其根無功德而忝富貴何以異此故常懷止足之分也又

曰世俗喜言勿認真此非名言臨事不認真豈盡忠之道乎故其歷官所至俱

有政績可紀時稱名卿克敬喜讀書其有所得者輒抄爲書又有所著詩文奏

議傳于世元統二年卒年六十一贈中奉大夫陝西等處行省參知政事追封

梁郡公謚文肅子時以文學顯歷仕中書參知政事至左丞以翰林學士承旨

致仕

任速哥

任速哥渤海人自幼事父母以孝稱性倜儻尤峭直疏財而尙氣不尙勢利義

之所在必亟爲之有古俠士風而家居恂恂儒者不能過初襲父官爲右衞千

戶公卿以其賢薦于朝英宗召見與語奇之由是出入禁闥待以心腹將擇重

職處之未幾鐵失與倒剌沙搆謀英宗遇弑遂引去自是不復出仕居常扼腕

或醉歸慟哭過市時人目以爲狂莫知其意也泰定中倒剌沙用事天變數見

速哥乃密與平章政事速速謀曰先帝之讐孤臣朝夕痛心而不能報者以未

有善策也今吾思之武宗有子二人長子周王正統所屬然遠居朔方難以達
意次子懷王人望所歸而近在金陵易於傳命若能同心推戴以圖大計則先
帝之讐可雪也速速深然之時燕帖木兒方僉樞密院事實握兵柄二人深結
納之冬乃告以所謀燕帖木兒初聞之矍然因徐說之曰天下之事惟順逆兩
途以順討逆何患不克況公國家世臣與國同休戚今國難不恤他日有先我
而謀者禍必及矣於是燕帖木兒許之致和元年懷王自金陵遷江陵俄而泰
定帝崩倒剌沙踰月不立君物情洶洶速速哥乃與速速從燕帖木兒奉豫王令
率諸豪傑乘時奮義以八月四日執居守省臣發兵塞居庸諸關召文武百寮
集闕下諭以翊戴大義遣使迎懷王於江陵懷王至京師羣臣請正大統遂即
皇帝位是爲文宗論功行賞擢速哥爲禮部尚書速哥辭曰臣曩備宿衞南坡
之變不能勇效一死以報國士之知今日之舉皆諸將相之力在臣未足贖罪
又曷敢言功乎文宗慰勉之乃拜命而其他賞賚一無所受尋遷長寧寺卿繼
出爲安豐路總管又入爲壽福府總管又爲都水使者居官恂恂無幾微自伐

之意人或詢以翊戴之事往往遜謝終無所言君子尤以是多之

陳思謙

陳思謙字景讓其家世見祖祐傳中思謙少孤警敏好學凡名物度數綱紀本末考訂詳究尤深於邵子皇極經世書文宗天曆初政收攬賢能丞相高昌王亦都護舉思謙時年四十矣召見興聖宮明年三月授典寶監經歷十一月改禮部主事首言教坊儀鳳二司請併入宣徽以清禮部之選其官屬不當與文武臣並列朝會宜置百官之後大樂之前詔從之而二司隸禮部如故至順元年拜西行臺監察御史建明八事一曰正君道二曰結人心三曰崇禮讓四曰正綱紀五曰審銓衡六曰勵孝行七曰紓民力八曰脩軍政先是關陝大饑民多鬻產流徙及來歸皆無地可耕思謙言聽民倍直贖之使富者收兼入之利貧者獲已棄之業從之監察御史李擴行部甘肅金州民劉海延都其男元元自稱流民王延祿非海延都之子告海延都掠其財擴聽之以酷法抑其父思謙劾擴逆父子之天壞朝廷之法遂抵擴罪明年二月遷太禧宗禋院都事九

月拜監察御史首陳四事言上有宗廟社稷之重下有四海烝民之生前有祖宗垂創之艱後有子孫長久之計中論秦漢以來上下三千餘年天下一統者六百餘年而已我朝開國百有餘年混一六十餘年土宇人民三代漢唐所未有也民有千金之產猶謹守之以爲先人所營況君臨天下承祖宗艱難之業而傳祚萬世者乎臣愚以與亡懇懇言者誠以皇上有元之聖主今日乃皇上盛時圖治之機茲不可失也又言戸部賜田諸怯薛支請海青獅豹肉食及局院工糧好事布施一切泛支以至元三十年以前較之動增數十倍至順經費缺二百三十九萬餘錠宜節無益不急之費以備軍國之用苟能三分損一以惠民夫豈小哉又言軍站消乏僉補則無殷實之戸接濟則無羨餘之財倘有征行必括民間之馬苟能脩馬政亦其一助也方今西越流沙北際沙漠東及遼海地氣高寒水甘草美無非牧養之地宜設置羣牧使司統領十監專治馬政幷畜牛羊數年之後馬實蕃盛或給軍以收兵威或給站以優民力牛羊之富又足以給國用非小補也又言銓衡之弊入仕之門太多黜陟之法太簡州

郡之任太淹朝省之除太速欲設三策以救四弊一曰至元三十年以後增設
衙門冗濫不急者從實減并其外有選法者并入中書二曰宜參酌古制設辟
舉之科令三品以下各舉所知得才則受賞失實則受罰三曰古者刺史入爲
三公郎官出宰百里蓋使外職識朝廷治體內官知民間利病今後歷縣尹有
能聲善政者受郎官御史歷郡守有奇才異績者任憲使尙書其餘各驗資品
通遷在內者不得三考連任京官在外者須歷兩任乃遷內職績非出類守不
敗官者則循以年勞處以常調凡朝缺官員須二十月之上方許遷除帝可其
奏命中書議行之時有官居喪者往往奪情起復思謙言三年之喪謂之達禮
自非金革不可從權遂著於令有詔起報嚴寺思謙曰兵荒之餘當罷土木以
紓民力帝嘉之曰此正得祖宗立臺憲之意繼此事有當言者無隱賜縑綺旌
之未幾遷右司都事元統二年五月轉兵部郎中十一月改御史臺都事重紀
至元元年五月出爲淮西道廉訪副使至淮未期月引疾歸六月召爲中書省
員外郎上言強盜但傷事主者皆得死罪而故殺從而加功之人與鬬而殺人

者例杖一百七下得不死與私宰牛馬之罪無異是視人與牛馬等也法應加重因奸殺夫所奸妻妾同罪律有明文今止坐所犯似失推明遂令法曹議著爲定制至正元年轉兵部侍郎俄丁內艱服除召爲右司郎中歲凶盜賊蠭起剽掠州邑思謙力言于執政當竭府庫以賑貧民分兵鎮撫中夏以防後患五年參議中書省事轉刑部尚書改湖廣廉訪使八年遷淮東宣慰司都元帥九年遷浙西廉訪使湖廣行中書省參知政事辭十一年改淮西廉訪使廬州盜起思謙亟命廬州路總管杭州不花領弓兵捕之而賊已不可撲滅矣言于宣讓王帖木兒不花曰承平日久民不知兵王以帝室之胄鎮撫淮甸豈得坐視思謙願與王戮力殄滅且王府屬怯薛人等數亦不少必有能摧鋒陷陣者惟王圖之王曰此吾責也但鞍馬器械未備何能禦敵思謙括官民馬置兵甲不日而集分道並進遂禽渠賊廬州平既而潁寇將渡淮又言于王曰潁寇東侵亟調芍陂屯卒用之王曰非奉詔不敢調思謙言非常之變理宜從權擅發之罪思謙坐之王感其言從之其姪立本爲屯田萬戶召語曰吾祖宗以忠義傳

家汝之職乃我先人力戰所致今國家有難汝當身先士卒以圖報効庶無負朝廷也尋召入爲集賢侍講學士修定國律十二年拜治書侍御史明年陞中丞年近七十上章乞老不允特旨進一品授榮祿大夫仍御史中丞入謝感疾及命下強拜受命明日卒贈宣猷秉憲佐治功臣翰林學士承旨榮祿大夫柱國追封魯國公諡通敏

韓元善

韓元善字大雅汴梁之太康人唐檢校司空贈司徒充以宣武軍節度使兼統義成軍留鎮汴子孫遂爲太康韓氏父克昌至大間仕爲監察御史以論事有名聲元善由國子監生積分中程釋褐除新州判官累擢江南行臺監察御史歷中書左司郎中吏部侍郎吏部尚書僉樞密院事至正三年拜中書參知政事五年遷大司農卿尋出爲江南行御史臺中丞燕南肅政廉訪使九年召拜中書左丞同知經筵事十一年丞相脫脫奏事內廷以事關兵機而元善及參知政事韓鏞皆漢人使退避勿與俱由是遂與右丞玉樞虎兒吐華同分省彰

德以給餽餉十二年御史大夫也先帖木兒總兵討汝寧元善至衞輝以病卒
元善性純正明達政體歷臺閣三十餘年遂躋丞轄以文學治才羽翼廟謨
論議之際秉義陳法不偭鄉上官國是所在倚之以爲重嘗以謁告侍親居家
效范文正公遺規置田百畝爲義莊以周貧族至正交鈔初行賜近臣各三百
錠元善復以買田六百畝爲義塾延名士以教族人子弟云

崔敬

崔敬字伯恭大寧之惠州人通刑名法律之學淮東山南廉訪司皆辟書吏天
曆初辟御史臺察院書吏歷刑部令史徽政院掾史遂陞中書掾至元五年用
累考及格授刑部主事六年遷樞密院都事拜監察御史時旣毀文宗廟主削
文宗后皇太后之號徙東安州而皇弟燕帖古思文宗子也又放之高麗敬上
疏略曰文皇獲不軌之愆已徹廟祀叔母有階禍之罪亦削洪名盡孝正名斯
亦足矣惟念皇弟燕帖古思太子年方在幼罹此播遷天理人情有所不忍明
皇當上賓之日太子在襁褓之閒尙未有知義當矜憫蓋武宗視明文二帝皆

親子也陛下與太子皆嫡孫也以武皇之心爲心則皆子孫固無親疎以陛下
之心爲心未免有彼此之論臣請以世俗喻之常人有百金之產倘置義田宗
族困阨者爲之教養不使失所況皇上貴爲天子富有四海子育黎元當使一
夫一婦無不得其所今乃以同氣之人置之度外適足貽笑邊邦取辱外國況
蠻夷之心不可測度倘生他變關係非輕與言至此良爲寒心臣願殺身以贖
太子之罪望陛下遣近臣迎歸太后太子以全母子之情盡骨肉之義天意回
人心悅則宗社幸甚不報又上疏諫天子巡幸上都宜御內殿其略曰世祖以
上都爲清暑之地車駕行幸歲以爲常閣有大安殿有鴻禧睿思所以保養聖
躬適起居之宜存畏敬之心也今失剌斡耳朶思乃先皇所以備宴游非常時
臨御之所今陛下方以孝治天下屢降德音祗行宗廟親祀之禮雖動植無知
罔不歡悅而國家多故天道變更臣備員風紀以言爲職願大駕還大內居深
宮嚴宿衛與宰臣謀治道萬機之暇則命經筵進講究古今盛衰之由緝熙聖
學乃宗社之福也時帝數以歷代珍寶分賜近侍敬又上疏曰臣聞世皇時大

臣有功所賜不過槃革重惜天物爲後世慮至遠也今山東大饑燕南亢旱海潮爲災天文示儆地道失寧京畿南北蝗飛蔽天正當聖主恤民之日近侍之臣不知慮此奏稟承請殆無虛日甚至以府庫百年所積之寶物遍賜僕御閹寺之流乳稚童孩之子帑藏或空萬一國有大事人有大功又將何以爲賜乎乞追回所賜以示恩不可濫庶允公論是年出僉山北廉訪司事按部全寧獄有李秀以坐造僞鈔連數十人而皆與秀不相識敬疑而讞之秀曰吾以訓童子爲業居村落閒有司至秀舍謂秀爲僞造鈔者捶楚之下不敢不誣服耳敬詢知始謀者乃大同王濁十餘年事不泄而有司誤以李秀爲王濁也移文至大同果得王濁爲真造僞鈔者至正初遷河南又遷江東所至抑豪強惠下窮洗冤滯興學勸農百廢具舉除江西行省左右司郎中入爲諸路寶鈔提舉改工部侍郎十一年遷同知大都路總管府事直沽河淤數年中書省委敬浚治之給鈔數萬錠募工萬人不三月告成咸服其能除刑部侍郎遷中書左司郎中十二年歷兵部尚書爲樞密院判官十四年遷刑部尚書廣東府憲讐殺以

沙加班處大逆敬詳憲府以私相害致有是變殺人者自有典章得坐一人大
逆非謀反則不科得坐一家敬立論舍重而就輕朝廷咸以爲然十五年復爲
樞密院判官尋拜參知政事行省河南復爲兵部尚書兼濟寧軍民屯田使朝
廷給以鈔十萬錠散於有司招致居民軍士立營屯種歲收得百萬斛以給邊
防居歲餘其法井井十有七年召爲大司農少卿遂拜中書參知政事盜據齊
魯敬與平章政事荅蘭參知政事俺普分省陵州陵州乃南北要衝無城郭而
居民散處敬兼領兵刑戸工四部事供給諸軍事無不集丞相以其能上聞賜
之上尊仍命其便宜行事敬與俺普密議曰我軍強且勝彼將敗而降如得仗
義之士直抵其巢穴而招安之亦方面之幸也有國子生王恪等願請往敬以
便宜授以官俾之行至鄆城見李秉彝田豐等諭以逆順禍福之理豐與秉彝
皆悔過自新山東郡邑之復敬之策居多敬以軍馬供給浩繁而民力日疲乃
請行納粟補官之令中書以其言聞詔從之河北燕南士民踵躡而至積粟百
萬石綺段萬疋用以給軍費民獲少蘇十八年除山東行樞密院副使俄還江

浙行省左丞卒年六十七贈資善大夫江浙行省左丞如故諡曰忠敏

元史卷一百八十四

元史卷一百八十五

明翰林學士亞中大夫知制誥兼修國史宋　濂等修

列傳第七十二

呂思誠

呂思誠字仲實平定州人六世祖宗禮金進士遼州司戶宗禮生仲堪亦舉進士仲堪生時敏時敏生釗爲千夫長死國事釗生德成德成生允卒平定知州致仕思誠父也母馮氏夢一丈夫烏巾白襴衫紅鞓束帶趨而揖曰我文昌星也及悟思誠生目有神光見者異之及長從蕭𣂏學治經已而入國子學爲陪堂生試國子伴讀中其選擢泰定元年進士第授同知遼州事未赴丁內艱改景州蓨縣尹差民戶爲三等均其繇役刻孔子象令社學祀事每歲春行田樹畜勤敏者賞以農器人爭趨事地無遺力民石安兒等流離積年至是聞風復業印識文簿畀社長藏之季月報縣不孝弟不事生業者悉書之罰其輸作胥吏至社者何人用飲食若干多者責償其直豪猾者竄名職田戶思誠盡祛其

弊天曆兵與豫貸鈔於富民令下造軍器事皆先集民用不擾于後得官價亟以還民翟彝自其大父因河南亂被掠爲人奴歲納丁粟以免作思誠知彝力學召其主與之約終彝身粟三十石仍代之輸彝得爲良民他日買羊劉智社民李持酒來見愬其弟匿羊思誠叱之退王青兄弟四人友愛彌篤思誠至其家取酒勸酬懽同骨肉李之兄弟相謂曰我等終不敢見尹矣各具酒食相切責悔前過析居三十年復還同爨鎮民張復叔母孀居且瞽丐食以活恐思誠聞之卽日迎養思誠怜其貧令爲媒互人以養之天旱道士持青蛇曰盧師谷小青謂龍也禱之卽雨思誠以其惑人殺蛇逐道士雨亦隨至遂有年縣多淫祠動以百餘計刑牲以祭者無虛日思誠悉命毀之唯存江都相董仲舒祠擢翰林國史院檢閱官俄陞編修文宗在奎章閣有旨取國史閱之左右舁匱以往院長貳無敢言思誠在末僚獨跪閤下爭曰國史紀當代人君善惡自古天子無觀閱之者事遂寢尋擢國子監丞陞司業拜監察御史與斡玉倫徒等劾中書平章政事徹里帖木兒變亂朝政章上留中不下思誠納印綬殿前遂出

僉廣西廉訪司事巡行郡縣土官有于元帥者恃勢魚肉人恐事覺陰遣其子迓思誠於道思誠縛之悉發其陰私痛懲其罪一道震肅移浙西達識帖睦邇時爲南臺御史大夫與江浙省臣有隙嗾思誠劾之思誠曰吾爲天子耳目不爲臺臣鷹犬也不聽已而聞行省平章左吉貪墨浙民多怨之思誠奏疏其罪流之海南復召爲國子司業遷中書左司員外郎盜殺河南省臣以僞檄呼廉訪使段輔入行省事及事敗詿誤者三十餘人將寘於法思誠言於朝皆釋之陞左司郎中思誠素剛直人多嫉之遂以言罷起爲右司郎中拜刑部尚書科舉復行與僉書樞密院事韓鏞爲御試讀卷官改禮部尚書御史臺奏爲治書侍御史總裁遼金宋三史升侍御史樞密院奏爲副使御史臺留爲侍御史會平章政事鞏卜班不法監察御史劾之御史大夫也先帖木兒曰姑徐之思誠趣入奏鞏卜班罷大夫銜思誠將謀擠之思誠卽謁告朝廷知思誠無他遷河東廉訪使未幾召爲集賢侍講學士兼國子祭酒出爲湖廣行省參知政事諸生抗疏留之不可道中授湖北廉訪使入拜中書參知政事陞左丞轉御史中

丞劾奏清道官不盡職罷之再任左丞知經筵事提調國子監兼翰林學士承
旨知制誥兼修國史加榮祿大夫總裁后妃功臣傳會稡六條政類帝賜玉帶
眷顧彌篤又爲樞密副使仍知經筵事復爲中書左丞御史大夫納麟誣參政
孔思立受賕事或欲連中思誠納麟曰呂左丞素有廉聲難以及之遂止拜集
賢學士仍兼國子祭酒吏部尙書偰哲篤左司都事武祺等建言更鈔法以楮
幣一貫文省權銅錢一千文爲母銅錢爲子命廷臣集議思誠曰中統至元自
有母子上料爲母下料爲子譬之蒙古人以漢人子爲後皆人類也尙終爲漢
人之子豈有故紙爲父而立銅爲子者乎一座咸笑思誠又曰錢鈔用法見爲
一致以虛換實也今歷代錢至正錢中統鈔至元鈔交鈔分爲五項慮下民知
之藏其實而棄其虛恐不利於國家也偰哲篤曰至元鈔多僞故更之爾思誠
曰至元鈔非僞人爲僞爾交鈔若出亦爲僞者矣且至元鈔猶故戚也家之童
奴且識之交鈔猶新戚也雖不敢不親人未識也其僞反滋多爾況祖宗之成
憲其可輕改哉偰哲篤曰祖宗法弊亦可改矣思誠曰汝輩更法又欲上誣世

皇是汝與世皇爭高下也且自世皇以來諸帝皆諡曰孝改其成憲可謂孝乎
偰哲篤曰錢鈔兼行何如思誠曰錢鈔兼行輕重不倫何者爲母何者爲子汝
不通古今道聽而塗說何足行哉偰哲篤忿曰我等策既不可行公有何策思
誠曰我有三字策曰行不得行不得丞相脫脫見思誠言直頗狐疑未決御史
大夫也先帖木兒獨曰呂祭酒之言亦有是者但不當在廟堂上大聲厲色爾
已而監察御史承望風旨劾思誠狂妄奪其誥命幷所賜玉帶復左遷湖廣行
省左丞遣太醫院宣使秦初卽其家迫遣之初窘辱之不遺餘力思誠不爲動
貽書參議龔伯璲曰去年許可用爲河南左丞今年呂思誠爲湖廣左丞世事
至此足下得無動心乎抵武昌城下語諸將曰賊據城與諸君相持經久必不
知吾爲此來出其不意可以入城遂行諸將不獲已隨其後竟不煩轉鬭而入
詢其故賊倉卒無備盡驚走思誠乃大會軍民官吏告之曰賊去示吾弱也規
將復來於是申號令戒職事修器械葺城郭明部伍先謀自守徐議出征苗軍
暴橫侵辱省憲思誠正色叱之曰若等能殺呂左丞乎自是無敢復至曾未數

日召還復爲中書左丞思誠去二日城復陷移光祿大夫大司農俄得疾以至
正十七年三月十七日卒年六十有五思誠氣宇凝定素以勁拔聞不爲勢利
所屈三爲祭酒一法許衡之舊諸生從化後多爲名士嘗病古註疏太繁魏了
翁刪之太簡將約其中以成書不果有文集若干卷兩漢通紀若干卷謚忠肅

汪澤民

汪澤民字叔志徽之婺源州人宋端明殿學士藻之七世孫也少警悟家貧力
學旣長遂通諸經延祐初以春秋中鄉貢上禮部下第授寧國路儒學正五年
遂登進士第授承事郎同知岳州路平江州事以母年八十上書願奪所授官
一等或二等得近地以便養不允南歸奉母之官州民李氏以貲雄其弟死妻
誓不他適兄利其財嗾族人誣婦以姦事獄成而澤民至察知其枉爲直之會
朝廷徵江南包銀府檄澤民分辦民不擾而事集尋還南安路總管府推官鎮
守萬戶朵兒赤恃官府短長郡吏王甲毆傷屬縣長官訴郡同僚畏朵兒赤托
故不視事澤民獨捕甲繫之獄朵兒赤賂巡按御史受甲家人訴欲出之澤民

正色與辨御史沮怍夜竟去乃卒罪王甲潮州府判官錢珍以奸淫事殺推官梁楫事連廣東廉訪副使劉珍坐繫者二百餘人省府官凡六委官鞫問皆顧忌淹延弗能白復檄澤民讞之獄立具人服其明遷信州路總管府推官丁母憂服除授平江路總管府推官有僧淨廣與他僧有憾久絕往來一日邀廣飲廣弟子急欲得師財且苦其箠楚潛往他僧所殺之明日訴官他僧不勝考掠乃誣服三經審錄詞無異結案待報澤民取行兇刀視之刀上有鐵工姓名召工問之乃其弟子刀也一訊吐實即械之而出他僧人驚以爲神調濟寧路兗州知州孔子後衍聖公襲封職三品澤民建議以謂宜陞其品秩以示褒崇宣聖之意廷議從之至正三年朝廷修遼金宋史召澤民赴闕除國子司業與修史書成還集賢直學士階太中大夫未兩月即移書告老大學士和尚曰集賢翰林實養老尊賢之地先生何爲遽去願少留以副上意澤民曰以布衣叨榮三品志願足矣遂以嘉議大夫禮部尚書致仕既歸田里與門生故人相往返嬉遊超然若忘世者十五年蘄黃賊陷徽州時澤民居宣州已而賊來犯宣州

江東廉訪使道童雅重澤民日就之詢守禦計城得無虞明年長槍軍瑣南班
等叛來寇城或勸澤民去澤民曰我雖無官守顧受國厚恩臨危愛死非臣子
節留不去凡戰鬬籌畫多澤民參決之累敗賊兵既而寇益衆城陷澤民爲所
執使之降大罵不屈遂遇害年七十事聞贈資善大夫江浙行中書省左丞追
封譙國郡公諡文節

干文傳

干文傳字壽道平江人祖宗顯宋承信郎父雷龍鄉貢進士宗顯之先世以武
弁入官而力教其子以文易武故雷龍兩舉進士宋亡不及仕及生文傳乃名
今名以期之文傳少嗜學十歲能屬文未冠已有聲譽用舉者爲吳及金壇兩
縣學教諭饒州慈湖書院山長仁宗詔舉進士文傳首登延祐二年乙科授同
知昌國州事累遷長洲烏程兩縣尹陞婺源知州又知吳江州文傳長於治劇
所至俱有善政自其始至昌國卽能柔之以恩信於是海島之民雖頑獷不易
治至有剽掠海中若化外然者亦爲之變俗初長官強愎自恣文傳推誠以待

之久乃自屈服鹽場官方倚轉運司勢虐使州民家業破蕩文傳語同列曰吾屬受天子命以牧此民可坐視而弗之救乎乃亟爲陳理上官莫能奪民賴以免長洲爲文傳鄉邑文傳徙榻公署無事未嘗輒出而親舊莫敢通私謁會創行助役法凡民田百畝令以三畝入官爲受役者之助文傳既專任其縣事而行省又以無錫州及華亭上海兩縣之事委焉文傳諭豪家大姓以腴田來歸而中人之家自是不病於役其在烏程有富民張甲之妻王無子張納一妾於外生子未晬王誘妾以兒來尋逐妾殺兒焚之文傳聞而發其事得死兒餘骨王厚賂妾之父母買鄰家兒爲妾所生兒初不死文傳令妾抱兒乳之兒啼不就乳妾之父母吐實乃呼鄰婦至兒見之躍入其懷乳之即飲王遂伏辜丹徒縣民有二弟共殺其姊者獄久不決浙西廉訪司俾文傳鞫之既得其情其母乞貸二子命爲終養計文傳謂二人所承有輕重以首從論則爲首者當死司官從之婺源之俗男女婚聘後富則渝其約有育其女至老死不嫁者親喪貧則不舉有停其柩累數世不葬者文傳下車即召其耆老使以禮訓告之閱三

月而婚喪俱畢宋大儒朱熹上世居婺源故業爲豪民所占子孫訴于有司莫能直文傳諭其民以理不煩窮治而悉歸之復募好義者卽其故宅基建祠俾朱氏世守焉有富民江丙出游京師娶娼女張爲婦江旣客死張走數千里返其柩以葬前妻之子困苦之旣而殺之瘞其屍山谷間官司知之利其賄不問文傳乃發其事而論如法文傳涖官其所設施多此類故其治行往往爲諸州縣最韓鏞時僉浙西廉訪司事作烏程謠以紀其績論者謂其有古循吏之風至正三年召赴闕承詔預修宋史書成賞賚優渥仍有旨四品以下各進一官擢文傳集賢待制亡何以嘉議大夫禮部尚書致仕卒年七十八文傳氣貌充偉識度凝遠喜接引後進考試江浙江西鄉闈所取士後多知名爲文務雅正不事浮藻其於政事爲尤長云

韓鏞

韓鏞字伯高濟南人延祐五年中進士第授將仕郎翰林國史院編修官尋遷集賢都事泰定四年轉國子博士俄拜監察御史當時由進士入官者僅百之

一由吏致位顯要者常十之九帝乃欲以中書參議傅巖起爲吏部尚書鏞上
言吏部掌天下銓衡巖起從吏入官烏足盡知天下賢才況尚書秩三品巖起
累官四品耳於法亦不得陞制可其奏天曆元年除僉浙西廉訪司事擊姦暴
黜貪墨而特舉烏程縣尹干文傳治行爲諸縣最所至郡縣爲之肅然二年轉
江浙財賦副總管至順元年除國子司業尋遷南行臺治書侍御史順帝初歷
僉宣徽及樞密院事至正二年除翰林侍講學士既而拜侍御史以剛介爲時
所忌言事者誣劾其贓私乃罷去五年臺臣辨其誣遂復起參議中書省事七
年朝廷慎選守令參知政事魏中立言于帝當今必欲得賢守令無加鏞者帝
乃特署鏞姓名授饒州路總管饒之爲俗尚鬼有覺山廟者自昔爲妖以禍福
人爲盜賊者事之尤至將爲盜必卜之鏞至卽撤其祠宇沉土偶人于江凡境
內淫祠有不合祀典者皆毀之人初大駭已而皆嘆服鏞知民可教俾俊秀入
學宮求宿儒學行俱尊者列爲五經師旦望必幅巾深衣以謁先聖月必考訂
課試以示勸勵每治政之暇必延見其師生與之講討經義由是人人自力於

學而饒之以科第進者視他郡爲多鏞居官廨自奉澹泊僚屬亦皆化之先是朝使至外郡者官府奉之甚侈一不厭其所欲卽銜之往往騰謗于朝其出使于饒者鏞延見郡舍中供以糲飯退皆無有後言其後有旨以織幣脆薄遣使笞行省臣及諸郡長吏獨鏞無預鏞治政雖細事其詳密多類此十年拜中書參知政事十一年丞相脫脫在位而龔伯璲輩方用事朝廷悉議更張鏞有言不見聽人或以鏞優於治郡而執政非其所長遂出爲甘肅行省參知政事及脫脫罷用事者悉誅而鏞又獨免禍乃還西行臺中丞歿于官

李稷

李稷字孟豳滕州人稷幼穎敏八歲能記誦經史從其父官袁州師夏鎭又從官鉛山師方回孫鎭回孫皆名進士長於春秋稷兼得其傳泰定四年中進士第授淇州判官淇當要衝稷至能理其劇歲大饑告于朝堂以賑之民獲以蘇游民尚安兒飲博亡賴稷疑其爲非督弓兵擒之果盜隣村王甲家財與其黨五人俱伏辜調海陵縣丞亦有能聲入爲翰林國史院編修官擢御史臺照磨

至正初出爲江南行臺監察御史遷都事又入爲監察御史劾奏閹宦高龍卜恃賴恩私侵撓朝政擅作威福交通時相請謁公行爲國基禍乞加竄逐以正邦刑章上流高龍卜于征東又言御史封事須至御前開拆以防壅蔽之患言事官須優加擢用以開諫諍之路殿中侍御史給事中起居注須任端人直士書百司奏請及帝所可否月達省臺付史館以備纂修之實承天護聖寺火有旨更作乃上言水旱相仍公私俱乏不宜妄興大役議遂寢會朝廷方注意守令因言下縣尹多從吏部銓注或非其才宜併歸省選茶鹽鐵課責備長吏動受刑譴何以臨民宜分委佐貳投下達魯花赤蠹政害民宜爲佐貳帝悉可其奏還中書左司都事又四遷爲戶部尚書十一年廷議以中原租稅不實將履畝起稅稷詣都堂言曰方今妖寇竊發民庶流亡此政一行是驅民爲盜也相臣是之尋參議中書省事俄遷治書侍御史十二年從丞相脫脫出師征徐州徐既平謁告歸滕州遷曾祖父以下十七喪序昭穆以葬勅賜碑樹焉既而召爲詹事丞除侍御史俄還中書參知政事皇太子受冊攝大禮使遂除樞密副

使帝躬祀郊廟攝太常少卿尋復爲侍御史又爲中書參知政事俄陞資善大夫御史中丞尋特加榮祿大夫至正十九年丁母憂兩起復爲陜西行省左丞樞密副使乞終制不起服闋命爲大都路總管兼大興府尹除副詹事二十四年出爲陜西行臺中丞未行改山東廉訪使得疾上章致仕還京師卒年六十一贈推忠贊理正憲功臣集賢大學士榮祿大夫柱國追封齊國公謚文穆稷爲人孝友恭儉廉慎忠勤處家嚴而有則與人交一以誠悃尤篤於鄉黨朋友之誼中丞任擇善陳思謙既没皆撫其遺孤人以是多之出入臺省者二十年始卒無玼爲時名卿云

蓋苗

蓋苗字耘夫大名元城人幼聰敏好學善記誦及弱冠游學四方藝業大進延祐五年登進士第授濟寧路單州判官州多繫囚苗請疏決之知州以爲囚數已上部使者未報不可決苗曰設使者有問請身任其責知州乃勉從之使者果閱牘而去歲饑白郡府未有以應會他邑亦以告郡府遣苗至戶部以請戶

部難之苗伏中書堂下出糠餅以示曰濟寧民率食此況不得此食者尤多豈可坐視不救乎因泣下時宰大悟凡被災者咸獲賑焉有官粟五百石陳腐以借諸民期秋熟還官及秋郡責償甚急部使者將責知州苗曰官粟實苗所貰今民饑不能償苗請代還使者乃已其責單州稅糧歲輸館陶倉距單五百餘里載馱擔負民甚苦之春猶未足是秋館陶大熟苗先期令民糴粟倉下十月初倉券已至省民力什之五辟御史臺掾除山東廉訪司經歷歷禮部主事擢江南行臺監察御史建言嚴武備以備不虞簡兵卒以壯國勢全功臣以隆大體惜官爵以清銓選考實行以抑奔競明賞罰以杜姦欺計利害以孚民情去民賊以崇禮節皆切於時務公論韙之天曆初文帝詔以建康潛邸爲佛寺務窮壯麗毀民居七十餘家仍以御史大夫督其役苗上封事曰臣聞使民以時使臣以禮自古未有不由斯道而致隆平者陛下龍潛建業之時居民困於供給幸而獲覩今日之運百姓跂足舉首以望非常之恩今奪農時以㥁佛寺又廢民居使之家破產蕩豈聖人御天下之道乎昔漢高帝興於豐沛爲復兩縣

光武中興南陽免稅三年旣不務此而隆重佛寺何以滿斯民之望哉且佛以
慈悲爲心方便爲教今尊佛氏而害生民無乃違其方便之教乎臺臣職專糾
察表正百司今乃委以修繕之役豈其禮哉書奏御史大夫果免督役入爲監
察御史文宗幸護國仁王寺泛舟玉泉苗進曰今頻年不登邊隅不靖政當恐
懼修省何暇逸游以臨不測之淵乎帝嘉納之賜以對衣上尊卽日還宮臺臣
擬苗僉淮東廉訪司事以聞帝曰仍留蓋御史朕欲聞其讜言也以丁外艱去
免喪除太禧宗禋院都事中書檄苗行視河道還言河口淤塞今苟不治後日
必爲中原大患都水監難之事遂寢至正初用薦者知亳州修學宮完州廨有
豪強占民田爲己業民五十餘人訴於苗苗訊治之豪民咸自引服苗曰爾等
罪甚重然吾觀皆有改過意遂從輕議至元四年起爲左司都事在左司僅十
八日凡決數百事丁內憂宰相惜其去重賻之至正二年起爲戶部郎中俄擢
從史臺都事御史大夫欲以故人居言路苗曰非其才也大夫不悅而起其晚
邀至私第以謝人兩賢之出爲山東廉訪副使兪都淄萊地舊稱產金朝廷建

一府六所綜其事民歲買金以輸官至是六十年矣民有忤其官長意輒謂所居地有金礦掘地及泉而後止猾吏爲奸利莫敢誰何苗建言罷之三年入爲戸部侍郎四年由都水監遷刑部尚書初盜殺河南省憲官延坐五百餘家已有詔除首罪外餘從原宥至是宰臣追復欲盡誅戮苗堅持不可御史趣具獄苗曰肆赦復殺在法所無御史獨宜劾苗其敢累朝廷之寬仁乎卒用苗議罷之出爲山東廉訪使民饑爲盜所在羣聚乃上救荒弭盜十二事劾宣慰使骫骳不法者有司援例欲徵苗所得職田苗曰年荒民困吾無以救尚忍征斂以肥己耶輒命已之同僚皆無敢取召參議中書省事五年出爲陝西行臺侍御史遷陝西行省參知政事六年復入爲治書侍御史陞侍御史尋拜中書參知政事同知經筵事大臣以兩京馳道狹隘奏毀民田廬廣之已遣使督有司治之矣苗執曰馳道創自至元初何今日獨爲隘乎力辯乃罷又欲宿衛士悉出爲郡長官俾以養貧苗議曰郡長所以牧民豈養貧之地哉果有不能自存賜之錢可也若任郡寄必擇賢才而後可議遂寢又欲以鈔萬貫與角觝者苗曰

諸處告饑不蒙賑恤力戲何功獲此重賞乎又僉四川廉訪司事家人違例收職田奉使宣撫直坐其主宰臣命奉使即行遣苗請付法司詳議勿使憲司以爲口實於是時相顧謂僚佐曰所以引蓋君至樞機者欲其相助也迺每事相抗何耶今後有公務毋白參政苗歎曰猥以非才待罪執政中書之事皆當與聞今宰相言若此不退何俟將引去而適有旨拜江南行臺御史中丞然宰臣怒苗終不解比至即除甘肅行省左丞時苗已致仕歸田里矣時宰復奏旨趣赴任苗舁疾就道至鎮即上言西土諸王爲國藩屛賜賚雖有常制而有司牽於文法遂使恩澤不以時及有匱乏之憂大非隆親厚本之意又言甘肅每歲中糧姦弊百端請以糧鈔兼給則軍民咸利矣朝廷從之遷陝西行御史臺中丞到官數日即上疏乞骸骨還鄉里明年卒年五十八贈攄誠贊治功臣中書左丞上護軍追封魏國公謚文獻苗學術淳正性孝友喜施與置義田以贍宗族平居恂恂謙謹及至遇事張目敢言雖經剉折無少回撓有古遺直之風焉

元史卷一百八十五

元史卷一百八十六

明翰林學士亞中大夫知制誥兼修國史宋　濂等修

列傳第七十三

張楨

張楨字約中汴人幼刻苦讀書登元統元年進士第授彰德路錄事辟河南行省掾楨初娶祁氏祁生貴富家頗驕縱見楨貧不爲禮合巹踰月卽出之祁之兄訟于官且汙楨以黯昧事左右司官聽之楨因移疾不出滯案俱積平章政事月魯帖木兒怒曰張楨剛介士也豈汝曹所當議耶郎中虎者禿謁而謝之乃起范孟爲亂矯殺月魯帖木兒等城中大擾楨暮夜縋城出得免踰年除高郵縣尹門無私謁縣民張提領尚任俠武斷鄉曲一日至縣有所囑楨執之盡得其罪狀里中受其抑者咸來訴焉乃杖而徒之人以爲快守城千戶狗兒妻崔氏爲其小婦所譖虐死其鬼憑七歲女詣縣訴楨備言死狀尸見瘞舍後楨率吏卒卽其所發土得尸拘狗兒及小婦鞫之皆伏辜人以爲神明焉累除中

政院判官至正八年拜監察御史劾太尉阿乞剌欺罔之罪幷言明里董阿也里牙月魯不花皆陛下不共戴天之讎伯顏賊殺宗室嘉王郯王一十二口稽之古法當伏門誅而其妻子兄弟尚仕于朝宜急誅竄別兒怯不花阿附權姦亦宜遠貶今災異迭見盜賊蜂起海寇敢於要君閫帥敢於玩寇若不振舉恐有唐末藩鎮噬臍之禍不聽及毛貴陷山東上疏陳十禍根本之禍有六征討之禍有四歷數其弊一曰輕大臣二曰解權綱三曰事安逸四曰杜言路五曰離人心六曰濫刑獄所謂根本之禍六也其言事安逸之禍略曰臣伏見陛下以盛年入纂大統履艱難而登大寶因循治安不預防慮寬仁恭儉漸不如初今天下可謂多事矣海內可謂不寧矣天道可謂變常矣民情可謂難保矣是陛下警省之時戰兢惕厲之日也陛下宜臥薪嘗膽奮發悔過思祖宗創業之難而今日墜亡之易於是而修實德則可以答天意推至誠則可以回人心凡土木之勞聲色之好燕安鴆毒之戒皆宜痛撤勇改有不盡者亦宜防微杜漸而禁於未然黜宮女節浮費畏天恤人而陛下乃安焉處之如天下太平無事

時此所謂根本之禍也至若不愼調度不資羣策不明賞罰不擇將帥所謂征討之禍四也其言不明賞罰之禍略曰臣伏見調兵六年初無紀律之法又無激勸之宜將帥因敗爲功指虛爲實大小相謾上下相依其性情不一而邀功求賞則同是以有覆軍之將殘民之將怯懦之將貪婪之將曾無懲戒所經之處雞犬一空貨財俱盡及其面諛游說反以克復受賞今克復之地悉爲荒墟河南提封三千餘里郡縣星羅棋布歲輸錢穀數百萬計而今所存者封丘延津登封偃師三四縣而已兩淮之北大河之南所在蕭條夫有土有人有財然後可望軍旅不乏餽餉不竭今寇敵已至之境固不忍言未至之處尤可寒心如此而望軍旅不乏餽餉不竭使天雨粟地湧金朝夕存亡且不能保況以地方有限之費而供將帥無窮之欲哉其爲自啓亂階亦已危矣陛下事佛求福飯僧消禍以天壽節而禁屠宰皆虛名也今天下殺人矣陛下泰然不理而曰吾將以是求福福何自而至哉頼上之寇始結白蓮以佛法誘衆終飾威權以兵抗拒視其所向駸駸可畏其勢不至於亡吾社稷燼吾國家不已也堂堂天

朝不思靖亂而反爲階亂其禍至慘其毒至深其關繫至大有識者爲之扼腕
有志者爲之痛心此征討之禍也疏奏不省權臣惡其訐直二十一年除僉山
南道肅政廉訪司事至則劾中書參知政事也先不花樞密院副使脫脫木兒
治書侍御史奴奴弄權誤國之罪又不報方是時孛羅帖木兒駐兵大同察罕
帖木兒駐兵洛陽而毛貴據山東勢逼京畿二將玩寇不進方以爭晉冀爲事
搆兵相攻互有勝負朝廷乃遣也先不花脫脫木兒奴奴往解之旣受命不前
進楨又言其貪懦庸鄙苟懷自安之計無憂國致身之忠朝廷將使二家釋憾
協心討賊此國之大事謂宜風馳電走而乃迂回退慴枉道延安以西繞曲數
千里遲遲而行使兩軍日夜仇殺黎庶肝腦塗地實此三人之所致也宜急殛
之以救時危亦不報楨乃慨然嘆曰天下事不可爲矣卽辭去居河中安邑山
谷間結茅僅容膝有訪之者不復言時事但對之流涕而已二十四年孛羅帖
木兒犯闕皇太子出居冀寧奏除贊善又除翰林學士皆不起擴廓帖木兒將
輔皇太子入討孛羅帖木兒遣使傳皇太子旨賜以上尊且訪時事楨復書曰

今燕趙齊魯之境大河內外長淮南北悉爲丘墟關陝之區所存無幾江左日思荐食上國湘漢荆楚川蜀淫名僭號幸我有變利我多虞閣下國之右族三世二王得不思廉藺之於趙寇賈之於漢乎京師一殘假有不逞之徒崛起草澤借名義尊君父倡其說於天下閣下將何以處之乎守京師者能聚不能散禦外侮者能進不能退紛紛籍籍神分志奪國家之事能不爲閣下憂乎志曰不備不虞不可以爲師僕之惓惓爲言者獻忠之道也然爲言大要有三保君父一也扶社稷二也衞生靈三也請以近似者陳其一二衞出公據國至於不父其父趙有沙丘之變其臣成兌平之不可謂無功而後至於不君其君唐肅宗流播之中怵於邪謀遂成靈武之簒千載之下雖有智辯百出不能爲雪嗚呼是豈可以不鑒之乎然吾聞之天之所廢不驟也驟其得志肆其寵樂使忘其覺悟之心非安之也厚其毒而降之罰也天遂其欲民厭其汰而鬼神弗福也其能久乎閣下覽觀焉謀出於萬全則善矣詢之輿議急則其變不測徐則其釁必起通其往來之使達其上下之情得其情則得其策矣孔子曰君君臣

臣父父子子今九重在上者如寄青宮在下者如寄生民之憂國家之憂也可不深思而熟計之哉擴廓帖木兒深納其說是用事克有成後三年卒

歸暘

歸暘字彥溫汴梁人將生其母楊氏夢朝日出東山上有輕雲來掩之故名暘學無師傳而精敏過人登至順元年進士第授同知潁州事鉏奸擊強人不敢以年少易之山東鹽司遣奏差至潁恃勢爲不法暘執以下獄時州縣奉鹽司甚謹頤指氣使輒奔走之暘獨不爲屈轉大都路儒學提舉未上至元五年十一月杞縣人范孟謀不軌詐爲詔使至河南省中殺平章月魯帖木兒左丞劫烈廉訪使完者不花總管撒里麻召官屬及去位者署而用之以段輔爲左丞使暘北守黃河口暘力拒不從賊怒繫於獄衆叵測所爲暘無懼色已而賊敗汙賊者皆獲罪暘獨免同里有吳炳者嘗以翰林待制徵不起賊呼炳司卯酉曆炳不敢辭時人爲之語曰歸暘出角吳炳無光暘自此名譽赫然明年轉國子博士拜監察御史及入謝臺臣奏曰此卽河南抗賊者也帝曰好事卿宜數

爲之賜以上尊已而辭官歸養親汴上親既歿家食久之至正五年除僉河南廉訪司事行部西京以法繩趙王府官屬之貪暴者王三遣使請不爲動宣寧縣有殺人者蔓引數十人一讞得其情盡釋之沁州民郭仲玉爲人所殺有司以蒲察山兒當之暘察其誣蹤跡得其殺人者山兒遂不死六年轉僉淮東廉訪司事改宣文閣監書博士兼經筵譯文官七年遷右司都事順江酋長樂孫求內附請立宣撫司及置郡縣二十三處暘曰古人有言鞭雖長不及馬腹使郡縣果設有事不救則孤來附之意救之則罷中國而事外夷所謂獲虛名而受實禍也與左丞呂思誠抗辨甚力丞相太平笑曰歸都事善戇如此何相抗乃爾邪然其策果將焉出暘曰其酋長可授宣撫勿責其貢賦使者賜以金帛遣歸足矣卒從暘言京師苦寒有丐訴丞相馬前丞相索皮服予之仍覈在官所藏皮服之數悉給貧民暘曰宰相當以廣濟天下爲心皮服能幾何而欲給之邪莫若錄寒餓者稍賑之耳丞相悟而止雲南死可伐叛詔以元帥述律遵道往喻之未幾命平章政事亦都渾將兵討之事久無功二人上疏紛紜中書

欲罪述律暘曰彼事未白而專罪一人豈法意乎況一諭之而一討之彼將何所適從然亦非使者之罪也湖廣行省左丞沙班卒其子沙的方爲中書掾請奔喪丞相以沙的有兄弟不許暘曰孝者人子之同情以其有兄弟而沮其請非所以孝治天下也遂從之廣海猺賊入寇詔朵兒只丹將思播楊元帥軍以討之暘曰易軍而將不諳教令恐不能決勝若命楊就統其衆彼悅於恩命必能自効所謂以夷狄攻夷狄中國之利也帝不從後竟無功八年陞左司員外郎中書用暘言損河間餘鹽五萬引以裕民楮幣壅不行廷議出楮幣五百萬錠易銀實內藏暘復持不可曰富商大賈盡易其鈔於私家小民何利哉六月遷參議樞密院事時方國珍未附詔江浙行省參知政事朵兒只丹討之一軍皆沒而朵兒只丹被執將罪之暘曰將之失利其罪固當然所部皆北方步騎不習水戰是驅之死地耳宜募海濱之民習水利者擒之既而國珍遣人從朵兒只丹走京師請降暘曰國珍已敗我王師又拘我王臣力屈而來非真降也必討之以令四方時朝廷方事姑息卒從其請後果屢叛如暘言遷御史臺都

事俄復參議樞密院事十二月陞樞密院判官九年正月轉河西廉訪使未上改禮部尙書會開端本堂皇太子就學召暘爲贊善未幾遷翰林直學士同修國史仍兼前職暘言師傅當與皇太子東西相向授書其屬亦以次列坐虛其中座以待至尊臨幸不然則師道不立矣時衆言人人殊卒從暘議俄以疾辭帝遣左司郎中趙璉賜白金文綺不受初暘在上都時脫脫自甘州還且入相中書參議趙期頤員外郎李稷謁暘私第致脫脫之命屬草詔暘辭曰丞相將爲伊周事業入相之詔當命詞臣視草今屬筆於暘恐累丞相之賢也期頤曰若帝命爲之奈何暘曰事理非順亦當固辭期頤知不可屈乃已十年正月還四川行省參知政事十二年除刑部尙書十五年再除刑部尙書凡三遷皆以疾辭十七年授集賢學士兼國子祭酒使者迫之暘與疾至京師臥于南城不起時海內多故暘上三策一曰振紀綱二曰選將材三曰審形勢疊疊數千言時以爲老生常談不能用十一月以集賢學士資德大夫致仕給半俸終身辭不受明年乞骸骨僑居弘州徙蔚州又徙宣德皆間關避兵尋抵大同及關陝

小寧來居解之夏縣皇太子出冀寧強起之居數月復還夏縣二十七年卒年六十三

陳祖仁 王逖志

陳祖仁字子山汴人也其父安國仕爲常州晉陵尹祖仁性嗜學早從師南方有文名至正元年科舉復行祖仁以春秋中河南鄉貢明年會試在前列及對策大廷遂魁多士賜進士及第授翰林修撰同知制誥兼國史院編修官歷太廟署令太常博士遷翰林待制出僉山東肅政廉訪司事擢監察御史復出爲山北肅政廉訪司副使召拜翰林直學士陞侍講學士除參議中書省事二十年五月帝欲修上都宮闕工役大興祖仁上疏其略曰自古人君不幸遇艱虞多難之時孰不欲奮發有爲成不世之功以光復祖宗之業苟或上不奉於天道下不順於民心緩急失宜舉措未當雖以此道持盈守成猶或致亂而況欲撥亂世反之正乎夫上都宮闕創自先帝修於累朝自經兵火焚燬殆盡所不忍言此陛下所爲日夜痛心所宜亟圖興復者也然今四海未靖瘡痍未瘳倉

庫告虛財用將竭乃欲驅疲民以供大役廢其耕耨而荒其田畝何異扼其吭
而奪之食以速其斃乎陛下追惟祖宗宮闕念兹在兹然不思今日所當興復
乃有大於此者假令上都宮闕未復固無妨於陛下之寢處使因是而違天道
失人心或致大業之隳廢則夫天下者亦祖宗之天下生民者亦祖宗之生民
陛下亦安忍而輕棄之乎願陛下以生養民力爲本以恢復天下爲務信賞必
罰以驅策英雄親正人遠邪佞以圖謀治道夫如是則承平之觀不日咸復詎
止上都宮闕而已乎疏奏帝嘉納之二十三年十二月拜治書侍御史時宦者
資正使朴不花與宣政使㮣驢內恃皇太子外結丞相搠思監驕恣不法監察
御史傅公讓上章暴其過忤皇太子意左遷吐蕃宣慰司經歷宅御史連章論
諫皆外除祖仁上疏皇太子言御史糾劾㮣驢不花姦邪等事此非御史之私
言乃天下之公論臺臣審問尤悉故以上啓令殿下未賜詳察輒加沮抑擯斥
御史詰責臺臣使姦臣蠹政之情不得達於君父則亦過矣夫天下者祖宗之
天下臺諫者祖宗之所建立以二豎之微而於天下之重臺諫之言一切不卹

獨不念祖宗乎且殿下職分止於監國撫軍問安視膳而已此外予奪賞罰之
權自在君父今方毓德春宮而使諫臣結舌凶人肆志豈惟君父徒擁虛器而
天下蒼生亦將奚望疏上皇太子怒令御史大夫老的沙諭祖仁以謂臺臣所
言雖是但橐驩等俱無是事御史糾言不實已與美除昔裕宗爲皇太子兼中
書令樞密使凡軍國重事合奏聞者乃許上聞非獨我今日如是也祖仁乃復
上疏言御史所劾得於田野之間殿下所詢不出宮牆之外所以全此二人者
止緣不見其姦昔唐德宗云人言盧杞姦邪朕殊不覺使德宗早覺杞安得相
是杞之姦邪當時知之獨德宗不知爾今此二人亦皆姦邪舉朝知之在野知
之天下知之獨殿下未知耳且裕宗既領軍國重事理宜先閱其綱若至臺諫
封章自是御前開拆假使必皆經由東宮君父或有差失諫臣有言太子將使
之聞奏乎不使之聞奏乎使之聞奏則傷其父心不使聞奏則陷父於惡殿下
將安所處如知此說則今日糾劾之章不宜阻矣御史不宜斥矣斥其人而美
其除不知御史所言爲天下國家乎爲一身官爵乎斥者去來者言言者無窮

而美除有限殿下又安所處祖仁疏既再上卽辭職而御史下至吏卒皆辭閑於是皇太子以其事聞朴不花槖驩乃皆辭退而天子令老的沙諭旨祖仁等祖仁復上書天子曰祖宗以天下傳之陛下今乃壞亂不可救藥雖曰天運使然亦陛下刑賞不明之所致也且區區二豎猶不能除況於大者願陛下俯從臺諫之言擯斥此二人不令其以辭退爲名成其姦計使海內皆知陛下信賞必罰自二人始則將士孰不効力天下可全而有以還祖宗若猶優柔不斷則臣寧有餓死于家誓不與之同朝牽聯及禍以待後世正人同罪書奏天子大怒而是時侍御史李國鳳亦上疏言此二人必當斥於是臺臣自老的沙以下皆左遷而祖仁出爲甘肅行省參知政事時天極寒衣單甚以弱女託於其友朱毅卽日就道明年七月孛羅帖木兒入中書爲丞相除祖仁山北道肅政廉訪使召拜國子祭酒遷樞密副使累上疏言軍政利害不報辭職除翰林學士遂拜中書參知政事是時天下亂已甚而祖仁性剛直遇事與時宰論議數不合乃超授其階榮祿大夫而仍還翰林爲學士尋遷太常禮儀院使二十七年

大明兵已取山東而朝廷方疑擴廓帖木兒有不臣之心專立撫軍院總兵馬
以備之祖仁乃與翰林學士承旨王時待制黃哻編修黃肅伏闕上書言近者
南軍侵陷全齊不踰月而逼畿甸朝廷雖命丞相也速出師軍馬數少勢力孤
危而中原諸軍左牽右掣調度失宜京城四面茫無屏蔽宗社安危正在今日
臣愚等以爲馭天下之勢當論其輕重強弱遠近先後不宜膠於一偏狃於故
轍前日南軍僻在一方而擴廓帖木兒近在肘腋勢將竊持國柄故宜先於致
討則南軍遠而輕而擴廓帖木兒近而重也今擴廓帖木兒勢已窮蹙而南軍
突至勢將不利於宗社故宜先於救難則擴廓帖木兒弱而輕南軍近而重也
陛下寬仁涵育皇太子賢明英斷當此之時宜審其輕重強弱改弦更張而撫
軍諸官亦宜以公天下爲心審時制宜令擴廓帖木兒黨與離散豈能復振若
止分撥一軍逼襲必就擒獲其餘彼中見調一應軍馬令其倍道東行勤王赴
難與也速等聲勢相援仍遣重臣分道宣諭催督庶幾得宜如復膠於前說動
以言者爲擴廓帖木兒游說而鉗天下之口不幸猝有意外之變朝廷亦不得

聞而天下之事去矣書上不報十二月祖仁又上書皇太子言近日降詔削河南軍馬之權雖所當然然此項軍馬終爲南軍之所忌設使其有悖逆之心朝廷以忠臣待之其心媿沮將何所施今未有所見遽以此名加之彼若甘心以就此名其害有不可言者朝廷苟善用之豈無所助然人皆知之而不敢言者誠恐誣以受財游說罪名無所昭雪也況聞擴廓帖木兒屢上書疏明其心曲是其心未絕於朝廷以待朝廷之開悟當今爲朝廷計者不過戰守還三事以言乎戰則資其犄角之勢以言乎守則望其勤王之師以言乎還則假其藩衞之力極力勉厲使行猶恐遲晚豈可使數萬之師棄置於一方當此危急之秋宗社存亡僅在旦夕不幸一日有唐玄宗倉卒之出則是以祖宗百年之宗社爲朝廷委而棄之此時雖欲碎首殺身何濟於事故今不復避忌惟以宗社存亡爲重奉疏以聞疏上亦不報二十八年秋大明兵進壓近郊有旨命祖仁及同僉太常禮儀院事王遜志等載太廟神主從皇太子北行祖仁等乃奏曰天子有大事出則載主以行從皇太子非禮也帝然之還守太廟以竢命俄而天子

北奔祖仁守神主不果從八月二日京城破將出健德門爲亂軍所害時年五十五祖仁一目眇貌寢身短瘠而語音清亮議論偉然負氣剛正似不可犯者其學博而精自天文地理律曆兵乘術數百家之說皆通其要爲文簡質而詩清麗世多稱傳之王遜志字文敏惲之曾孫也以廕授侍儀司通事舍人歷隰州判官太寧縣尹擢陝西行臺監察御史累遷僉漢中河西山北三道肅政廉訪司事入爲工部員外郎遷禮部郎中拜監察御史劾詹事不蘭奚平章宜童皆逆臣子孫當屏諸遐裔除大府少監出爲江西廉訪副使召僉太常禮儀院事京城不守公卿爭出降遜志獨家居衣冠而坐其友中政院判官王翼來告曰新朝寬大不惟不死且仍與官盍出詣官自言狀遜志艴然斥之曰君既自不忠又誘人爲不義耶因戒其子曰汝謹繼吾宗卽自投井中死

成遵

成遵字誼叔南陽穰縣人也幼敏悟讀書日記數千百言年十五喪父家貧勤苦不廢學問二十能文章時郡中先輩無治進士業者遵欲爲以不合程式爲

患一日憤然曰四書五經吾師也文無逾於史漢韓柳區區科舉之作何難哉
會楊惠初登第來尹穰遵乃書所作數十篇見之惠撫卷大喜語之曰以此取
科第如拾芥耳至順辛未至京師受春秋業於夏鎮遂入成均爲國子生時陳
旅爲助教喜其文數以語于奎章閣侍讀學士虞集集亟欲見之旅令以己馬
俾遵馳詣集集方有目疾見遵來迫而視之曰適觀生文今見生貌公輔器也
吾老矣恐不及見生當自愛重也元統改元中進士第授將仕郎翰林國史院
編修官明年預修泰定明宗文宗三朝實錄後至元四年升應奉翰林文字五
年辟御史臺掾至正改元擢太常博士明年轉中書檢校尋拜監察御史扈從
至上京上封事言天子宜慎起居節嗜慾以保養聖躬聖躬安則宗社安矣言
甚迫切帝改容稱善又言臺察四事一曰差遣臺臣越職問事二曰左遷御史
杜塞言路三曰御史不思盡言循敘求進四曰體覆廉訪聲蹟不實賢否混淆
帝皆嘉納之諭臺臣曰遵所言甚善皆世祖風紀舊規也特賜上尊旌其忠遵
又言江浙火災當賑䘏及劾火魯忽赤不法十事皆從之復上封事言時務四

事一曰法祖宗二曰節財用三曰抑奔競四曰明激勸奏入帝稱善久之命中書速議以行是歲言事并舉劾凡七十餘事皆指訐時弊執政者惡之三年自刑部員外郎出爲陝西行省員外郎以母病辭歸五年丁母憂八年擢僉淮東肅政廉訪司事改禮部郎中奉使山東淮北察守令賢否得循良者九人貪懦者二十一人奏之九人者賜上尊幣帛仍加顯擢其二十一人悉黜之九年改刑部郎中尋遷御史臺都事時臺臣有嫉贓吏多以父母之憂免者建論今後官吏凡被案劾贓私雖父母死不許歸葬須竟其獄庶惡人不獲幸免遵曰惡人固可怒然與人倫孰重且國家以孝治天下寧失罪人千百不可使天下有無親之吏御史大夫是其言陞戶部侍郎十年遷中書右司郎中時刑部獄按久而不決者積數百遵與其僚分閱之共議其輕重各當其罪未幾無遺事時有令輸粟補官有匿其姦罪而入粟得七品雜流者爲怨家所告有司議輸粟例無有過不與之文遵曰賣官鬻爵已非盛典況又賣官與姦淫之人其將何以爲治必奪其勑還其粟著爲令乃可省臣從之除工部尚書先是河決白茅

鄆城濟寧皆爲巨浸或言當築堤以遏水勢或言必疏南河故道以殺水勢而漕運使賈魯言必疏南河塞北河使復故道役不大興害不能已廷議莫能決乃命遵偕大司農禿魯行視河議其疏塞之方以聞十一年春自濟寧曹濮汴梁大名行數千里掘井以量地形之高下測岸以究水勢之淺深遍閱史籍博采輿論以謂河之故道不可得復其議有八而丞相脫脫已先入賈魯之言及遵與禿魯至力陳不可且曰濟寧曹鄆連歲饑饉民不聊生若聚二十萬人於此地恐後日之憂又有重於河患者脫脫怒曰汝謂民將反耶自辰至酉辨論終不能入明日執政者謂遵曰修河之役丞相意已定且有人任其責矣公其毋多言幸爲兩可之議遵曰腕可斷意不可易也由是遂出爲大都河間等處都轉運鹽使初汝汴二郡多富商運司賴之是時汝寧盜起侵汴境朝廷調兵往討括船運糧以故舟楫不通商販遂絕遵隨事處宜國課皆集十四年調武昌路總管武昌自十二年爲沔寇所殘燬民死於兵疫者十六七而大江上下皆劇盜阻絕米直翔踴民心遑遑遵言於省臣假軍儲鈔萬錠募勇敢之士具

戈舡截兵境且戰且行糴粟於太平中興民賴以全活者衆會省臣出師遵攝省事於是省中府中惟遵一人乃遠斥候塞城門籍民爲兵得五千餘人設萬夫長四配守四門所以爲防禦之備甚至號令嚴肅賞罰明當賊舡往來江中終不敢近岸城賴以安十五年擢江南行臺治書侍御史召拜參議中書省事時河南之賊數渡河而北焚掠郡縣上下視若常事遵率左右司僚佐持其牘詣丞相言曰今天下州縣喪亂過半河北之民稍安者以天塹黃河爲之障賊兵雖至不能飛渡所以剝膚椎髓以供軍儲而無深怨者視河南之民猶得保其室家故也今賊北渡河而官軍不禦是大河之險已不能守河北之民復何所恃乎河北民心一搖國勢將如之何語未畢哽咽不能言宰相以下皆爲之揮涕乃以入奏帝詔卽遣使罪守河將帥而守禦自是亦頗嚴先是湖廣僞賊質威順王之子而遣人請降求爲湖廣行省平章朝臣欲許者半遵曰平章之職亞宰相也承平之時雖德望漢人抑而不與今叛逆之賊挾勢要求輕以與之如綱紀何或曰王子世皇嫡孫也不許是棄之與賊非親親之道也遵曰項

羽執太公欲烹之以挾高祖高祖乃以分羹荅之奈何今以王子之故廢天下大計乎衆皆韙其論除治書侍御史俄復入中書爲參知政事離省僅六日丞相每決大議則曰姑少緩之衆莫曉其意及遵拜執政喜曰大政事今可決矣十七年陞中書左丞階資善大夫分省彰德是時太平在相位以事忤皇太子皇太子深銜之欲去之而未有以發以爲遵及參知政事趙中皆太平黨也遵中兩人去則太平之黨孤十九年用事者承望風旨嗾寶坻縣尹鄧守禮弟鄧子初等誣遵與參政趙中參議蕭庸等六人皆受贓皇太子命御史臺大宗正府等官雜問之鍛錬使成獄遵等竟皆杖死中外冤之二十四年御史臺臣辯明遵等皆誣枉詔復給還其所授宣勑

曹鑑

曹鑑字克明宛平人穎悟過人舉止異常兒既冠南遊具通五經大義大德五年用翰林侍讀學士郝彬薦爲鎮江淮海書院山長十一年南行臺中丞廉恆辟爲掾史丁內艱復起補掾史除興文署命伴送安南使者沿途問難倡和應

答如響使者歎服以爲中國有人至治二年授江浙行省左右司員外郎明年
奉旨括釋氏白雲宗田稽檢有方不數月而事集纖毫無擾泰定七年遷湖廣
行省左右司員外郎時丞相忽剌歹怙勢恣縱妄爲威福僚屬多畏避鑑遇事
徇理輒行獨不爲回撓湖北廉訪司舉鑑宜居風紀不報天曆元年調江浙財
賦府副總管屬淮浙大水民以葘告鑑損其賦什六七勢家因而詭免者鑑覈
實諭令首輸元統二年陞同僉太常禮儀院鑑習典故達今古凡禮樂度數名
物罔不周知因集議明宗皇后祔廟事援禮據經辯析詳明君子多之至元元
年以中大夫陞禮部尙書俄感疾而卒年六十五追封譙郡侯諡文穆鑑天性
純孝親族貧乏者周卹恐後歷官三十餘年僦屋以居歿之日家無餘貲唯蓄
書數千卷皆鑑手較定鑑爲詩賦尙騷雅作文法西漢每篇成學者爭相傳誦
有文集若干卷藏于家鑑任湖廣員外時有故掾顧淵伯以辰砂一包餽鑑鑑
漫爾置篋笥中半載後因欲合藥劑命取視之乃有黃金三兩雜其中鑑驚歎
曰淵伯以我爲何如人也淵伯已歿鑑呼其子歸之其廉慎不欺如此

張翥

張翥字仲舉晉寧人其父爲吏從征江南調饒州安仁縣典史又爲杭州鈔庫副使翥少時負其才儁豪放不羈好蹴踘喜音樂不以家業屑其意其父以爲憂翥一旦翻然改曰大人勿憂今請易業矣乃謝客閉門讀書晝夜不暫輟因受業於李存先生存字安仁江東大儒也其學傳於陸九淵氏翥從之游道德性命之說多所研究未幾留杭又從仇遠先生學遠於詩最高翥學之盡得其音律之奧於是翥遂以詩文知名一時已而薄游維揚居久之學者及門甚衆至元末同郡傅巖起居中書薦翥隱逸至正初召爲國子助教分教上都生尋退居淮東會朝廷修遼金宋三史起爲翰林國史院編修官史成歷應奉修撰遷太常博士陞禮儀院判官又遷翰林歷直學士侍講學士乃以侍讀兼祭酒翥勤於誘掖後進絕去崖岸不徒以師道自尊用是學者樂親炙之有以經義請問者必歷舉衆說爲之折衷論辯之際雜以談笑無不厭其所得而後已嘗奉旨詣中書集議時政衆論蜂起翥獨默然丞相搠思監曰張先生平日好論

事今一語不出何耶翥對曰諸人之議皆是也但事勢有緩急施行有先後在丞相所決耳搠思監善之明日除集賢學士俄以翰林學士承旨致仕階榮祿大夫孛羅帖木兒之入京師也命翥草詔削奪擴廓帖木兒官爵且發兵討之翥毅然不從左右或勸之翥曰吾臂可斷筆不能操也天子知其意不可奪乃命他學士爲之孛羅帖木兒雖知之亦不以爲怨也及孛羅帖木兒既誅詔乃以翥爲河南行省平章政事仍翰林學士承旨致仕給全俸終其身二十八年三月卒年八十二翥長於詩其近體長短句尤工文不如詩而每以文自負常語人曰吾於文已化矣蓋吾未嘗構思特任意屬筆而已它日翰林學士沙剌班示以所爲文請易置數字苦思者移時終不就沙剌班曰先生於文豈猶未化耶何思之苦也翥因相視大笑蓋翥平日善諧謔出談吐語輒令人失笑一座盡傾入其室藹然春風中也所爲詩文甚多無丈夫子及死國遂亡以故其遺藁不傳其傳者有律詩樂府僅三卷翥嘗集兵興以來死節死事之人爲書曰忠義錄識者韙之

元史卷一百八十六

元史卷一百八十七

明翰林學士亞中大夫知制誥兼修國史宋　濂等修

列傳第七十四

烏古孫良楨

烏古孫良楨字幹卿世次見父澤傳資器絕人好讀書至治二年蔭補江陰州判官尋丁內艱服除調婺州武義縣尹有惠政改漳州路推官獄有疑者悉平反之上言律徒者不杖今杖而又徒非恤刑意宜加徒減杖遂定爲令移泉州兪以能稱轉延平判官拜陝西行臺監察御史劾遼陽行省左丞相達識帖睦邇賣國不忠援漢高帝斬丁公故事以明人臣大義并劾御史中丞胡居祐奸邪皆罷之中外震懾陞都事猶以言不盡行解去復起爲監察御史良楨以帝方覽萬幾不可不求賢自輔於是連疏天曆數年間紀綱大壞元氣傷夷天祐聖明入膺大統而西宮秉政奸臣弄權畜憾十有餘年天威一怒陰晦開明以正大名以章大孝此誠兢兢業業祈天永命之秋其術在乎敬身修德而已今

經筵多領以職事臣數日一進講不踰數刻已罷而暬御小臣恆侍左右何益
於盛德哉臣願招延儒臣若許衡者數人寘於禁密常以唐虞三代之道啓沃
宸衷日新其德實萬世無疆之福也又以國俗父死則妻其從母兄弟死則收
其妻父母死無憂制遂言綱常皆出於天而不可變議法之吏乃言國人不拘
此例諸國人各從本俗是漢南人當守綱常國人諸國人不必守綱常也名曰
優之實則陷之外若尊之內實侮之推其本心所以待國人者不若漢南人之
厚也請下禮官有司及右科進士在朝者會議自天子至於庶人皆從禮制以
成列聖未遑之典明萬世不易之道又言隱士劉因道學經術可比許文正公
衡從祀孔子廟庭皆不報御史臺作新風憲復疏其所當行者以舉賢才爲綱
而以厚風俗均賦役重審理汰冗官選守令出奉使均公田爲目指擿剴切雖
觸忌諱亦不顧也宦者罕失嬖妾殺其妻糜其肉飼犬上疏乞正重刑幷論宦
寺結廷臣撓政爲害可汰黜之憸佞側目至正四年召爲刑部員外郎轉御史
臺都事五年改中書左司都事出爲江東道肅政廉訪司副使上官一日辭歸

六年授平江路總管不拜八年復召爲右司員外郎九年陞郎中尋遷廣東道肅政廉訪使未行還爲郎中遷福建道肅政廉訪使中道召還參議中書省事兼經筵官十一年拜治書侍御史陞中書參知政事同知經筵事十三年陞左丞兼大司農卿仍同知經筵事時中書參用非人事多異同不得一一如志會軍餉不給請與右丞悟良哈台主屯田歲入二十萬石東宮久未建懇懇爲言車駕幸上都始冊皇太子立詹事院驛召爲副詹事每直端本堂則進正心誠意之說親君子遠小人之道皇太子嘉納焉當時盜賊蠭起帝聞惡之下詔分討必盡誅而後已艮楨言平賊在收人心以回天意多殺非道也乃赦以安之十四年還淮南行省左丞初泰州賊張士誠既降復叛殺淮南行省參知政事趙璉進據高郵六合太師脫脫奉詔總諸王軍南征而艮楨洎參議龔伯璲刑部主事盧山等從之既平六合垂克高郵會詔罷脫脫兵柄遂有上變告伯璲等勸脫脫勒兵北向者下其事逮問詞連艮楨簿對無所驗卽日還中書左丞命分省彰德主調軍食居半歲還中書十六年進階榮祿大夫賜玉帶一十七

年除大司農明年陞右丞兼大司農辭不允論罷陷賊延坐之令有惡少年誣知宜興州張復通賊之罪中書將籍其孥吏抱案請署亘楨曰手可斷案不可署同列變色卒不署亘楨自左曹登政府多所建白罷福建山東食鹽浙東西長生牛租瀕海被災圍田稅民皆德之嘗論至正格輕重不倫吏得並緣爲奸舉明律者數人參酌古今重定律書書成而罷家居輒訓諸子曰吾無過人者惟待人以誠人亦以誠遇我汝宜志之晚歲病瘠數謁告病益侵遂卒自號約齋有詩文奏議凡若干卷藏于家

賈魯

賈魯字友恆河東高平人幼負志節既長謀略過人延祐至治間兩以明經領鄉貢泰定初恩授東平路儒學教授辟憲史歷行省掾除潞城縣尹選丞相東曹掾擢戶部主事未上一日覺心悸尋得父書筆勢顫縮卽辭歸比至家父已有風疾未幾卒魯居喪服闋起爲大醫院都事會詔修遼金宋三史召魯爲宋史局官書成選魯燕南山東道奉使宣撫幕官考績居最遷中書省檢校官上

言十八河倉近歲淪沒官糧百三十萬斛其弊由富民兼幷貧民流亡宜令先
正經界然事體重大非處置盡善不可輕發書累數萬言切中其弊俄拜監察
御史首言御史有封事宜專達聖聰不宜臺臣先有所可否陞臺都事遷山北
廉訪副使復召爲工部郎中言考工一十九事至正四年河決白茅堤又決金
堤並河郡邑民居昏墊壯者流離帝甚患之遣使體驗仍督大臣訪求治河方
略特命魯行都水監魯循行河道考察地形往復數千里備得要害爲圖上進
二策其一議修築北堤以制橫潰則用工省其一議疏塞並舉挽河東行使復
故道其功數倍會遷右司郎中議未及竟其在右司言時政二十一事皆見舉
行調都漕運使復以漕事二十事言之朝廷取其八事一曰京畿和糴二曰優
恤漕司舊領漕戶三曰接運委官四曰通州總治豫定委官五曰船戶困於壩
夫海運壞於壩戶六曰疏濬運河七曰臨清運糧萬戶府當隸漕司八曰宣忠
船戶付本司節制事未盡行既而河水北侵安山淪入運河延袤濟南河間將
隳兩漕司鹽場實妨國計九年太傅右丞相脫脫復相論及河決思拯民艱以

塞詔旨乃集廷臣羣議言人人殊魯昌言河必當治復以前二策進丞相取其後策與魯定議且以其事屬魯魯固辭丞相曰此事非子不可乃入奏大稱帝旨十一年四月命魯以工部尚書總治河防使進秩二品授以銀章領河南北諸路軍民發汴梁大名十有三路民一十五萬廬州等戍十有八翼軍二萬供役一切從事大小軍民官咸禀節度便宜興繕是月鳩工七月鑿河成八月決水故河九月舟楫通十一月諸埽諸堤成水土工畢河復故道事見河渠志帝遣使報祭河伯召魯還京師魯以河平圖獻帝適覽臺臣奏疏請褒脫脫治河之績次論魯功超拜榮祿大夫集賢大學士賞賚金帛勑翰林丞旨歐陽玄製河平碑以旌脫脫勞績具載魯功且宣付史館并贈魯先臣三世尋拜中書左丞從脫脫平徐州脫脫既旋師命魯追餘黨分攻濠州同總兵官平章月可察兒督戰魯誓師曰吾奉旨統八衛漢軍頓兵于濠七日矣爾諸將同心協力必以今日巳午時取城池然後食魯上馬麾進抵城下忽頭眩下馬且戒兵馬弗散病愈亟却藥不肯汗竟卒于軍中年五十七十三年五月壬午也月可察兒

躬爲治喪選士護柩還高平有旨賜交鈔五百錠以給葬事子積

逯魯曾

逯魯曾字善止修武人性剛介通經術中天曆二年進士第授翰林國史院編修官辟御史臺掾掌機密監察御史劾中丞史顯夫簡傲魯曾開實封於大夫前曰中丞素持重不能與人周旋御史以人情劾之非公論由是皆知其直除太常博士武宗一廟未立后主配享集羣臣廷議之魯曾抗言先朝以武宗皇后真哥無子不立其主時伯顏爲右丞相以爲明宗之母亦乞列氏可以配享徽政院傳太后旨以文宗之母唐兀氏可以配享伯顏問魯曾曰先朝既以真哥皇后無子不爲立主今所立者明宗母乎文宗母乎對曰真哥皇后在武宗朝已膺玉冊則爲武宗皇后明宗文宗二母后固爲妾也今以無子之故不爲立主以妾后爲正宮是爲臣而廢先君之后爲子而追封先父之妾於禮不可且燕王垂卽位追廢其母后而立其先母爲后以配享先王爲萬世笑豈可復蹈其失乎集賢大學士陳顥素嫉魯曾出曰唐太宗冊曹王明之母爲后是亦

二后也豈不可乎魯曾曰堯之母爲帝嚳庶妃堯立爲帝未聞冊以爲后而配
嚳皇上爲大元天子不法堯舜而法唐太宗耶衆服其議而伯顏韙之遂以真
哥皇后配焉復拜監察御史劾答失海牙阿吉剌太尉鞏卜班右丞兀突蠻刑
部尚書吉當普監察御史哈剌完者月魯不花院使呂思誠郎中皆黜之八人
之中惟思誠少過亦變祖宗選法餘皆伯顏之黨朝廷肅然除樞密院都事上
言前伯顏專殺大臣其黨利其妻女巧誣以罪今大小官及諸人有罪止坐其
身不得籍其妻女郯王爲伯顏構陷妻女流離當雪其無辜給復子孫從之除
刑部員外郎悉辨正横罹伯顏所誣者遷宗正府郎中出爲遼陽行省左右司
郎中除僉山北道肅政廉訪司事入爲禮部郎中至正十二年丞相脫脫討徐
州賊以官軍不習水土募瀕海鹽丁爲軍乃超遷魯曾資善大夫淮南宣慰使
領征討事遣其募鹽丁五千人從征徐州平繼使領所部軍討淮東卒于軍

貢師泰

貢師泰字泰甫寧國之宣城人父奎以文學名家延祐至治間官京師爲集賢

直學士卒諡文靖師泰早肄業國子學爲諸生泰定四年釋褐出身授從仕郎
太和州判官丁外艱改徽州路歙縣丞江浙行省辟爲掾尋以土著自劾去大
臣有以其名聞者擢應奉翰林文字丁內艱服闋除紹興路總管府推官郡有
疑獄悉爲詳讞而剖決之山陰白洋港有大船飄近岸史甲二十人適取鹵海
濱見其無主因取其篙櫓而船中有二死人有徐乙者怪其無物而有死人稱
爲史等所劫史傭作富民高丙家事遂連高史既誣服高亦就逮師泰密詢之
則里中沈丁載物抵杭而回漁者張網海中因盜網中魚爲漁者所殺史實未
嘗殺人奪物高亦弗知情其冤皆白游徼徐裕以巡鹽爲名肆暴村落間一日
遇諸暨商奪其所賫錢撲殺之投尸於水走告縣曰我獲私鹽犯人畏罪赴水
死矣官驗視以有傷疑之遂以疑獄釋師泰追詢覆按之具得裕所以殺人狀
復俾待報餘姚孫國賓以求盜獲姚甲造僞鈔受賕而釋之執高乙魯丙赴有
司誣以同造僞高嘗爲姚行用實非自造孫既舍姚因加罪於高而魯與孫有
隙故幷連之魯與高未嘗相識也師泰疑高等覆造不合以孫詰之辭屈而情

見卽釋魯而加高以本罪姚遂處死孫亦就法其於冤獄詳讞之明多類此以
故郡民自以不冤治行爲諸郡第一考滿復入翰林爲應奉預修后妃功臣列
傳事畢遷宣文閣授經郎歷翰林待制國子司業擢禮部郎中再遷吏部拜監
察御史自世祖以後省臺之職南人斥不用及是始復舊制於是南士復得居
省臺自師泰始時論以爲得人至正十四年除吏部侍郎時江淮兵起京師食
不足師泰奉命和糴于浙右得糧百萬石以給京師還兵部侍郎朝廷以京師
至上都驛戶凋弊命師泰巡視整飭之至則歷究其病原驗其貧富而均其徭
役數十郡之民賴以稍蘇豪貴以其不利於己深嫉之然莫能有所中傷也會
朝廷欲仍和糴浙西因除師泰都水庸田使十五年庸田司罷擢江西廉訪副
使未行遷福建廉訪使居亡何除禮部尚書時平江缺守廷議難其人師泰又
以選爲平江路總管其年冬甫視事張士誠自高郵率衆渡江直抵城下攻圍
甚急明年春守將弗能支斬關遁去師泰領義兵出戰力不敵亦懷印綬棄城
遁匿海濱者久之士誠旣納降江浙行省丞相達識帖睦邇以便宜授師泰兩

浙都轉運鹽使至則剔其積蠹通其利源大課以集國用資之丞相復承制除師泰江浙行省參知政事二十年朝廷除戶部尙書俾分部閩中以閩鹽易糧由海道轉運給京師凡爲糧數十萬石朝廷賴焉二十二年召爲祕書卿行至杭之海寧得疾而卒師泰性倜儻狀貌偉然既以文字知名而於政事尤長所至績效輒暴著尤喜接引後進士之賢不問識不識即加推轂以故士譽翕然咸歸之有詩文若干卷行于世

周伯琦

周伯琦字伯溫饒州人父應極至大閒仁宗爲皇太子召見獻皇元頌爲言于武宗以爲翰林待制後爲皇太子說書日侍英邸仁宗卽位遷集賢待制終池州路同知總管府事伯琦自幼從宦游京師入國學爲上舍生積分及高等去以蔭授將仕郎南海縣主簿三轉爲翰林修撰至正元年改奎章閣爲宣文閣藝文監爲崇文監伯琦爲宣文閣授經郎教戚里大臣子弟每進講輒稱旨且日被顧問帝以伯琦工書法命篆宣文閣寶仍題扁宣文閣及摹王羲之所書

蘭亭序智永所書千文刻石閣中自是累轉官皆宣文崇文之間而眷遇益隆矣帝嘗呼其字伯温而不名會御史奏風憲宜用近臣特命僉廣東廉訪司事八年召入爲翰林待制預修后妃功臣列傳累陞直學士十二年有旨令南士皆得居省臺除伯琦兵部侍郎遂與貢師泰同擢監察御史兩人皆南士之望一時榮之時御史大夫也先帖木兒以大軍南討而失律喪師陜西行臺監察御史劉希曾等十人共劾奏之伯琦乃劾希曾等越分干譽希曾等皆坐左遷補郡判官由是不爲公論所與十三年遷崇文太監兼經筵官代祀天妃丁內艱十四年起復爲江夏肅政廉訪使長槍鎖南班陷寧國伯琦與僚佐倉皇出見之尋遁走至杭州除兵部尚書未行改浙西肅政廉訪使江南行臺監察御史余觀糾言伯琦失陷寧國宜正其罪十七年江浙行省丞相達識帖睦爾承制假伯琦參知政事招諭平江張士誠士誠既降江南行臺監察御史亦辯釋伯琦罪除同知太常禮儀院事士誠留之未行拜資政大夫江浙行省左丞於是留平江者十餘年士誠既滅伯琦乃得歸鄱陽尋卒伯琦儀觀温雅粹然如

玉雖遭時多艱而善於自保博學工文章而尤以篆隸真草擅名當時嘗著六書正譌說文字原二書又有詩文藁若干卷

吳當

吳當字伯尚澄之孫也當幼承祖訓以穎悟篤實稱長精通經史百家言侍其祖至京補國子生久之澄既捐館四方學子從澄遊者悉就當卒業焉至正五年以父文蔭授萬億四庫照磨未上用薦者改國子助教勤講解嚴肄習諸生皆樂從之會詔修遼金宋三史當預編纂書成除翰林修撰七年遷國子博士明年陞監丞十年陞司業明年遷翰林待制又明年改禮部員外郎十三年擢監察御史尋復爲國子司業明年遷禮部郎中又明年除翰林直學士時江南兵起且五年大臣有薦當世居江西習知江西民俗且其才可任政事者詔特授江西肅政廉訪使偕江西行省參政火你赤兵部尚書黃昭招捕江西諸郡便宜行事當以朝廷兵力不給既受命至江南卽召募民兵由浙入閩至江西境建昌界招安新城孫塔擒殄李三道路既通乃進攻南豐渠兇鄭天瑞遁鄭

原自刎死十六年調檢校章迪率本部兵與黃昭夾攻撫州勦殺首寇胡志學
進兵復崇仁宜黃於是建撫兩郡悉定是時參知政事朵歹總兵撫建積年無
功因忌當屢捷功在己上又以爲南人不宜總兵則構爲飛語謂當與黃昭皆
與寇通有旨解二人兵柄除當撫州路總管昭臨江路總管並供億平章火你
赤軍火你赤殺當從事官范淳及章迪將士皆憤怒不平當諭之曰上命不可
違也而火你赤又上章言二人者難任牧民尋有旨當與昭皆罷總管除名十
八年火你赤自瑞州還龍興當昭皆隨軍不敢去先是當與昭平賊功狀自廣
東由海道未達京師而朵歹火你赤等公牘乃先至故朝廷責當昭皆左遷及
得當昭功狀乃始知其誣詔拜當中奉大夫江西行省參知政事昭湖廣行省
參知政事命未下而陳友諒已陷江西諸郡火你赤棄城遁當乃戴黃冠着道
士服杜門不出日以著書爲事友諒遣人辟之當臥床不食以死自誓乃舁床
載之舟送江州拘留一年終不爲屈遂隱居廬陵吉水之谷坪逾年以疾卒年
六十五所著書有周禮纂言及學言藁

元史卷一百八十七

元史卷一百八十八

明翰林學士亞中大夫知制誥兼修國史宋　濂等修

列傳第七十五

董摶霄 弟昂霄

董摶霄字孟起磁州人由國子生辟陝西行臺掾時天大旱從侍御史郭貞讞獄華陰縣有李謀兒累殺商賈于道爲賊十五年至百餘事事覺獄已具賄賂有司謂徒黨未盡獲五年不決人皆以爲憤摶霄知之以言于貞即以尸諸市中天乃大雨授四川肅政廉訪司知事除涇陽縣尹入爲戸部主事陞員外郎拜監察御史又出僉遼東肅政廉訪司事歷江西行省左右司郎中遷浙東宣慰副使其歷官所至往往理冤獄革弊政才譽益著稱于時至正十一年除濟寧路總管奉旨從江浙平章教化征進安豐兵至合肥定林站遇賊大破之時朱皐固始賊復猖獗軍少不足以分討有大山民砦及芍陂屯田軍摶霄皆奨勞而約束之遂得障蔽朱皐我軍屯朱家寺賊至追殺之乃遣進士程明仲往

諭賊中招徠者千二百家因悉知其虛實夜縛浮橋於淝水既渡賊始覺賊衆數萬據礀南我軍渡者輒爲其所敗搏霄乃麾騎士別渡淺灘襲賊後賊回東南向與騎士迎敵搏霄忽躍馬渡礀揚言於衆曰賊已敗諸軍皆渡一鼓而擊之賊大敗亟追殺之相藉以死者二十五里遂復安豐十二年有旨命搏霄攻濠州又命移軍援江南遂渡江至湖州德清縣而徽饒賊已陷杭州教化問搏霄計搏霄曰賊皆野人見杭州子女玉帛非平日所有必縱慾不暇爲備宜急攻之今欲退保湖州設使賊乘銳直趨京口則江南不可爲矣教化猶豫未決而諸將亦難其行搏霄正色曰江浙相君方面既陷於賊今可取而不取誰任其咎復拔劍顧諸將曰諸君荷國厚恩而臨難苟免今相君在是敢有慢令者斬計乃決遂進兵杭城賊迎敵至鹽橋搏霄麾壯士突前斬殺數級而諸軍相繼夾擊之凡七戰追殺至清河坊賊奔接待寺塞其門而焚之賊皆死遂復杭州已而餘杭武康德清次第以平搏霄亦受代去徽饒賊復自昱嶺關寇於潛行省乃假搏霄爲參知政事俾復提兵討之搏霄曰必欲除殘去暴所不敢辭

若假以重爵則不敢受卽日引兵至臨安新溪是爲入杭要路旣分兵守之而始進兵至叫口及虎檻遇賊皆大破之追殺至於潛遂復其縣治旣又克復昌化縣及昱嶺關降賊將潛大齋二千人賊又有犯千秋關者搏霄還軍守於潛而賊兵大至焚倚郭廬舍搏霄按軍不動左右請出兵搏霄曰未也遣人執白旗登山望賊約曰賊以我爲怯必少懈伺其有間則麾所執旗又伏兵城外皆授以火礮復約曰見旗動礮卽發已而旗動礮發兵乃盡出斬首數千級遂復千秋關未幾賊復攻獨松百丈幽嶺三關搏霄乃先以兵守多溪多溪三關要路也旣又分爲三軍一出獨松一出百丈一出幽嶺然後會兵擣賊巢遂乘勝復安吉七戰而克之賊將以其徒來降者數百人旣數日賊復來窺獨松搏霄卽以兵守苦嶺及黃沙嶺賊帥梅元來降且言復有帥十一人欲降者卽遣偏將余思忠至賊砦諭之賊皆入暗室潛議思忠持火投入室內拔劍語衆曰元帥命我來活汝汝復何議已而火起焚其砦叱賊黨散去而引賊帥來降明日進兵廣德克之有蘄賊與饒池諸賊復犯徽州賊中有道士能作十二里霧搏

胥以兵擊之已而妖霧開豁諸伏兵皆起襲賊兵後賊大潰亂斬首數萬級擒
千餘人獲道士焚其妖書而斬之遂平徽州十四年除水軍都萬戶俄陞樞密
院判官從丞相脫脫征高郵分戍鹽城興化賊巢在大縱德勝兩湖間凡十有
二悉勦平之卽其地築芙蓉砦賊入輒迷故道盡殺之自是不復敢犯賊恃習
水渡淮北據安東州搏霄招善水戰者五百人與賊戰安東之大湖大敗之遂
復安東十六年勦平北沙廟灣沙浦等砦尋進兵泗州不利賊乘勝東下斷我
軍糧道乃回軍屯北沙糧且絕與賊死戰凡七晝夜賊敗走奪賊船七十餘乃
得渡淮保泗州時方暑兩湖水溢諸營皆避去而搏霄獨守孤城賊環繞數十
里攻之搏霄坐城上遣偏將以騎士由四門突出賊後約曰旗一麾卽還既而
旗動騎士還步卒自城中出夾擊之賊大敗然賊砦猶阻西行之路乃結陣而
往翊以奇兵轉戰數十合軍始得至海寧朝廷嘉其功陞同僉淮南行樞密院
事搏霄建議于朝曰淮安爲南北襟喉江淮要衝之地其地一失兩淮皆未易
復也則救援淮安誠爲急務爲今日計莫若於黃河上下幷瀕淮海之地及南

自沭陽北抵沂莒贛榆諸州縣布連珠營每三十里設一總砦就三十里中又設一小砦使斥堠烽燧相望而巡邏往來遇賊則并力野戰無事則屯種而食然後進有援退有守此善戰者所以常爲不可勝以待敵之可勝也又海寧一境不通舟楫軍糧惟可陸運而凡瀕淮海之地人民屢經盜賊宜加存撫權令軍人搬運其陸運之方每人行十步三十六人可行一里三百六十人可行一十里三千六百人可行一百里每人負米四斗以夾布囊盛之用印封識人不息肩米不著地排列成行日行五百回計路二十八里輕行一十四里重行一十四里日可運米二百石每運給米一升可供二萬人此百里一日運糧之術也又江淮流移之民并安東海寧沭陽贛榆等州縣俱廢其民壯者既爲軍老弱無所依歸者宜設置軍民防禦司擇軍官材堪牧守者使居其職而籍其民以屯故地於是練兵積穀且耕且戰內全山東完固之邦外禦淮海出沒之寇而後恢復可圖也十七年毛貴陷益都般陽等路有旨命摶霄從知樞密院事卜蘭奚討之而濟南又告急摶霄乃提兵援濟南賊衆自南山來攻濟南望之

兩山皆赤搏霄按兵城中先以數十騎挑之賊衆悉來鬭騎兵少郤至磵上伏
兵起遂合戰城中兵又大出大破之而般陽賊復約泰安之黨踰南山來襲濟
南搏霄列兵城上弗爲動賊夜攻南門獨以矢石禦之黎明乃默開東門放兵
出賊後既旦城上兵皆下大開南門合擊之賊敗走復追殺之賊衆悉無遺者
於是濟南始寧詔就陞淮南行樞密院副使兼山東宣慰使都元帥仍賜上尊
金帶楮幣名馬以勞之有疾其功者譖於總兵太尉紐的該令搏霄依前詔從
卜蘭奚同征益都搏霄卽出濟南城屬老且病請以其弟昂霄代領其衆朝廷
從之授昂霄淮南行樞密院判官未幾有旨命搏霄守河間之長蘆十八年搏
霄以兵北行且曰我去濟南必不可保既而濟南果陷搏霄方駐兵南皮縣之
魏家莊適有使者奉詔拜搏霄河南行省右丞甫拜命毛貴兵已至而營壘猶
未完諸將謂搏霄曰賊至當如何搏霄曰我受命至此當以死報國耳因拔劍
督兵以戰而賊衆突至搏霄前捽而問曰汝爲誰搏霄曰我董老爺也衆刺殺
之無血惟見其有白氣衝天是日昂霄亦死之事聞贈宣忠守正保節功臣榮

祿大夫河南行省平章政事柱國追封魏國公諡忠定昂霄贈推誠孝節功臣嘉議大夫禮部尚書上輕車都尉追封隴西郡侯諡忠毅摶霄早以儒生起家輒爲能吏會天下大亂乃復以武功自奮其才略有大過人者而當時用之不能盡其才君子惜之

劉哈剌不花

劉哈剌不花其先江西人倜儻好義不事家產有古俠士風居燕趙有年遂爲探馬赤軍戶至正十二年潁亳盜起朝廷以泰不花爲河南行省平章政事總兵討之哈剌不花上書陳十事其七言兵機及攻守方略泰不花大喜卽辟爲掾史未幾奏除左右司都事泰不花以哈剌不花嘗爲探馬赤有膂力善騎射俾統前八翼軍爲先鋒將明號令信賞罰士皆樂爲之用而料敵成敗所向無失是時答失八都魯軍潰于長葛收集散卒復屯中牟哈剌不花軍於汴梁南彭子岡有自長葛來者言總兵官已爲賊所敗次中牟哈剌不花曰賊既捷兵必再至我不可不往援遂整兵而前既而有使馳報夜四鼓賊從洧川渡河未

知其所向哈剌不花曰是必襲答失八都魯營耳我行已緩不及事不若以精
銳斷賊歸路覆之必矣於是領軍徐行天未明伏軍其歸路賊果襲答失八都
魯營大掠輜重而回哈剌不花伏軍四起賊大敗盡俘獲之當是時答失八都
魯雖以平章政事總大兵而哈剌不花功名與之相埒十七年山東毛貴率其
賊衆由河間趨直沽遂犯漷州至棗林已而略柳林逼畿甸樞密副使達國珍
戰死京師人心大駭在廷之臣或勸乘輿北巡以避之或勸遷都關陝衆議紛
然獨左丞相太平執不可哈剌不花時爲同知樞密院事奉詔以兵拒之與之
戰于柳林大捷貴衆悉潰退走據濟南京師遂安哈剌不花之功居多哈剌不
花後遷河南行省平章政事以卒初哈剌不花與信州人倪晦字孟晰同事泰
不花爲掾史晦涉書史精文墨機識警敏泰不花深委任之言無不從而哈剌
不花或有所論白多沮不行由是心銜泰不花及泰不花事敗走詣哈剌不花
求援而哈剌不花不能曲爲保全乃縛泰不花送京師致之死地君子以是少
之

王英

王英字邦傑益都人性剛果有大節膂力絕人善騎射襲父職爲莒州翼千戶父子皆善用雙刀人號之曰刀王至元二十九年江西行樞密院命帥師南雄討賊丘太老賊六百餘人突至英與戰殺其渠帥劉把束獲九十餘人元貞元年從左丞董士選討大山賊劉貴擒之二年討永新安福二州賊餘黨皆息延祐二年寧都賊起行省命英率各萬戶軍討之賊勢甚張英屢戰皆勝斬獲不可勝數積屍盈野水爲不流行省平章李世安遣英迓江浙平章張閭所領軍於閩境至木麻坑擒賊蔡五九又追賊至上虎嶂遇賊三千餘人盡殲之至治元年以大臣薦授忠武校尉益都淄萊萬戶府副千戶天曆元年授宣武將軍至順二年行省命英招捕桂陽州賊張思進等二千人英至布以威信皆相率請降元統元年授懷遠大將軍同知海北海南道宣慰使司事至元三年萬安軍賊吳汝期等作亂聚衆三千人英至賊皆就擒未幾李志甫起漳州劉虎仔起潮州詔命江西行省右丞燕帖木兒討之方賊起時英已致仕平章政事伯

撒里謂僚佐曰是雖鼠竊狗偷非刀王行不可其人雖投老必可以義激乃使迎致之英曰國家有事吾雖老其可坐視乎據鞍橫槊精神飛動馳赴焉及賊平英功居多至正中毛貴陷益都英時年九十有六乃謂其子弘曰我世受國恩美官厚祿備嘗享之今老矣縱不能事戎馬以報天子尚忍食異姓之粟以求生乎水漿不入口者數日遂卒毛貴聞之使具棺衾以葬將斂舉其尸不動焚香祝曰公子弘請公歸葬先塋祝畢尸遂起觀者莫不驚異山東宣慰使普顏不花及憲司請恤典于朝有曰不食寇粟餓死芹泉有夷齊之風爲臣之清者也芹泉谷名英所居也

石抹宜孫邁里古思

石抹宜孫字申之其先遼之迪烈紀人五世祖曰也先事太祖爲御史大夫自有傳也先之曾孫曰繼祖字伯善襲父職爲沿海上副萬戶初以沿海軍分鎮台州皇慶元年又移鎮婺處兩州馭軍嚴肅平寧都寇有戰功且明達政事講究鹽策多合時宜爲學本於經術而兼通名法縱橫天文地理術數方技釋老

之說見稱薦紳間宜孫其子也宜孫性警敏嗜學問於書務博覽而長於詩歌常借嫡弟厚孫廕襲父職爲沿海上副萬戶守處州及弟長卽讓其職還之退居台州至正十一年方國珍起海上江浙行省檄宜孫守温州宜孫卽起任其事其年閩寇犯處州復檄宜孫以兵平之以功陞浙東宣慰副使分府于台州頃之處之屬縣山寇並起宜孫復奉省檄往討之至則築處州城爲禦敵計十七年江浙行省左丞相達識鐵睦邇承制陞宜孫行樞密院判官總制處州分院治于處又以江浙儒學副提舉劉基爲其院經歷蕭山縣尹蘇友龍爲照磨而宜孫又辟郡人胡深葉琛章溢參謀其軍事處爲郡山谷聯絡盜賊憑據險阻輒竊發不易平治宜孫用基等謀或擣以兵或誘以計未幾皆殲殄無遺類尋陞同僉行樞密院事當是之時天下已多故所在守將各自爲計相保守於是浙東則宜孫在處州邁里古思在紹興爲稱首十八年十二月大明兵取蘭谿且逼婺而宜孫母實在婺城宜生泣曰義莫重於君親食祿而不事其事是無君也母在難而不赴是無親也無君無親尚可立天地間哉卽遣胡深等將

民兵數萬往赴援而親率精銳爲之殿兵至婺與大明兵甫接卽敗績而還時
經略使李國鳳至浙東承制拜宜孫江浙行省參知政事階中奉大夫明年大
明兵入處州宜孫將數十騎走福建境上欲圖報復而所至人心已散事不可
復爲歎曰處州吾所守者也今吾勢已窮無所於往不如還處州境死亦爲處
州鬼耳旣還至處之慶元縣爲亂兵所害事聞朝廷贈推誠宣力効節功臣集
賢大學士榮祿大夫上柱國追封越國公謚忠愍
邁里古思者寧夏人也字善卿至正十四年進士授紹興路錄事司達魯花赤
苗軍主將楊完者在杭縱其軍鈔掠莫敢誰何民甚苦之俄有至紹興城中強
奪人馬者邁里古思擒斬數人苗軍乃懼不敢復至其境邁里古思名聲遂大
振會江南行臺移治紹興檄邁里古思爲行臺鎭撫乃大募民兵爲守禦計處
州山賊焚掠婺之永康東陽邁里古思提兵往擊之與石抹宜孫約期夾攻其
巢穴山賊以平擢江東廉訪司經歷仍留紹興以兵衞臺治時浙東西郡縣多
殘破獨邁里古思保障紹興境內晏然民愛之如父母江浙省臣乃承制授行

樞密院判官分院治紹興會方國珍遣兵侵據紹興屬縣邁里古思曰國珍本海賊今旣降爲大官而復來害吾民可乎欲率兵往問罪先遣部將黃中取上虞中還將益兵是時朝廷方倚重國珍資其舟以運糧而御史大夫拜住哥與國珍素通賄賂情好甚厚憤邁里古思擅舉兵恐且生事卽使人召邁里古思至其私第與計事至則命左右以鐵鎚撾死之斷其頭擲廁溷中城中民聞之不問男女老幼無不慟哭者黃中乃率其衆復讎盡殺拜住哥家人及臺府官員掾史獨留拜住哥不殺以告于張士誠士誠乃遣其將以兵守紹興拜住哥尋遷行宣政院使監察御史真童糾言拜住哥陰害帥臣幾致激變不法不忠莫斯爲甚宜稽諸彝典寘于嚴刑於是詔削拜住哥官職安置湖州而邁里古思之冤始白

元史卷一百八十八

元史卷一百八十九

明翰林學士亞中大夫知制誥兼修國史宋　濂等修

列傳第七十六

儒學一

前代史傳皆以儒學之士分而爲二以經藝顓門者爲儒林以文章名家者爲文苑然儒之爲學一也六經者斯道之所在而文則所以載夫道者也故經非文則無以發明其旨趣而文不本於六藝又烏足謂之文哉由是而言經藝文章不可分而爲二也明矣元興百年上自朝廷內外名官之臣下及山林布衣之士以通經能文顯著當世者彬彬焉衆矣今皆不復爲之分別而采取其尤卓然成名可以輔教傳後者合而錄之爲儒學傳

趙復字仁甫德安人也太宗乙未歲命太子闊出帥師伐宋德安以嘗逆戰其民數十萬皆俘戮無遺時楊惟中行中書省軍前姚樞奉詔卽軍中求儒道釋醫卜士凡儒生掛俘籍者輒脫之以歸復在其中樞與之言信奇士以九族俱

殘不欲北因與樞訣樞恐其自裁留帳中共宿既覺月色皓然惟寢衣在遽馳
馬周號積屍間無有也行及水際則見復已被髮徒跣仰天而號欲投而未入
樞曉以徒死無益汝存則子孫或可以傳緒百世隨吾而北必可無他復強從
之先是南北道絕載籍不相通至是復以所記程朱所著諸經傳註盡錄以付
樞自復至燕學子從者百餘人世祖在潛邸嘗召見問曰我欲取宋卿可導之
乎對曰宋吾父母國也未有引他人以伐吾父母者世祖悅因不強之仕惟中
閩復論議始嗜其學乃與樞謀建太極書院立周子祠以二程張楊游朱六君
子配食選取遺書八千餘卷請復講授其中復以周程而後其書廣博學者未
能貫通乃原羲農堯舜所以繼天立極孔子顏孟所以垂世立教周程張朱氏
所以發明紹續者作傳道圖而以書目條列于后別著伊洛發揮以標其宗旨
朱子門人散在四方則以見諸登載與得諸傳聞者共五十有三人作師友圖
以寓私淑之志又取伊尹顏淵言行作希賢錄使學者知所嚮慕然後求端用
力之方備矣樞既退隱蘇門乃即復傳其學由是許衡郝經劉因皆得其書而

尊信之北方知有程朱之學自復始復爲人樂易而耿介雖居燕不忘故土與人交尤篤分誼元好問文名擅一時其南歸也復贈之言以博溺心末喪本爲戒以自修讀易求文王孔子之用心爲勉其愛人以德類若此復家江漢之上以江漢自號學者稱之曰江漢先生

張𩓐字達善其先蜀之導江人蜀亡僑寓江左金華王柏得朱熹三傳之學嘗講道於台之上蔡書院𩓐從而受業焉自六經語孟傳註以及周程張氏之微言朱子所嘗論定者靡不潛心玩索究極根柢用功旣專久而不懈所學益弘深微密南北之士鮮能及之至元中行臺中丞吳曼慶聞其名延至江寧學官俾子弟受業中州士大夫欲淑子弟以朱子四書者皆遣從𩓐游或闢私塾迎之其在維揚來學者尤衆遠近翕然尊爲碩師不敢字呼而稱曰導江先生大臣薦諸朝特命爲孔顏孟三氏教授鄒魯之人服誦遺訓久而不忘𩓐氣宇端重音吐洪亮講說特精詳子弟從之者詵詵如也其高第弟子知名者甚多夾谷之奇楊剛中尤顯𩓐無子有經說及文集行世吳澄序其書以爲議論正援

据博貫穿縱橫儼然新安朱氏之尸祝也至正中真州守臣以頴及郝經吳澄
皆嘗留儀真作祠宇祀之曰三賢祠
金履祥字吉父婺之蘭谿人其先本劉氏後避吳越錢武肅王嫌名更爲金氏
履祥從曾祖景文當宋建炎紹興間以孝行著稱其父母疾齋禱于天而靈應
隨至事聞于朝爲改所居鄉曰純孝履祥幼而敏睿父兄稍授之書即能記誦
比長益自策勵凡天文地形禮樂田乘兵謀陰陽律曆之書靡不畢究及壯知
向濂洛之學事同郡王柏從登何基之門基則學于黃榦而榦親承朱熹之傳
者也自是講貫益密造詣益邃時宋之國事已不可爲履祥遂絕意進取然負
其經濟之略亦未忍遽忘斯世也會襄樊之師日急宋人坐視而不敢救履祥
因進牽制擣虛之策請以重兵由海道直趨燕薊則襄樊之師將不攻而自解
且備敘海船所經凡州郡縣邑下至巨洋別隖難易遠近歷歷可據以行宋終
莫能用及後朱瑄張清獻海運之利而所由海道視履祥先所上書咫尺無異
者然後人服其精確德祐初以迪功郎史館編校起之辭弗就宋將改物所在

盜起履祥屏居金華山中兵燹稍息則上下巖谷追逐雲月寄情嘯咏視世故泊如也平居獨處終日儼然至與物接則盎然和懌訓迪後學諄切無倦而尤篤於分義有故人子坐事母子分配爲隸不相知者十年履祥傾貲營購卒贖以完其子後貴履祥終不自言相見勞問辛苦而已何基王柏之喪履祥率其同門之士以義制服觀者始知師弟子之繫於常倫也履祥嘗謂司馬文正公光作資治通鑑祕書丞劉恕爲外紀以記前事不本於經而信百家之說是非謬於聖人不足以傳信自帝堯以前不經夫子所定固野而難質夫子因魯史以作春秋王朝列國之事非有玉帛之使則魯史不得而書非聖人筆削之所加也況左氏所記或闕或誣凡此類皆不得以辟經爲辭乃用邵氏皇極經世歷胡氏皇王大紀之例損益折衷一以尚書爲主下及詩禮春秋旁採舊史諸子表年繫事斷自唐堯以下接于通鑑之前勒爲一書二十卷名曰通鑑前編凡所引書輒加訓釋以裁正其義多儒先所未發既成以授門人許謙曰二帝三王之盛其微言懿行宜後王所當法戰國申商之術其苛法亂政亦後王所

當戒則是編不可以不著也他所著書曰大學章句疏義二卷論語孟子集註考證十七卷書表註四卷謙爲益加校定皆傳于學者天曆初廉訪使鄭允中表上其書于朝初履祥旣見王柏首問爲學之方柏告以必先立志且舉先儒之言居敬以持其志立志以定其本志立乎事物之表敬行乎事物之內此爲學之大方也及見何基基謂之曰會之屢言賢者之賢理欲之分便當自今始會之蓋柏字也當時議者以爲基之清介純實似尹和靜柏之高明剛正似謝上蔡履祥則親得之二氏而並充於己者也履祥居仁山之下學者因稱爲仁山先生大德中卒元統初里人吳師道爲國子博士移書學官祠履祥于鄉學至正中賜諡文安

許謙字益之其先京兆人九世祖延壽宋刑部尚書八世祖仲容太子洗馬仲容之子曰洸曰洞洞由進士起家以文章政事知名于時洸之子實事海陵胡瑗能以師法終始者也由平江徙婺之金華至謙五世爲金華人父觥登淳祐七年進士第仕未顯以歿謙生數歲而孤甫能言世母陶氏口授孝經論語入

耳輒不忘稍長肆力於學立程以自課取四部書分晝夜讀之雖疾恙不廢既乃受業金履祥之門履祥語之曰士之爲學若五味之在和醯醬既加則酸鹹頓異子來見我已三日而猶夫人也豈吾之學無以感發子耶謙聞之惕然居數年盡得其所傳之奧於書無不讀窮探聖微雖殘文羡語皆不敢忽有不可通則不敢強於先儒之說有所未安亦不苟同也讀四書章句集註有叢說二十卷謂學者曰學以聖人爲準的然必得聖人之心而後可學聖人之事聖賢之心具在四書而四書之義備於朱子顧其辭約意廣讀者安可以易心求之乎讀詩集傳有名物鈔八卷正其音釋考其名物度數以補先儒之未備仍存其逸義旁采遠援而以己意終之讀書集傳有叢說六卷其觀史有治忽幾微倣史家年經國緯之法起太皡氏迄宋元祐元年秋九月尚書左僕射司馬光卒備其世數總其年歲原其興亡著其善惡蓋以爲光卒則中國之治不可復興誠理亂之幾也故附於續經而書孔子卒之義以致其意焉又有自省編晝之所爲夜必書之其不可書者則不爲也其他若天文地理典章制度食貨刑

法字學音韻醫經術數之說亦靡不該貫旁而釋老之言亦洞究其藴嘗謂學者孰不曰闢異端苟不深探其隱而識其所以然能辯其同異別其是非也幾希又嘗句讀九經儀禮及春秋三傳於其宏綱要領錯簡衍文悉別以鉛黃朱墨意有所明則表而見之其後吳師道購得呂祖謙點校儀禮視謙所定不同者十有三條而已謙不喜矜露所爲詩文非扶翼經義張維世教則未嘗輕筆之書也延祐初謙居東陽八華山學者翕然從之尋開門講學遠而幽冀齊魯近而荊揚吳越皆不憚百舍來受業焉其教人也至誠諄悉內外殫盡嘗曰己有知使人亦知之豈不快哉或有所問難而詞不能自達則爲之言其所欲言而解其所惑討論講貫終日不倦攝其粗疏入於密微聞者方傾耳聽受而其出愈真切惰者作之銳者抑之拘者開之放者約之及門之士著錄者千餘人隨其材分咸有所得然獨不以科舉之文授人曰此義利之所由分也謙篤於孝友有絕人之行其處世不膠於古不流於俗不出里閭者四十年四方之士以不及門爲恥縉紳先生之過其鄉邦者必卽其家存問焉或訪以典禮政事

謙觀其會通而爲之折衷聞者無不厭服大德中熒惑入南斗句已而行謙以爲災在吳楚竊深憂之是歲大祲謙貎加瘠或問曰豈食不足邪謙曰今公私匱竭道殣相望吾能獨飽邪其處心蓋如此廉訪使劉庭直副使趙宏偉皆中州雅望於謙深加推服論薦于朝中外名臣列其行義者前後章數十上而郡復以遺逸應詔鄉闈大比請司其文衡皆莫能致至其晚節獨以身任正學之重遠近學者以其身之安否爲斯道之隆替焉至元三年卒年六十八嘗以白雲山人自號世稱爲白雲先生朝廷賜諡文懿先是何基王柏及金履祥歿其學猶未大顯至謙而其道益著故學者推原統緒以爲朱熹之世適江浙行中書省爲請于朝建四賢書院以奉祀事而列于學官同郡朱震亨字彥修謙之高第弟子也其清修苦節絕類古篤行之士所至人多化之

陳櫟字壽翁徽之休寧人櫟生三歲祖母吳氏口授孝經論語輒成誦五歲入小學卽涉獵經史七歲通進士業十五鄉人皆師之宋亡科舉廢櫟慨然發憤致力於聖人之學涵濡玩索貫穿古今嘗以謂有功於聖門者莫若朱熹氏熹

沒未久而諸家之說往往亂其本真乃著四書發明書傳纂疏禮記集義等書亡慮數十萬言凡諸儒之說有畔於朱氏者刊而去之其微辭隱義則引而伸之而其所未備者復爲說以補其闕於是朱熹之說大明於世延祐初詔以科舉取士櫟不欲就試有司強之試鄉闈中選遂不復赴禮部教授於家不出門戶者數十年性孝友尤剛正日用之間動中禮法與人交不以勢合不以利遷善誘學者諄諄不倦臨川吳澄嘗稱櫟有功於朱氏爲多凡江東人來受業於澄者盡遣而歸櫟櫟所居堂曰定宇學者因以定宇先生稱之元統二年卒年八十三揭傒斯誌其墓乃與吳澄並稱曰澄居通都大邑又數登用于朝天下學者四面而歸之故其道遠而章尊而明櫟居萬山間與木石俱而足跡未嘗出鄉里故其學必待其書之行天下乃能知之及其行也亦莫之禦是可謂豪傑之士矣世以爲知言

胡一桂字庭芳徽州婺源人父方平一桂生而穎悟好讀書尤精於易初饒州德與沈貴寶受易於董夢程夢程受朱熹之易於黃榦而一桂之父方平及從

貴寶夢程學嘗著易學啓蒙通釋一桂之學出於方平得朱熹氏源委之正宋景定甲子一桂年十八遂領鄉薦試禮部不第退而講學遠近師之號雙湖先生所著書有周易本義附錄纂疏本義啓蒙翼傳朱子詩傳附錄纂疏十七史纂並行于世其同郡胡炳文字仲虎亦以易名家作易本義通釋而於朱熹所著四書用力尤深餘干饒魯之學本出於朱熹而其爲說多與熹牴牾炳文深正其非作四書通凡辭異而理同者合而一之辭同而指異者析而辯之往往發其未盡之蘊東南學者因其所自號稱雲峯先生炳文嘗用薦者署明經書院山長再調蘭溪州學正

黃澤字楚望其先長安人唐末舒藝知資州內江縣卒葬焉子孫遂爲資州人宋初延節爲大理評事兼監察御史累贈金紫光祿大夫澤十一世祖也五世祖拂與二兄播撥同年登進士第蜀人榮之父儀可累舉不第隨兄驥子官九江蜀亂不能歸因家焉澤生有異質慨然以明經學道爲志好爲苦思屢以成疾疾止復思久之如有所見作顏淵仰高鑽堅論蜀人治經必先古注疏澤於

名物度數考覈精審而義理一宗程朱作易春秋二經解二禮祭祀述略大德
中江西行省相臣聞其名授江州景星書院山長使食其祿以施教又爲山長
於洪之東湖書院受學者益衆始澤嘗夢見夫子以爲適然既而屢夢見之最
後乃夢夫子手授所較六經字畫如新由是深有感發始悟所解經多徇舊說
爲非是乃作思古吟十章極言聖人德容之盛上達於文王周公秩滿即歸閉
門授徒以養親不復言仕嘗以爲去聖久遠經籍殘闕傳注家率多傅會近世
儒者又各以才識求之故議論雖多而經旨愈晦必積誠研精有所悟入然後
可以窺見聖人之本真乃揭六經中疑義千有餘條以示學者既乃盡悟失傳
之旨自言每於幽閒寂寞顛沛流離疾病無聊之際得之及其久也則豁然無
不貫通自天地定位人物未生已前沿而下之凡邃古之初萬化之原載籍所
不能具者皆昭若發蒙如示諸掌然後由伏羲神農五帝三王以及春秋之末
皆若身在其閒而目擊其事者於是易春秋傳注之失詩書未決之疑周禮非
聖人書之謗凡數十年苦思而未通者皆渙然冰釋各就條理故於易以明象

爲先以因孔子之言上求文王周公之意爲主而其機括則盡在十翼作十翼舉要忘象辯象略辯同論於春秋以明書法爲主其大要則在考覈三傳以求向上之功而脈絡盡在左傳作三傳義例考筆削本旨又作元年春王正月辯諸侯娶女立子通考魯隱公不書卽位義殷周諸侯禘祫考周廟太廟單祭合食說作丘甲辯凡如是者十餘通以明古今禮俗不同見虛辭說經之無益嘗言學者必悟經旨廢失之由然後聖人本意可見若易象與春秋書法廢失大略相似苟通其一則可觸機而悟矣又懼學者得於創聞不復致思故所著多引而不發乃作易學濫觴春秋指要示人以求端用力之方其於禮學則謂鄭氏深而未完王肅明而實淺作禮經復古正言如王肅混郊丘廢五天帝併崑崙神州爲一趙伯循言王者禘其始祖之所自出以始祖配之而不及羣廟之主胡宏家學不信周禮以社爲祭地之類皆引經以證其非其辯釋諸經要旨則有六經補注詆排百家異義則取杜牧不當言而言之義作翼經罪言近代覃思之學推澤爲第一吳澄嘗觀其書以爲平生所見明經士未有能及之者

謂人曰能言距楊墨者聖人之徒也楚望真其人乎然澤雅自愼重未嘗輕與人言李洞使過九江請北面稱弟子受一經且將經紀其家澤謝曰以君之才何經不可明然亦不過筆授其義而已若余則於艱苦之餘乃能有見吾非邵子不敢以二十年林下期君也洞歎息而去或問澤自悶如此寧無不傳之懼澤曰聖經興廢上關天運子以爲區區人力所致耶澤家甚窶貧且年老不復能教授經歲大祲家人采木實草根以療饑晏然曾不動其意惟以聖人之心不明而經學失傳若己有罪爲大戚至正六年卒年八十七其書存于世者十二三門人惟新安趙汸爲高第得其春秋之學爲多

蕭𣂏字惟斗其先北海人父仕秦中遂爲奉元人𣂏性至孝自爲兒時翹楚不凡稍出爲府史上官語不合卽引退讀書南山者三十年製一草衣由身半以下及臥輒倚其榻玩誦不少置於是博極羣書天文地理律曆算數靡不研究侯均謂元有天下百年惟蕭惟斗爲識字人學者及其門受業者甚衆嘗出遇一婦人失金釵道旁疑𣂏拾之謂曰殊無他人獨翁居後耳𣂏令隨至門取家

釵以償其婦後得所遺釵愧謝還之鄉人有自城中暮歸者遇寇欲加害詭言我蕭先生也寇驚愕釋去世祖分藩在秦辟𣂏與楊恭懿韓擇侍秦邸𣂏以疾辭授陜西儒學提舉不赴省憲大臣即其家具宴爲賀使一從史先詣𣂏舍𣂏方汲水灌園從史至不知其爲𣂏也使飲其馬𣂏即應之不拒及冠帶迎賓從史見𣂏有懼色𣂏殊不爲意後累授集賢直學士國子司業改集賢侍讀學士皆不赴大德十一年拜太子右諭德扶病至京師入覲東宮書酒誥爲獻以朝廷時尙酒故也尋以病力請去職人問其故則曰在禮東宮東面師傅西面此禮今可行乎俄除集賢學士國子祭酒依前右諭德疾作固辭而歸卒年七十八賜諡貞敏𣂏制行甚高真履實踐其教人必自小學始爲文辭立意精深言近而指遠一以洙泗爲本濂洛考亭爲據關輔之士翕然宗之稱爲一代醇儒所著有三禮說小學標題駁論九州志及勤齋文集行于世韓擇者字從善亦奉元人天資超異信道不惑其教學者雖中歲以後亦必使自小學等書始或疑爲陵節勤苦則曰人不知學白首童心且童蒙所當知而皓首不知可乎擇尤

邃禮學有質問者口講指畫無倦容士大夫游宦過秦中必往見擇莫不虛往而實歸焉世祖嘗召之赴京疾不果行其卒也門人爲服緦麻者百餘人侯均者字伯仁亦奉元人父母蚤亡獨與繼母居賣薪以給奉養積學四十年羣經百氏無不淹貫旁通釋老外典每讀書必熟誦乃已嘗言人讀書不至千徧終於己無益故其答諸生所問窮索極探如取諸篋笥名震關中學者宗之用薦者起爲太常博士後以上疏忤時相意不待報可卽歸休田里均貌魁梧而氣剛正人多嚴憚之及其應接之際則和易款洽雖方言古語世所未曉者莫不隨問而答世咸服其博聞

同恕字寬甫其先太原人五世祖遷秦中遂爲奉元人祖昇父繼先博學能文廉希憲宣撫陝右辟掌庫鑰家世業儒同居二百口無間言恕安靜端凝羈丱如成人從鄉先生學日記數千言年十三以書經魁鄉校至元間朝廷始分六部選名士爲吏屬關陝以恕貢禮曹辭不行仁宗踐阼卽其家拜國子司業階儒林郎使三召不起陝西行臺侍御史趙世延請卽奉元置魯齋書院中書奏

恕領教事制可之先後來學者殆千數延祐設科再主鄉試人服其公六年以
奉議大夫太子左贊善召入見東宮賜酒慰問繼而獻書歷陳古誼盡開悟涵
養之道明年春英宗繼統以疾歸致和元年拜集賢侍讀學士以老疾辭恕之
學由程朱上遡孔孟務貫浹事理以利於行教人曲爲開導使得趣向之正性
整潔平居雖大暑不去冠帶母張夫人卒事異母如事所生父喪哀毀致目疾
時祀齋肅詳至嘗曰養生有不備事猶可復追遠有不誠是誣神也可逭罪乎
與人交雖外無適莫而中有繩尺里人借騾而死償其直不受曰物之數也何
以償爲家無儋石之儲而聚書數萬卷扁所居曰榘菴時蕭𣂏居南山下亦以
道高當世入城府必主恕家士論稱之曰蕭同恕自京還家居十三年縉紳望
之若景星麟鳳鄉里稱爲先生而不姓至順二年卒年七十八制贈翰林直學
士封京兆郡侯諡文貞其所著曰榘菴集二十卷恕弟子第五居仁字士安幼
師蕭𣂏弱冠從恕受學博通經史躬率子弟致力農畝而學徒滿門其宏度雅
量能容人所不能容嘗行田間遇有竊其桑者居仁輒避之鄉里高其行義率

多化服作字必楷整遊其門者不惟學明而行加修焉卒之日門人相與議易名之禮私謚之曰靜安先生

安熙字敬仲真定藁城人祖滔父松皆以學行淑其鄉人熙既承其家學及聞保定劉因之學心向慕焉熙家與因所居相去數百里因亦聞熙力於爲己之學深許與之熙方將造其門而因已歿乃從因門人烏叔備問其緒說蓋自因得宋儒朱熹之書卽尊信力行之故其教人必尊朱氏然因之爲人高明堅勇其進莫遏熙則簡靚和易務爲下學之功其告先聖文有曰追憶舊聞卒究前業灑掃應對謹行信言餘力學文窮理盡性循循有序發軔聖途以存諸心以行諸己以及於物以化於鄉其用功平實切密可謂善學朱氏者熙遭時承平不屑仕進家居教授垂數十年四方之來學者多所成就既歿鄉人爲立祠於藁城之西筦鎮其門人蘇天爵爲輯其遺文而虞集序之曰使熙得見劉氏廓之以高明厲之以奮發則劉氏之學當益昌大於時矣

元史卷一百八十九

元史卷一百九十

明翰林學士亞中大夫知制誥兼修國史宋　濂等修

列傳第七十七

儒學二

胡長孺字汲仲婺州永康人當唐之季其先自天台來徙宋南渡後以進士科發身者十人持節分符先後相望曾祖卓欽州司法參軍脫略豪雋輕貲急施人以鄭莊稱之祖巖起嘉定甲戌進士知福州閩縣事卓行危論奇文瑰句端平嘉定間士大夫皆自以爲不可及其在江西幕府平贛州之難於指顧之頃全活數十萬人父居仁淳祐丁未進士知台州軍州事文辭政事亦絕出於四方至長孺其學益大振九經諸史下逮百氏名墨縱橫旁行敷落律令章程無不包羅而撲序之咸淳中外舅徐道隆爲荆湖四川宣撫參議官長孺從之入蜀銓試第一名授迪功郎監重慶府酒務俄用制置使朱禩孫之辟兼總領湖廣軍馬錢糧所僉廳與高彭李湜梅應春等號南中八士已而復拜福寧州倅

之命會宋亡退棲永康山中至元二十五年詔下求賢有司強起之至京師待
詔集賢院既而召見內殿拜集賢修撰與宰相議不合改教授揚州元貞元年
移建昌適錄事闕官檄長孺攝之程文海方貴顯其家氣燄薰灼卽違法人不
敢呵問其樹外門侵官道長孺亟命撤之至大元年轉台州路寧海縣主簿階
將仕佐郎大德丁未浙東大祲戊申復無麥民相枕死宣慰同知脫歡察議行
賑荒之令斂富人錢一百五十萬給之至縣以餘錢二十五萬屬長孺藏去乃
行旁州長孺察其有乾沒意悉散於民閱月再至索其錢長孺抱成案進曰錢
在是矣脫歡察怒曰汝膽如山耶何所受命而敢無忌若此長孺曰民一日不
食當有死者誠不及以聞然官書具在可徵也脫歡察雖怒不敢問新有銅巖
惡少年狙伺其間恆出鈔道為過客患官不能禁長孺僞衣商人服令蒼頭負
貨以從陰戒驍卒十人躡其後長孺至巖中人突出要之長孺方遜辭以謝驍
卒俄集皆成擒俾盡捕其黨寘於法夜行無虞民荷溺器糞田偶觸軍卒衣卒
抶傷民且碎器而去竟不知主名民來訴長孺陽怒其誣械於市俾左右潛偵

之向扶者過焉輙手稱快執詣所隸杖而償其器羣嫗聚浮屠菴誦佛書爲禳
祈一嫗失其衣適長孺出鄉嫗訟之長孺以牟麥寘羣嫗合掌中命繞佛誦書
如初長孺閉目叩齒作集神狀且曰吾使神監之矣盜衣者行數周麥當芽一
嫗屢開掌視長孺指縛之還所竊衣長孺白事帥府歸吏言有姦事屢問弗伏
者長孺曰此易易爾夜伏吏案下黎明出姦者訊之辭愈堅長孺佯謂令長曰
頗聞國家有詔盍迎之吒隸卒縛姦者東西楹空縣而出庭無一人姦者相謂
曰事至此死亦無承行將自解矣語畢案下吏嚾而出姦者驚咸叩頭服罪永
嘉民有弟質珠步搖於兄者贖焉兄妻愛之紿以亡於盜屢訟不獲直往告長
孺長孺曰爾非吾民也叱之去未幾治盜長孺嗾盜誣兄受步搖爲贓逮兄赴
官力辨數弗置長孺曰爾家信有是何謂誣耶兄倉皇曰有固有之乃弟所質
者趣持至驗之呼其弟示曰得非爾家物乎弟曰然遂歸焉其行事多類此不
能盡載延祐元年轉兩浙都轉運鹽使司長山場鹽司丞階將仕郎未上以病
辭不復仕隱杭之虎林山以終長孺初師青田余學古學古師王夢松夢松亦

青田人傳龍泉葉味道之學味道則朱熹弟子也淵源既正長孺益行四方訪求其旨趣始信涵養用敬爲最切默存靜觀超然自得故其爲人光明宏偉專務明本心之學慨然以孟子自許唯恐斯道之失其傳誘引不倦一時學者慕之有如饑渴之於食飲方嶽大臣與郡二千石聘致庠序數繹經義環聽者數百人長孺爲言人雖最靈與物同產初無二本皆躍躍然與起至有太息者爲辭章有精魄金春玉撞壹發其和平之音海內來求者如購拱璧碑版焜煌照耀四裔苟非其人雖一金易一字毅然不與鄉闈取士屢司文衡貴賓賤華文風爲之一變晚寓武林病喘上氣者頗久一旦具酒食與比鄰別云將返故鄉門人有識其微意者問曰先生精神不衰何爲遽欲觀化乎長孺曰精神與死生初無相涉也就寢至夜半喘忽止其子駒排戶視之則正衣冠坐逝矣年七十五所著書有瓦缶編南昌集寧海漫抄顏樂齋藁行於世其從兄之綱之純皆以經術文學名之綱字仍仲嘗被薦書其於聲音字畫之說自言獨造其妙惜其書不傳之純字穆仲咸淳甲戌進士踐履如古獨行者文光明潔可誦人

稱之爲三胡云

熊朋來字與可豫章人宋咸淳甲戌登進士第第四人授從仕郎寶慶府簽書判官廳公事未上而宋亡世祖初得江南盡求宋之遺士而用之尤重進士以故相留夢炎爲尙書召甲戌狀元王龍澤爲江南行臺監察御史朋來龍澤榜下進士而聲名不在龍澤下然不肯表襮苟進隱處州里閭生徒受學者常百數十人取朱子小學書提其要領以示之學者家傳其書幾遍天下豫章爲江西會府行中書省提刑按察司皆在焉凡居是官者多朝廷名公卿皆以賓禮延見廉希憲之子惇爲參知政事以師禮事朋來終身稱門人劉宣爲提刑按察使尤加禮敬朋來和而不肆介而不狷與羣賢講論經義無虛日儒者咸倚以爲重焉會朝廷遣治書侍御史王構銓外選於江西於是參政徐琰李世安列薦朋來爲閩海提舉儒學官使者報聞而朝廷以東南儒學之士唯福建廬陵最盛特起朋來連爲兩郡教授所至考古篆籒文字調律呂協歌詩以興雅樂制器定辭必則古式學者化焉既滿考以常格調建安縣主簿不赴晩以福

清州判官致仕朋來視之漠如也四方學者因其所自號稱爲天慵先生每燕
居鼓瑟而歌以自樂嘗著瑟賦二篇學者爭傳誦之門人歸之者日盛旁近舍
皆滿至不能容朋來懇懇爲說經旨文義老益不倦得其所指授者多爲聞人
延祐初詔以進士科取士時科舉廢已久有司咸不知其典故以不稱明詔爲
懼行省官主其事者諮問於朋來動中軌度因以申請四方得遵用之及請爲
考試官則曰應試者十九及吾門不可其後江浙湖廣皆卑詞致禮請爲主文
朋來屢往應之及對大廷其所選士居天下三之一焉初朋來以周禮首薦鄉
郡而元制周官不與設科治戴記者又鮮朋來屢以爲言蓋朋來之學諸經中
三禮尤深是以當世言禮樂者咸推宗之至治中英宗始采用古禮親御袞冕
祀太廟銳意於制禮作樂之事翰林學士元明善颺言於朝以朋來爲薦未及
召而卒年七十八朋來動止有常喜怒不形於色接賓客人人各自以得其意
有家集三十卷其大者明乎禮樂之事關於世教其餘若天文地理方技名物
度數靡不精究子太古鄉貢進士

戴表元字帥初一字曾伯慶元奉化州人七歲學古詩文多奇語稍長從里師習詞賦輒棄不肯爲咸淳中入太學以三舍法陞內舍生既而試禮部第十人登進士乙科教授建寧府後遷臨安教授行戶部掌故皆不就大德八年表元年已六十餘執政者薦於朝起家拜信州教授再調教授婺州以疾辭初表元閔宋季文章氣萎薾而辭骫骳骳弊已甚慨然以振起斯文爲己任時四明王應麟天台舒岳祥並以文學師表一代表元皆從而受業焉故其學博而肆其文清深雅潔化陳腐爲神奇蓄而始發閒事摹畫而隅角不露施於人者多尤自祕重不妄許與至元大德閒東南以文章大家名重一時者唯表元而已其門人最知名者曰袁桷桷之文其體裁議論一取法於表元者也表元晚年翰林集賢以修撰博士二職論薦而老疾不可起年六十七卒有剡源集行於世當表元時有四明任士林者亦以文章知名云

牟應龍字伯成其先蜀人後徙居吳興祖子才仕宋贈光祿大夫謚清忠父巘爲大理少卿應龍幼警敏過人日記數千言文章有渾厚之氣應龍當以世賞

補京官盡讓諸從弟而擢咸淳進士第時賈似道當國自擬伊周謂馬廷鸞曰
君故與淸忠游其孫幸見之當處以高第應龍拒之不見及對策具言上下內
外之情不通國勢危急之狀考官不敢寘上第調光州定城尉應龍曰昔吾祖
對策以直言忤史彌遠得洪雅尉今固當爾無媿也沿海制置司辟爲屬以疾
辭不仕而宋亡矣故相留夢炎事世祖爲吏部尙書以書招之曰苟至翰林可
得也應龍不答已而起家教授溧陽州晚以上元縣主簿致仕初宋亡時大理
卿已退不任事一門父子自爲師友討論經學以義理相切磨於諸經皆有成
說惟五經音考盛行於世應龍爲文長於敘事時人求其文者車轍交於門以
文章大家稱於東南人擬之爲眉山蘇氏父子而學者因應龍所自號稱之曰
隆山先生泰定元年卒年七十八
鄭滁孫字景歐處州人宋景定間登進士第知温州樂淸縣累歷宗正丞禮部
郎官至元三十年有以滁孫名薦者世祖召見授集賢直學士尋陞侍講學士
又陞學士乞致仕歸田里弟陶孫字景潛亦登進士第監西嶽祠先陶孫徽至

闕奏對稱旨授翰林國史院編修官會纂修國史至宋德祐末年事陶孫曰臣
嘗仕宋宋是年亡義不忍書書之非義矣終不書世祖嘉之陞應奉翰林文字
後出爲江西儒學提舉滁孫兄弟在當時最號博洽儒學之士翕然推之隆福
宮以其兄弟前朝士乃製衣親賜人以爲異遇焉滁孫所著有大易法象通贊
周易記玩等書陶孫有文集若干卷
陳孚字剛中台州臨海人幼清峻穎悟讀書過目輒成誦終身不忘至元中孚
以布衣上大一統賦江浙行省爲轉聞於朝署上蔡書院山長考滿謁選京師
二十九年世祖命梁曾以吏部尙書再使安南選南士爲介朝臣薦孚博學有
氣節調翰林國史院編修官攝禮部郎中爲曾副陛辭賜五品服佩金符以行
三十年正月至安南世子陳日燇以憂制不出郊遣陪臣來迎又不由陽明中
門入曾與孚回館致書詰日燇以不庭之罪且責日燇當出郊迎詔及講新朝
尙右之禮往復三書宣布天子威德辭直氣壯皆孚筆也其所贈孚悉卻之詳
見梁曾傳中使還除翰林待制兼國史院編修官帝方欲寘之要地而廷臣以

孚南人且尚氣頗嫉忌之遂除建德路總管府治中再遷治中衢州所至多著
善政秩滿復請爲鄉郡特授奉直大夫台州路總管府治中大德七年詔遣奉
使宣撫循行諸道時台州旱民饑道殣相望江浙行省檄浙東元帥脫歡察兒
發粟賑濟而脫歡察兒怙勢立威不卹民隱驅脅有司動寘重刑孚曰使吾民
日至莩死不救者脫歡察兒也遂詣宣撫使愬其不法蠹民事一十九條宣撫
使按實坐其罪命有司亟發倉賑饑民賴以全活者衆而孚亦以此致疾卒於
家年六十四孚天材過人性任俠不羈其爲詩文大抵任意即成不事雕斵有
文集行於世子遴江浙行省左右司員外郎致仕女長嫣適檗城董士楷太常
禮儀院太祝宗緝之母也末嫣適同里韓戒之行樞密院經歷諫之母也俱有
貞節朝廷旌表其門閭攸州馮子振其豪俊與孚略同孚極敬畏之自以爲不
可及子振於天下之書無所不記當其爲文也酒酣耳熱命侍史二三人潤筆
以俟子振據案疾書隨紙數多寡頃刻輒盡雖事料醲郁美如簇錦律之法度
未免乖剌人亦以此少之

董朴字太初順德人自幼強記比冠師事樂舜咨劉道濟幡然有求道之志至元十六年用提刑按察使薦起家爲陝西知法官未幾以親老歸養尋召爲太史院主事復辭不赴皇慶初朴年已踰八十詔以翰林修撰致仕延祐三年無疾而終年八十有五朴所爲學自六經及孔孟微言與凡先儒所以開端闡幽者莫不研極其旨而會通之故其心所自得往往有融貫之妙其事親孝與人交智愚貴賤一待以誠或有犯之者夷然不與之校中山王結曰朴之學造詣既深充養交至其爲人清而通和而介君子人也朴家近龍岡學者因稱之曰龍岡先生云

楊載字仲弘其先居建之浦城後徙杭因爲杭人少孤博涉羣書爲文有跌宕氣年四十不仕戸部賈國英數薦於朝以布衣召爲翰林國史院編修官與修武宗實錄調管領係官海船萬戸府照磨兼提控案牘延祐初仁宗以科目取士載首應詔遂登進士第授承務郎饒州路同知浮梁州事遷儒林郎寧國路總管府推官以卒初吳興趙孟頫在翰林得載所爲文極推重之由是載之文

名隱然動京師凡所撰述人多傳誦之其文章一以氣爲主博而敏直而不肆自成一家言而於詩文尤有法嘗語學者曰詩當取材於漢魏而音節則以唐爲宗自其詩出一洗宋季之陋建康之上元有楊剛中字志行自幼厲志操及爲江東憲府照磨風采凜凜有足稱者其爲文奇奧簡澀動法古人而不屑爲世俗平凡語元明善極歎異之仕至翰林待制而卒有霜月集行於世其甥李桓字晉仲同郡人由鄉貢進士累遷江浙儒學副提舉亦以文鳴江東紆餘豐潤學者多傳之載與剛中同輩行而桓則稍後云

劉詵字桂翁吉安之盧陵人性穎悟幼失父知自樹立年十二作爲科場律賦論策之文蔚然有老成氣象宋之遺老鉅公一見即以斯文之任期之既冠重厚醇雅素以師道自居教學者有法聲譽日隆江南行御史臺屢以教官館職遺逸薦皆不報詵爲文根柢六經躪躒諸子百家融液今古而不露其踔厲風發之狀四方求文者日至於門其所爲詩文曰桂隱集桂隱詵所號也至正十年卒年八十三同郡龍仁夫字觀復劉岳申字高仲其文學皆與詵齊名有集

行世而仁夫之文尤奇逸流麗所著周易多發前儒之所未發岳申用薦者爲遼陽儒學副提舉仁夫江浙儒學副提舉皆不就

韓性字明善紹興人其先家安陽宋司徒兼侍中魏忠獻王琦其八世祖也高祖左司郎中膺冑扈從南渡家於越性天資警敏七歲讀書數行俱下日記萬言九歲通小戴禮作大義操筆立就文意蒼古老生宿學皆稱異焉及長博綜羣籍自經史至諸子百氏靡不極其津涯究其根柢而於儒先性理之說尤深造其閫域其爲文辭博達儁偉變化不測自成一家言四方學者受業其門戶外之屨至無所容延祐初詔以科舉取士學者多以文法爲請性語之曰今之貢舉悉本朱熹私議爲貢舉之文不知朱氏之學可乎四書六經千載不傳之學自程氏至朱氏發明無餘蘊矣顧行何如耳有德者必有言施之場屋直其末事豈有他法哉凡經其口授指畫不爲甚高論而義理自勝不期文之工而不能不工以應有司之求亦未始不合其繩尺也士有一善必爲之延譽不已及辨析是非則毅然有不可犯之色性出無輿馬僕御所過負者息肩行者避

道巷夫街叟至於童穉厮役咸稱之曰韓先生韓先生云憲府嘗舉爲教官謝
曰幸有先人之敝廬可庇風雨薄田可具饘粥讀書砥行無愧古人足矣祿仕
非所願也受而不赴暮年愈自韜晦然未嘗忘情於斯世郡之良二千石政事
有所未達輒往咨訪性從容開導洞中肯綮裨益者多天曆中趙世延以性名
上聞後十年門人李齊爲南臺監察御史力舉其行義而性已卒矣年七十有
六卒後南臺御史中丞月魯不花嘗學於性言性法當得諡朝廷賜諡莊節先
生其所著有禮記說四卷詩音釋一卷書辨疑一卷郡志八卷文集十二卷當
性時慶元有程端禮端學兄弟者端禮字敬叔幼穎悟純篤十五歲能記誦六
經曉析大義慶元自宋季皆尊尚陸九淵氏之學而朱熹氏學不行於慶元端
禮獨從史蒙卿游以傳朱氏明體適用之指學者及門甚衆所著有讀書工程
國子監以頒示郡邑校官爲學者式仕爲衢州路儒學教授卒年七十五端學
字時叔通春秋登至治辛酉進士第授僊居縣丞尋改國子助教動有師法學
者以其剛嚴方正咸嚴憚之遷太常博士命未下而卒後以子徐貴贈禮部尚

書所著有春秋本義三十卷三傳辨疑二十卷春秋或問十卷

吳師道字正傳婺州蘭溪人自羈丱知學卽善記覽工詞章才思涌溢發爲歌詩清麗俊逸弱冠因讀宋儒眞德秀遺書乃幡然有志於爲己之學刮摩淬礪日長月益嘗以持敬致和之說質於同郡許謙謙復之以理一分殊之旨由是心志益廣造履益深大抵務在發揮義理而以闢異端爲先務登至治元年進士第授高郵縣丞明達文法吏不敢欺再調寧國路錄事會歲大旱饑民仰食於官者三十三萬口師道勸大家得粟三萬七千六百石以賑饑民又言於部使者轉聞於朝得粟四萬石鈔三萬八千四百錠賑之三十餘萬人賴以存活遷池州建德縣尹郡學有田七百畝爲豪民所占郡下其事建德俾師道究治之卽爲按其圖籍悉以歸于學建德素少茶而榷稅尤重民以爲病卽爲極言於所司榷稅爲減中書左丞呂思誠侍御史孔思立列薦之召爲國子助教尋陞博士其爲教一本朱熹之旨而遵許衡之成法六館諸生人人自以爲得師丁內憂而歸以奉議大夫禮部郎中致仕終於家所著有易詩書雜說春秋胡

傳附辨戰國策校註敬鄉錄及文集二十卷師道同郡又有王餘慶字叔善仕
爲江南行臺監察御史亦以儒學名重當世云
陸文圭字子方江陰人幼而穎悟讀書過目成誦終身不忘博通經史百家及
天文地理律曆醫藥算數之學宋咸淳初文圭年十八以春秋中鄉選宋亡隱
居城東學者稱之曰墻東先生延祐設科有司強之就試凡一再中鄉舉文圭
爲文融會經傳縱橫變化莫測其涯際東南學者皆宗師之朝廷數遣使駝幣
聘之以老疾不果行卒年八十五文圭爲人剛明超邁以奇氣自負於地理考
覈甚詳凡天下郡縣沿革人物土產悉能默記如指諸掌先屬纊一日語門人
曰以數考之吾州二十年後必有兵變慘於五代建炎吾死當葬不食之地勿
封勿樹使人不知吾墓庶無暴骨之患其後江陰之亂冢墓盡發人乃服其先
知有墻東類藁二十卷文圭同里有梁益者字友直其先福州人博洽經史而
工於文辭其教人以變化氣質爲先務學徒不遠千里從之自文圭既卒浙以
西稱學術醇正爲世師表者惟益而已益所著書有三山藁詩緒餘史傳姓氏

纂又有詩傳旁通發揮朱熹氏之學爲精年五十六卒
周仁榮字本心台州臨海人父敬孫宋太學生初金華王柏以朱熹之學主台
之上蔡書院敬孫與同郡楊珏陳天瑞車若水黃超然朱致中薛松年師事之
受性理之旨敬孫嘗著易象占尚書補遺春秋類例仁榮承其家學又師珏天
瑞治易禮春秋而工爲文章用薦者署美化書院山長美化在處州萬山中人
鮮知學仁榮舉行鄉飲酒禮士俗爲變後辟江浙行省掾史省臣皆呼先生不
以吏遇之泰定初召拜國子博士遷翰林修撰陞集賢待制奉旨代祀嶽瀆至
會稽以疾作不復還朝卒年六十有一其所教弟子多爲名人而泰不華實爲
進士第一其弟仔肩字本道以春秋登延祐五年進士第終奉議大夫惠州路
總管府判官與其兄俱以文學名仁榮同郡有孟夢恂者字長文黃巖人與仁
榮同師事楊珏陳天瑞夢恂講解經旨體認精切務見行事四方游從者皆服
焉部使者薦其行義署本郡學錄至正十三年以設策禦寇救鄉郡有功授登
仕郎常州路宜興州判官未受命而卒年七十四朝廷賜謚號曰康靖先生所

著有性理本旨四書辨疑漢唐會要七政疑解及筆海雜錄五十卷
陳旅字衆仲興化莆田人先世素以儒學稱旅幼孤資稟穎異其外大父趙氏
學有源委撫而教之旅得所依不以生業爲務惟篤志於學於書無所不讀稍
長負笈至温陵從鄉先生傅古直游聲名日著用薦者爲閩海儒學官適御史
中丞馬雍古祖常使泉南一見奇之謂旅曰子館閣器也胡爲留滯於此因相
勉游京師既至翰林侍講學士虞集見其所爲文慨然歎曰此所謂我老將休
付子斯文者矣即延至館中朝夕以道義學問相講習自謂得旅之助爲多與
祖常交口游譽於諸公間咸以爲旅博學多聞宜居師範之選中書平章政事
趙世延又力薦之除國子助教居三年考滿諸生不忍其去請於朝再任焉元
統二年出爲江浙儒學副提舉至元四年入爲應奉翰林文字至正元年遷國
子監丞階文林郎又二年卒年五十有六旅於文自先秦以來至唐宋諸大家
無所不究故其文典雅峻潔必求合於古作者不徒以徇世好而已有文集十
四卷旅平生於師友之義尤篤每感虞集爲知己其在浙江時集歸田已數載

歲且大比請於行省參知政事孛朮魯翀親奉書幣請集主文鄉闈欲爲問候計乃衝冒炎暑千里訪集於臨川集感其來留旬日而別惓惓以斯文相勉慘然若將永訣焉集每與學者語必以旅爲平生益友也一日夢旅舉杯相向曰旅甚思公亦知公之不忘旅也但不得見爾既而聞旅卒集深悼之同時有程文陳繹曾者皆名士文字以文徽州人仕至禮部員外郎作文明潔而精深集亦多稱之繹曾字伯敷處州人爲人雖口吃而精敏異常諸經註疏多能成誦文辭汪洋浩博其氣熚如也官至國子助教論者謂二人皆與旅相伯仲云

李孝光字季和溫州樂清人少博學篤志復古隱居鴈蕩山五峯下四方之士遠來受學名譽日聞泰不華以師事之南行臺監察御史闔辭屢薦居館閣至正七年詔徵隱士以祕書監著作郎召與完者圖執禮哈琅董立同應詔赴京師見帝於宣文閣進孝經圖說帝大悅賜上尊明年陞文林郎祕書監丞卒於官年五十三孝光以文章負名當世其文一取法古人而不趨世尚非先秦兩漢語弗以措辭有文集二十卷

宇文公諒字子貞其先成都人父挺祖徙吳興今爲吳興人公諒通經史百氏言弱冠有操行嘉興富民延爲子弟師夜將半聞有叩門者問之乃一婦人公諒厲聲叱去之翌日卽以他事辭歸終不告以其故至順四年登進士第授徽州路同知婺源州事丁內艱改同知餘姚州事夏不雨公諒出禱輒應歲以有年民頌之以爲別駕兩攝會稽縣申明冤滯所活者衆省檄察實松江海塗田公諒以潮汐不常後必貽患請一槪免科省臣從之遷高郵府推官未幾除國子助教日與諸生辯析諸經六館之士資其陶甄者往往出爲名臣調應奉翰林文字同知制誥兼國史院編修官以病得告後召爲國子監丞除江浙儒學提舉改僉嶺南廉訪司事以疾請老公諒平居雖暗室必正衣冠端坐嘗挾手記一冊識其編首曰晝有所爲暮則書之其不可書卽不敢爲天地鬼神實聞斯言其檢飭之嚴如此所著述有折桂集觀光集壁水集以齋詩藁玉堂漫藁越中行藁凡若干卷門人私諡曰純節先生

伯顏一名師聖字宗道哈剌魯氏隸軍籍蒙古萬戸府世居開州濮陽縣伯顏

生三歲常以指畫地或三或六若爲卦者六歲從里儒授孝經論語卽成誦蚤喪父其兄曲出買經傳等書以資之日夜誦不輟稍長受業宋進士建安黃坦坦曰此子穎悟過人非諸生可比因命以顏爲氏且名而字之焉久之坦辭曰余不能爲爾師羣經有朱子說具在歸而求之可也伯顏自弱冠卽以斯文爲己任其於大經大法粲然有覩而心所自得每出於言意之表鄉之學者來相質難隨問隨辨咸解其惑於是中原之士聞而從游者日益衆至正四年以隱士徵至京師授翰林待制預修金史既畢辭歸已而復起爲江西廉訪僉事數月以病免及還四方之來學者至千餘人蓋其爲學專事講解而務真知力踐不屑事舉子詞章而必期措諸實用士出其門不問知其爲伯顏氏學者至於異端之徒亦往往棄其學而學焉十八年河南賊蔓延河北伯顏言於省臣將結其鄉民爲什伍以自保而賊兵大至伯顏乃渡漳北行邦人從之者數十萬家至磁與賊遇賊知伯顏名士生劫之以見賊將誘以富貴伯顏罵不屈引領受刃與妻子俱死之年六十有四旣死賊或剖其腹見其心數孔曰古稱聖人

心有七竅此非賢士乎乃納心其腹中覆牆而揜之有司上其事贈奉議大夫
僉太常禮儀院事謚文節太常謚議曰以城守論之伯顏無城守之責而死可
與江州守李黼一律以風紀論之伯顏無在官之責而死可與西臺御史張桓
並駕以平生有用之學成臨義不奪之節乃古之所謂君子人者時以爲確論
伯顏平生修輯六經多所著述皆燬於兵
瞻思字得之其先大食國人國既內附大父魯坤乃東遷豐州太宗時以材授
真定濟南等路監榷課稅使因家真定父斡直始從儒先生問學輕財重義不
干仕進瞻思生九歲日記古經傳至千言比弱冠以所業就正於翰林學士承
旨王思廉之門由是博極羣籍汪洋茂衍見諸踐履皆篤實之學故其年雖少
已爲鄉邦所推重延祐初詔以科第取士有勸其就試者瞻思笑而不應既而
侍御史郭思貞翰林學士承旨劉賡參知政事王士熙交章論薦之泰定三年
詔以遺逸徵至上都見帝於龍虎臺眷遇優渥時倒剌沙柄國西域人多附焉
瞻思獨不往見倒剌沙屢使人招致之卽以養親辭歸天曆三年召入爲應奉

翰林文字賜對奎章閣文宗問曰卿有所著述否明日進所著帝王心法文宗稱善詔預修經世大典以論議不合求去命奎章閣侍書學士虞集諭留之贍思堅以母老辭遂賜幣遣之復命集傳旨曰卿且暫還行召卿矣至順四年除國子博士丁內艱不赴後至元二年拜陝西行臺監察御史即上封事十條曰法祖宗攬權綱敦宗室禮勳舊惜名器開言路復科舉罷數軍一刑章寬禁網時姦臣變亂成憲帝方虛己以聽贍思所言皆一時羣臣所不敢言者侍御史趙承慶見之歎曰御史言及此天下福也戚里有執政陝西行省者恣爲非道贍思發其罪而按之輒棄職夜遁會有詔勿逮問然猶杖其私人及分巡雲南按省臣之不法者其人即解印以去遠藩爲之震悚襄漢流民聚居宋之紹熙府故地至數千戶私開鹽井自相部署往往劫囚徒殺巡卒贍思乃擒其魁而釋其黨復上言紹熙土饒利厚流戶日增若以其人散還本籍恐爲邊患宜設官府以撫定之詔即其地置紹熙宣撫司三年除僉浙西肅政廉訪司事即按問都轉運鹽使海道都萬戶行宣政院等官贓罪浙右郡縣無敢爲貪墨者復

以浙右諸僧寺私蔽猾民有所謂道人道民行童者類皆瀆常倫隱徭役使民力日耗契勘嘉與一路爲數已二千七百乃建議請勒歸本族俾供王賦庶以少寬民力朝廷是之郎著以爲令四年改僉浙東肅政廉訪司事以病免歸瞻思歷官臺憲所至以理冤澤物爲己任平反大辟之獄先後甚衆然未嘗故出人罪以市私恩嘗與五府官決獄咸寧有婦宋娥者與隣人通隣人謂娥曰我將殺爾夫娥曰張子文行且殺之明日夫果死跡盜數日娥始以張子文告其姑五府官以爲非共殺且旣經赦宥宜釋之瞻思曰張子文以爲娥固許之矣且娥夫死及旬乃始言之是娥與張同謀度不能終隱故發之也豈赦可釋哉樞密判官曰平反活人陰德也御史勿執常法瞻思曰是謂故出人罪非平反也且公欲種陰德於生者奈死者何乃獨上議刑部卒正娥罪其審刑當罪多類此至正四年除江東肅政廉訪副使十年召爲祕書少監議治河事皆辭疾不赴十一年卒於家年七十有四二十五年皇太子撫軍冀寧承制封拜贈嘉議大夫禮部尚書上輕車都尉追封恆山郡侯諡曰文孝瞻思邃於經而易學

尤深至於天文地理鍾律算數水利旁及外國之書皆究極之家貧饘粥或不繼其考訂經傳常自樂也所著述有四書闕疑五經思問奇偶陰陽消息圖老莊精詣鎭陽風土記續東陽志重訂河防通議西國圖經西域異人傳金哀宗記正大諸臣列傳審聽要訣及文集三十卷藏於家

元史卷一百九十

元史卷一百九十一

明翰林學士亞中大夫知制誥兼修國史宋　濂等修

列傳第七十八

良吏一

自古國家上有寬厚之君然後爲政者得以盡其愛民之術而良吏興焉班固有曰漢興與民休息凡事簡易禁罔疎闊以寬厚清淨爲天下先故文景以後循吏輩出其言蓋識當時之治體矣元初風氣質實與漢初相似世祖始立各道勸農使又用五事課守令以勸農繫其銜故當是時良吏班班可見亦寬厚之效也然自中世以後循良之政史氏缺於紀載今據其事蹟之可取者作良吏傳

譚澄字彥清德興懷來人父資榮金末爲交城令國兵下河朔乃以縣來附賜金符爲元帥左都監仍兼交城令未幾賜虎符行元帥府事從攻汴有功年四十移病舉弟資用自代資用卒澄襲職澄幼穎敏爲交城令時年十九有文谷

水分溉交城田文陽郭帥專其利而堰之訟者累歲莫能直澄折以理令決水均其利於民豪民有持吏短長爲奸者察得其主名皆以法治之歲乙未籍民戶有司多以浮客占籍及征賦逃竄殆盡官爲稱貸積息數倍民無以償澄入覲因中書耶律楚材面陳其害太宗惻然爲免其逋其私負者年雖多息取倍而止亡民能歸者復三年詔下公私便之壬子復大籍其民澄盡削交城之不土著者賦以時集甲寅世祖還自大理澄進見留藩府凡遣使必以澄偕而以其弟山代爲交城令時世祖以皇弟開藩京兆總天下兵歲丁巳有閒之者憲宗疑之遂解兵柄遣阿藍答兒往京兆大集官吏置計局百四十二條以考覈之罪者甚衆世祖每遣左丞闊闊與澄周旋其閒以彌縫其缺及親入覲事乃釋中統元年世祖卽位擢懷孟路總管俄賜金符換金虎符歲旱令民鑿唐温渠引沁水以溉田民用不饑教之種植地無遺利至元二年遷河南路總管改平灤路總管七年入爲司農少卿俄出爲京兆總管居一年改陝西四川道提刑按察使建言不孝有三無後爲大宜令民年四十無子聽取妾以爲宗祀計

朝廷從之遂著爲令四川僉省嚴忠範守成都爲宋將昝萬壽所敗退保子城
世祖命澄代之至則葬暴骸修焚室賑饑貧集逋亡民心稍安會西南夷羅羅
斯內附帝以撫新國宜擇文武全才遂以澄爲副都元帥同知宣慰使司事比
至以疾卒年五十八世祖嘗與太保劉秉忠論一時牧守秉忠曰若邢之張耕
懷之譚澄何憂不治哉游顯宣撫大名嘗爲諸路總管求虎符宣麻澄至中書
辭曰皇上不識譚澄耶乃爲顯所舉中書特爲去之其介如此子克修歷湖北
河南陝西三道提刑按察使
許維禎字周卿遂州人至元十五年爲淮安總管府判官屬縣鹽城及丁溪場
有二虎爲害維禎默禱于神祠一虎去一虎死祠前境內旱蝗維禎禱而雨蝗
亦息是年冬無雪父老言于維禎曰冬無雪民多疾奈何維禎曰吾當爲爾禱
已而雪深三尺朝廷聞其事方欲用之而卒年四十四子殷
許楫字公度太原忻州人幼從元裕學年十五以儒生中詞賦選河東宣撫司
又舉楫賢良方正孝廉楫至京師平章王文統命爲中書省掾以不任簿書辭

改知印丞相安童左丞許衡深器重之一日從省臣立殿下世祖見其美髯魁
偉問曰汝秀才耶楫頓首曰臣學秀才耳未敢自謂秀才也帝善其對授中書
省架閣庫管勾兼承發司事未幾立大司農司以楫爲勸農副使時商挺爲安
西王相遇於途楫因言京兆之西荒野數千頃宋金皆嘗置屯如募民立屯田
耕種得穀給王府之需挺以其言入奏從之三年屯成果獲其利尋佩金符爲
陝西道勸農使至元十三年宋平帝命平章廉希憲行中書於荆南府以楫爲
左右司員外郎荆南父老輿金帛求見楫曰汝等已爲大元民矣今置吏以撫
字汝輩奚用金帛以求見明年擢嶺北湖南提刑按察副使武岡富民有毆死
出征軍人者陰以家財之半誘其佃者代己款伏楫審得其情釋佃者繫富民
人服其明改江西道提刑按察副使行省命招討郭昂討判賊董旗兵士俘掠
甚衆楫詢究得良民六百口遣還鄉里二十三年授中議大夫徽州總管桑哥
立尚書會計天下錢糧參知政事忻都戶部尚書王巨濟倚勢刻剝遣吏徵徽
州民鈔多輸二千錠巨濟怒其少欲更益千錠楫詰巨濟曰公欲百姓死耶生

耶如欲其死雖萬錠可徵也巨濟怒解徽州賴以免楫考滿去徽之績溪歙縣民柯三八汪千十等因歲饑阻險爲寇行省右丞教化以兵捕之相拒七月乃使人諭之三八等曰但得許總管來我等皆降矣行省爲驛召楫至命往招之楫單騎趨賊壘衆見楫來皆拜曰我公既來請署榜以付我楫曰教化請退軍一舍聽其來降不聽會以參政高興代教化楫復以前言告之興從其計賊果降二十四年授太中大夫東平總管謝事二年卒壽七十十一子餘慶重慶崇慶餘失其名

田滋字榮甫開封人至元二年由汴梁路總管府知事入爲御史臺掾十二年拜監察御史十三年宋平滋建言江南新附民情未安加以官吏侵漁宜立行御史臺以鎮之詔從其言遂超拜行御史臺侍御史歷兩淮鹽運使河南路總管大德二年遷浙西廉訪使有縣尹張彧者被誣以贓獄成滋審之但俛首泣而不語滋以爲疑明日齋沐詣城隍司禱曰張彧坐事有寃狀願神相滋明其誣守廟道士進曰曩有王成等五人同持誓狀到祠焚禱火未盡而去之爐中

得其遺藁今藏於壁間豈其人耶視之果然明日詰憲司詰成等不服因出所
得火中誓狀示之皆驚愕伏辜張彧得釋十年改濟南路總管尋拜陝西行省
參知政事時陝西不雨三年道過西嶽因禱曰滋奉命來參省事而安西不雨
者三年民饑而死滋將何歸願神降甘澤以福黎庶到官果大雨滋卽開倉以
麥五千餘石給小民之無種者俾來歲收成以償官民大悅未幾以疾卒于位
贈通奉大夫河南行省參知政事追封開封郡公諡莊肅
卜天璋字君璋洛陽人父世昌仕金爲河南孔目官憲宗南征率衆款附授鎮
撫統民兵二千戸陞真定路管民萬戸憲宗六年籍河北民徙河南者三千餘
人俾專領之遂家汴天璋幼穎悟長負直氣讀書史識成敗大體至元中爲南
京府史時河北饑民數萬人集河上欲南徙有詔令民復業勿渡衆洶洶不肯
還天璋慮其生變勸總管張國寶聽其渡國寶從之遂以無事河南按察副使
程思廉察其賢辟爲憲史聲聞益著後爲中臺掾有侍御史倚勢貪財御史發
其贜天璋主文牘未及奏顧爲所譖俱拘內廷御史對食悲哽天璋問故御史

曰吾老唯一女心憐之聞吾繫不食數日矣是以悲耳天璋曰死職義也柰何爲兒女子泣耶御史慚謝俄見原免丞相順德王當國擢掾中書爲提控事有可否必力辨他相怒天璋言不置王竟從其議且曰掾能如是吾復何憂大德四年爲工部主事蔚州有劉帥者豪奪民產吏不敢決省檄天璋往詢之帥服田竟歸民大德五年以樞密大臣闍伯薦授都事贊其府引見賜錦衣鞍轡弓刀後以扈從勞加奉訓大夫賜侍燕服二襲秩滿當代樞密臣奏留之特以其代爲增員武宗時遷宗正府郎中尚書省立遷刑部郎中適盜賊充斥時議犯者幷家屬咸服青衣巾以別民伍天璋曰赭衣塞路秦弊也尚足法耶相悟而止有告諸侯王謀不軌者勑天璋訊正之賞賚優渥尚書省臣得罪仁宗召天璋入見時興聖太后在座帝指曰此不貪賄卜天璋也因問今何官天璋對曰臣待罪刑部郎中復問誰所薦者對曰臣不才誤蒙擢用帝曰先朝以謝仲和爲尚書卿爲郎中皆朕親薦也汝宜奉職勿怠卽以中書刑部印章付之旣視事入覲賜酒隆福宮及錦衣三襲後被命治反獄帝顧左右曰天璋廉愼人也

必得其情天璋承命獄賴不冤皇慶初天璋爲歸德知府邵農興學復河渠河患遂弭時羣盜據要津商旅不通天璋擒百數人悉磔以徇盜爲止息陞浙西道廉訪副使到任閱月以更田制改授饒州路總管天璋既至聽民自實事無苛擾民大悅版籍爲清時省臣董田事妄作威福郡縣爭賂之覬免譴饒獨無有省臣銜之將中以危法求其罪無所得縣以饑告天璋卽發廩賑之僚佐持不可天璋曰民饑如是必俟得請而後賑民且死矣失申之責吾獨任之不以累諸君也竟發藏以賑之民賴全活其臨事無所顧慮若此火延饒之東門天璋具衣冠向火拜勢遂熄鳴山有虎爲暴天璋移文山神立捕獲之以治行第一聞陞廣東廉訪使先是豪民瀕海堰專商舶以射利累政以賂置不問天璋至發卒決去之嶺南地素無冰天璋至始有冰人謂天璋政化所致云尋乞致事天曆二年蜀兵起荊楚大震復拜山南廉訪使人謂公老必不行矣天璋曰國步方艱吾年八十恆懼弗獲死所耳敢避難乎遂行至則厲風紀清吏治州郡肅然是時穀價翔湧乃下命勿損穀價聽民自便於是舟車爭集米價頓減

復止憲司贓罰庫緡錢不輸于臺留用賑饑御史至民遮道稱頌會詔三品官言時政得失因列上二十事凡萬餘言目之曰中興濟治策皆中時病因自引去既歸汴以餘祿施其族黨家無甔儲天璋處之晏如也至順二年卒贈通議大夫禮部尚書上輕車都尉河南郡侯諡正獻

元史卷一百九十一

元史卷一百九十二

明翰林學士亞中大夫知制誥兼修國史宋　濂等修

列傳第七十九

良吏二

耶律伯堅字壽之桓州人氣豪俠喜與名士游用薦舉入官爲工部主事至元九年轉保定路清苑縣尹初安肅州苦徐水之害訴於大司農司大司農司欲奪水故道導水使東東則清苑境也地勢不利果導之則清苑被其害而水亦必反故道爲災伯堅陳其形勢圖其利害要大司農司官及郡守行視可否事遂得已縣西有塘水溉民田甚廣勢家據以爲磑民以失利來訴伯堅命毀磑決其水而注之田許以溉田之餘月乃得堰水置磑仍以其事聞于省部著爲定制縣居南北之衝歲爲親王大官治供帳於縣西限以十月成至明年復撤而新之吏得並緣侵漁其費不貲伯堅命築公館以代供帳其弊遂絕凡郡府賦役於縣有重於他縣者輒曰寧得罪於上不可得罪於下必詣府力爭之在

清苑四年民親戴之如父母比去而猶思之立石頌其德焉擢爲恩州同知
段直字正卿澤州晉城人至元十一年河北河東山東盜賊充斥直聚其鄉黨
族屬結壘自保世祖命大將略地晉城直以其衆歸之幕府承制署直潞州元
帥府右監軍其後論功行賞分土世守命直佩金符爲澤州長官澤民多避兵
未還者直命籍其田廬於親戚隣人之戶且約曰俟業主至當析而歸之逃民
聞之多來還者命歸其田廬如約民得安業素無產者則出粟賑之爲他郡所
俘掠者出財購之以兵死而暴露者收而瘞之未幾澤爲樂土大脩孔子廟割
田千畝置書萬卷迎儒士李俊民爲師以招延四方來學者不五六年學之士
子以通經被選者百二十有二人在官二十年多有惠政朝廷特命提舉本州
學校事未拜而卒
諳都剌字瑞芝凱烈氏祖阿思蘭嘗從大將阿朮伐宋仕至冀寧路達魯花赤
子孫因其名蘭遂以蘭爲氏諳都剌通經史兼習諸國語成宗時爲翰林院札
爾里赤職書制誥會有旨命書藩王添力聖旨諳都剌曰此旨非惟有虧國體

行且爲民殃矣帝聞之謂近臣曰小吏如此真難得也事乃止尋授應奉翰林文字凡蒙古傳記多所校正陞待制時方選守令除遼州達魯花赤以政聞賜上尊名幣除集賢直學士至順元年遷襄陽路達魯花赤山西大饑河南行省恐流民入境爲變檄守武關諳都剌驗其良民輒聽其度關吏曰得無違上命乎諳都剌曰吾防姦耳非仇良民也可不開其生路耶既又煮粥以食之所活數萬人又城臨漢水歲有水患爲築堤城外遂以無虞元統二年除益都路總管俗頗悍黠而諳都剌務興學校以平易治之有上馬賊白晝劫人久不能捕諳都剌生擒之其黨賂宣慰使羅鍋誣以枉勘縱其賊已而賊劫河間復被獲乃盡輸其情而諳都剌之誣始白俾再任一考親王買奴鎮益都其府屬病民諳都剌裁抑之民以無擾至正六年卒年七十子燮徹堅同知新喻州事以孝稱

楊景行字賢可吉安太和州人登延祐二年進士第授贛州路會昌州判官會昌民素不知井飲汲于河流故多疾癘不知陶瓦以茅覆屋故多火災景行教

民穿井以飲陶瓦以代茅茨民始免於疾癘火災豪民十人號十虎干政害民
悉捕寘之法乃創學舍禮師儒勸民斥腴田以饍士絃誦之聲遂盛調永新州
判官奉郡府命覈民田租除剗宿弊奸欺不容細民賴焉改江西行省照磨轉
撫州路宜黃縣尹理白冤獄之不決者數十事陞撫州路總管府推官發擿奸
伏郡無冤獄金溪縣民陶甲厚積而兇險嘗屢誣陷其縣長吏罷去之由是官
吏畏其人不敢詰治陶遂暴横於一郡景行至以法痛繩之徙五百里外金溪
豪僧雲住發人冢墓取財物事覺官吏受賄緩其獄景行急按之僧以賄動之
不聽乃賂當道者以危語撼之一不顧卒治之如法由是豪猾屏迹良民獲安
轉湖州路歸安縣尹奉行省命理荒田租民無欺弊景行所歷州縣皆有惠政
所去民皆立石頌之以翰林待制朝列大夫致仕年七十四卒
林興祖字宗起福州羅源人至治二年登進士第授承事郎同知黃巖州事三
遷而知鉛山州鉛山素多造僞鈔者豪民吳友文爲之魁遠至江淮燕薊莫不
行使友文奸黠悍鷙因僞造致富乃分遣惡少四五十人爲吏於有司伺有欲

告之者輒先事戕之前後殺人甚衆奪人妻女十一人爲妾民罹其害銜冤不敢訴者十餘年與祖至官曰此害不除何以牧民卽張牓禁僞造者且立賞募民首告俄有告者至佯以不實斥去又有告獲僞造二人并贓者乃鞫之款成友文自至官爲之營救與祖命併執之須臾來訴友文者百餘人擇其重罪一二事鞫之獄立具逮捕其黨二百餘人悉寘之法民害既去政聲籍甚江浙行省丞相別兒怯不花薦諸朝陞南陽知府改建德路同知俱未任至正八年特旨遷爲道州路總管行至城外撞賊已迫其後相去僅二十里時湖南副使哈剌帖木兒屯兵城外聞賊至以乏軍需欲退兵與祖聞卽夜詣說留之哈剌帖木兒曰明日得鈔五千錠桐盾五百乃可破賊與祖許之明日甫入城視事卽以恩信勸諭鹽商貸鈔五千錠且取郡樓舊桐板爲盾日中皆備哈剌帖木兒得鈔盾大喜遂留爲禦賊計賊聞新總管至一日具五百盾以爲大軍且至中夕遁去永明縣洞猺屢竊發爲民害與祖以手牓諭之皆曰林總管廉而愛民不可犯也三年不入境春旱蟲食麥苗與祖爲文禱之大雨三日蟲死而麥稔

已而罷興作賑貧乏輕徭薄斂郡中大治憲司考課以道州爲最以年老致仕終于家

觀音奴字志能唐兀人氏居新州登泰定四年進士第由戸部主事再轉而知歸德府廉明剛斷發擿如神民有銜冤不直者雖數十年前事皆千里奔走來訴觀音奴立爲剖決一日悉清彰德富商任甲抵睢陽驢斃令郗乙剖之任以怒毆郗經宿而死郗有妻王氏妾孫氏孫訴于官官吏納任賄謂郗非傷死反抵孫罪置之獄王來訴冤觀音奴立破械出孫于獄呼府胥語之曰吾爲文具香幣若爲吾以郗事禱諸城隍神令神顯於吾有睢陽小吏亦預郗事畏觀音奴嚴明且懼神顯其事乃以任所賂鈔陳首曰郗實傷死任賂上下匿其實吾亦得賂敢以首於是罪任商而釋孫妾寧陵豪民楊甲夙嗜王乙田三頃不能得值王以饑攜其妻就食淮南而王得疾死其妻還則田爲楊據矣王妻訴之官楊行賄僞作文憑曰王在時已售我觀音奴令王妻挽楊同就崔府君神祠質之楊懼神之靈先期以羊酒浼巫囑神勿泄其事及王與楊詣祠質之果無

所顯明觀音奴疑之召巫詰問巫吐其實曰楊以羊酒浼我囑神曰我實據王

田幸神勿泄也觀音奴因訊得其實坐楊罪歸其田王氏責神而撤其祠亳州

有蝗食民禾觀音奴以事至亳民以蝗訴立取蝗向天祝之以水研碎而飲是

歲蝗不爲災後陞爲都水監官

周自強字剛善臨江路新喻州人好學能文練於吏事以文法推擇爲吏泰定

閒廣西洞猺反自強往見猺酋說以禍福中其要害猺酋立爲罷兵貢方物納

款請命事聞于朝特旨超授廣西兩江道宣慰司都事轉饒州路經歷遷婺州

路義烏縣尹周知民情而性度寬厚不爲刻深民有以爭訟訴于庭者一見即

能知其曲直然未遽加以刑責必取經典中語反覆開譬之令其誦讀講解若

能悔悟首實則原其罪若迷謬怙惡不悛然後繩之以法不少貸民畏且愛獄

訟頓息民閒田稅之籍多失實以故差徭不平自強出令履畝覈之民不能欺

文簿井井可攷於是賦役均平貧富樂業其聽訟決獄物無遁情黠吏欲以片

言欺惑之不可得由是政治大行聲譽籍甚部使者數以廉能譽于朝選授撫

州路金溪縣尹階奉議大夫政績愈著以亞中大夫江州路總管致仕

白景亮字明甫南陽人明法律善書算由征東行省譯史有勞超遷南恩知州陞沔陽府尹奏最于朝特授衢州路總管先是爲郡者於民間徭役不盡校田畝以爲則吏得並緣高下其手富民或優有餘力而貧弱不能勝者多至破產失業景亮深知其弊乃始覈驗田畝以均之役之輕重一視田之多寡大小家各使得宜咸便安之由是民不勞而事易集他郡邑皆取以爲法郡學之政久弛從祀諸賢無塑像諸生無廩饍祭服樂器有缺景亮皆爲備之儒風大振搢紳稱頌焉景亮性廉介勤苦自奉甚薄妻尤儉約惟以脫粟對飯而已部使者嘗上其事特詔褒美賜以宮錦改授台州路總管卒于官

王艮字止善紹興諸暨人尚氣節讀書務明理以致用不苟事言說淮東廉訪司辟爲書吏遷淮西會例革南士就爲吏於兩淮都轉運鹽使司以歲月及格授廬州錄事判官淮東宣慰司辟爲令史以廉能稱再調峽州總管府知事又辟江浙行省掾史會朝廷復立諸市舶司艮從省官至泉州建言若買舊有之

船以付舶商則費省而工易集且可絶官吏侵欺掊克之弊中書省報如艮言

凡爲船六艐省官錢五十餘萬緡歷建德縣尹除兩浙都轉運鹽使司經歷紹

興路總管王克敬以計口食鹽不便嘗言於行省未報而克敬爲轉運使集議

欲稍損其額以紓民力沮之者以爲有成籍不可改艮毅然曰民實寡而強賦

多民之錢今死徙已衆矣顧重改民籍而輕棄民命乎且浙右之郡商賈輻輳

未嘗以口計也移其所賦散於商旅之所聚實爲艮法於是議歲減紹興食鹽

五千六百引尋有復排前議者艮欲辭職去丞相聞之亟遣留艮而議遂定遷

海道漕運都萬戶府經歷紹興之官糧入海運者十萬石城距海十八里歲令

有司拘民船以備短送吏胥得並緣以虐民及至海次主運者又不卽受有折

缺之患艮執言曰運戶既有官賦之直何復爲是紛紛也乃責運戶自載糧入

運船運船爲風所敗者當覈實除其數移文往返連數歲不絶艮取吏牘披閱

卽除其糧五萬二千八百石鈔二百五十萬緡運戶乃免於破家還江浙行省

檢校官有詣中書訴松江富民包隱田土爲糧一百七十餘萬石沙蕩爲鈔五

百餘萬緡宜立官府糾察收追之中書移行省議遣官驗視而松江獨當十九
艮至松江條陳曲折以破其誑妄言其不過欲竦朝廷之聽而報宿怨且冀創
立衙門爲徼名爵計耳萬一民心動搖患生不測豈國家培養根本之策哉艮
言上事遂寢除江西行省左右司員外郎吉之安福有小吏誣民欺隱詭寄田
租九千餘石初止八家前後數十年株連至千家行省數遣官按問吏已伏其
虛誑而有司喜功生事者復勒其民報合徵糧六百餘石憲司援詔條革去終
莫能止艮到官首言是州之糧比元經理已增一千一百餘石豈復有欺隱詭
寄者乎准憲司所擬可也行省用艮言悉蠲之艮在任歲餘以中憲大夫淮東
道宣慰副使致仕卒年七十一
盧琦字希韓惠安人登至正二年進士第十二年稍遷至永春縣尹始至賑饑
饉止橫斂均賦役減口鹽一百餘引蠲包銀榷鐵之無徵者已而訟息民安乃
新學宮延師儒課子弟月書季攷文風翕然鄰邑仙遊盜發琦適在邑境盜遙
見之迎拜曰此永春大夫也爲大夫百姓者何幸之大乎吾邑長乃以暴毒驅

我故至此耳琦因立馬喻以禍福衆皆投刃槊請縛其酋以自新琦許之酋至
琦械送帥府自是威惠行於境外十三年泉郡大饑死者相枕籍其能行者皆
老幼扶攜就食永春琦命分諸浮屠及大家使食之所存活不可勝計十四年
安溪寇數萬人來襲永春琦聞召邑民喻之曰汝等能戰則與之戰不能則我
當獨死之爾衆皆感憤曰使君何言也使君父母我民赤子其忍以父母畀賊
邪且彼寇方將虜掠我妻子焚毀我室廬乃一邑深仇也今日之事有進無退
使君其勿以爲憂因踴躍爭奮琦率以攻賊大敗之明日賊復傾巢而至又破
之大小三十餘戰斬獲一千二百餘人而邑民無死傷者賊大衂遂遁去時兵
革四起列郡皆洶洶不寧獨永春晏然無異承平時十六年改調寧德縣尹而
卒

鄒伯顏字從吉高唐人爲建寧崇安縣尹崇安之爲邑區別其土田名之曰都
者五十五十都之田上送官者爲糧六千石其大家以五十餘家而兼五千石
細民以四百餘家而合一千石大家之田連跨數都而細民之糧或僅升合有

司常以四百之細民配五十大家之役故貧者受役旬日而家已破伯顏曰貧
弱之受困一至此乎乃取其糧籍而分計從有糧一石者受一石之役有糧升
斗者受升斗之役田多者受數都之役而不可辭田少者稱其所出而無倖免
貧困無告之民始得以休息崇安賦役之均遂爲四方最邑有宋趙抃所鑿溝
漑民田數千畝歲久溝湮而田廢伯顏修長溝十里繞楓樹陂累石以爲固溝
悉復抃遺跡而田爲常稔民賴其利安慶路嘗得造僞鈔者遣卒械其因至崇
安求其黨而執之因與卒結謀望風入旻民家肆虐伯顏捕訊得其狀卽執而
歸諸安慶自是僞造之連逮無濫及崇安者於是行省帥府御史憲府咸舉其
能選調漳州路判官
劉秉直字淸臣大都武清人至正八年來爲衞輝路總管平徭役興教化敦四
民之業崇五土之利養鰥寡恤孤獨賊劫汲縣民張聚鈔一千二百錠而殺之
賊不獲秉直具詞致禱城隍祠而使人伺于死所忽有村民阿蓮者戰怖仆地
具言賊之姓名及所在乃民尉龔之果得賊于汴遂正其罪秋七月虫螟生民

患之秉直禱于八蜡祠虫皆自死歲大饑人相食死者過半秉直出俸米倡富民分粟餧者食之病者與藥死者與棺以葬天不雨禾且槁秉直詣城北太行之蒼峪神祠具詞祈祝有青蛇蜿蜒而出觀者異之辭神而還行及數里雷雨大至秩滿以親老去官侍養

許義夫碭山人爲夏邑縣尹每親詣鄉社教民稼穡見民勤謹者出己俸賞之怠惰者罰之三年之閒境内豐足後爲封丘縣尹值至正四年大饑盜賊羣起抄掠州縣義夫聞賊至近境乃單馬出郊十里外迎之見賊數百人義夫力言封丘縣小民貧皆已驚惶逃竄幸無入吾境也言辭愿款賊遂他往封丘之民得免於難

元史卷一百九十二

元史卷一百九十三

明翰林學士亞中大夫知制誥兼修國史宋　濂等修

列傳第八十

忠義一

李伯温守賢之孫瑴之子也長兄惟則懷遠大將軍平陽征行萬戶次伯通歲甲戌錦州張致叛國王木華黎命擊之大戰城北伯通死焉伯温行平陽元帥府事鎮青龍堡專任東征知平陽已陷弟守忠被執選驍勇拒守久之金人盡銳來攻守卒夜多遁去李成開水門導敵入伯温登堞樓謂左右曰吾兄弟仗節擁麾受方面之寄今不幸失利當以死報國吾弟已被執我不可再辱汝等宜自逃生士卒皆猶豫不忍去伯温即拔劍殺家屬投井中以刃植柱刺心而死金人登樓見伯温抱柱如生無不嗟歎子守正自幼時嘗質於木華黎後爲平陽守活俘虜甚衆以功授銀青榮祿大夫河東南路兵馬都元帥歲庚寅上黨晉陽合兵攻汾州將陷守正以義赴援衆寡不敵別遣老弱百人曳薪揚塵

多張旗幟敵懼遂解去汾人持牛酒迎犒者道不絕且泣謝曰幸公完是州德甚大願奉是州以從關中兵屯吉州酋領楊鐵槍以數千人叛守正出兵擒之軒成據隰州守正往擊之中矢傷足及歸瘡甚會金人完顏合達攻平陽守正裹瘡戰歿大帥以其兄守忠代之守忠官至銀青榮祿大夫河東南路兵馬都元帥兼知平陽府事壬午冬平陽公胡景山以青龍堡降嘗從攻益都北還軍將彭智孫乘間據義州叛守忠聞之長驅抵城下力戰復之丁亥夏四月金紇石烈真襲擊平陽行營招討使權國王按察兒於洪洞守忠出援之會於高梁師潰入城平陽副帥夾谷常德潛獻東門以納金兵城遂陷金人執守忠至汴誘以高爵使降守忠罵之語惡金人怒置守忠鐵籠中火炙死

石珪泰安新泰人宋徂徠先生守道之裔孫也世以讀書力田爲業體貌魁偉膂力過人倜儻不羈金貞祐南渡兵戈四起珪率少壯負險自保與滕陽陳敬宗聚兵山東破張都統李霸王兵於龜蒙山宋將鄭元龍以兵迎敵珪敗之於亳陽遂乘勝引兵入盱眙會宋賈涉誘殺連水忠義軍統轄季先人情不安衆

迎珪爲帥呼爲太尉歲戊寅太祖使葛葛不罕與宋議和己卯珪令麾下劉順直抵尋斯干城入覲太祖慰勞順且敕珪曰如宋和議不成吾與爾永結一家吾必榮汝順還告珪珪心感服日夜思降庚辰宋果渝盟珪棄其妻孔氏子金山仗劍渡淮宋將追之曰太尉迴完汝妻子珪不顧宋將沉珪妻子於淮遂率順及李温因孛里海歸木華黎木華黎悅之謂曰若得東平南京授汝判之辛巳木華黎承制授珪光祿大夫濟兗單三州兵馬都總管山東路行元帥佩金虎符便宜從事後金棄東平珪與嚴實分據收輯濟兗沂滕單諸州癸未太祖詔曰石珪棄妻子提兵歸順戰勝攻取加授金紫光祿大夫東平兵馬都總管山東諸路都元帥餘如故秋七月珪領兵破曹州與金將鄭從宜連戰數晝夜糧絶援兵不至軍無叛意珪臨陣馬仆被擒囚至汴金主壯其爲人誘以名爵欲使揖珪憤然曰吾身事大朝官至光祿復能受封他國耶假我一朝當縛爾以獻金主大怒蒸殺於市珪怡然就死色不變其麾下立社兗州祀之焉

攸哈剌拔都渤海人初名興哥世農家善騎以武斷鄉井金末避兵大寧國兵

至出保高州富庶寨射獵以食屢奪大營孳畜又射死其追者國王木華黎率兵攻寨寨破奔高州國兵圍城下令曰能斬攸與哥首以降則城中居民皆獲生守者召謂曰汝奇男子吾寧忍斷汝首以獻汝其往降乎不然吾一城生靈無噍類矣與哥乃折矢出降諸將怒欲殺之木華黎曰壯士也留之爲吾用俾隸麾下從木華黎攻通州獻計一夕造砲三十雲梯數十附城州將懼出寶貨以降木華黎命與哥恣取之與哥獨取良馬三以賞兵士木華黎以其功聞太祖賜名哈刺拔都從木華黎略地燕南爲先鋒至大名金將徒單登城督戰哈刺拔都射之中左目其部將開門南奔追殺將盡論功賜金符充隨營監察戊寅授金虎符龍虎衞上將軍河東北路兵馬都元帥鎮太原時太原新破哈刺拔都修城池繕兵甲招降屬邑市肆不改遠近聞之皆相率來歸嘗微服夜出聞民間語曰吾屬父母子女相失矣死者不可復生生者無以爲贖奈何明日下令軍中凡俘獲有親者聽贖無貲者官爲贖之民得完聚者衆庚辰二月金梁知府立西風寨奪居民耕牛民羣訴之哈刺拔都領數騎追殺梁知府梟首

西門驅耕牛還木華黎由葭州渡河西行哈剌拔都迎之道破隰州及縣寨地洞諸寨辛巳三月金兵攻壽陽縣王胡莊垂破時左右裨將各分兵守險城中見卒不滿百哈剌拔都夜半引甲騎十餘人救之道三交見金兵舉烽東西兩山哈剌拔都趨之大戰天將明金兵遁去擣太原之虛由西門俘獲哈剌拔都家屬哈剌拔都聞之徑趨西山復奪以還五月金趙權府率兵三萬圍太原哈剌拔都將騎三十出西門令騎曳柴揚塵聲言曰國兵三萬至矣金兵懼潰去癸未金馬武京來攻太谷縣桑梓寨哈剌拔都設伏於險將輕騎衝其陣伏發大敗之時太原諸邑皆平唯石家昂及盂州陵井寨忻州清泉寨爲唇齒皆未下甲申十月將兵至陵井遣卒叩寨門詐曰納糧芻守者弗悟門啓徑入蹂踐之衆潰其酋長走石家昂遂平陵井寨乙酉二月清泉寨酋長王㲄降石家昂亦降丁亥五月姦人夜獻太原東門於武仙仙引兵入哈剌拔都鏖戰仙兵大至諸將自城外呼曰攸哈剌拔都汝當出哈剌拔都曰真定史天倪平陽李守忠隰州田雄皆失守矣我又棄太原將何面目見主上及國王乎家屬任公等

所俘哈剌拔都誓與城同存亡遂歿於陣太祖以其子幼命其表第王七十復
立太原己丑攻鳳翔府中砲死哈剌拔都長子忙兀台嗣鎮太原
任志潞州人歲戊寅太師國王木華黎略地至潞州志首迎降國王授以虎符
俾充元帥收輯山寨數與金兵戰比有功金嘗擒其長子如山以招之曰降則
爾子得生不降則死志曰我爲大朝之帥豈愛一子親射其子殪之木華黎嘗
召諸將議事志亦預徵道經武安其縣已反爲金志死之國王閔之令其子存
襲庚寅歲金將武仙攻潞州存戰死辛卯正月有旨潞州元帥任存妻孥家屬
令有司廩給仍賜第以居之十一月以存父子死事子立尚幼先官其姪成爲
潞州長官待立長而還授之成卒授立潞州長官佩金符後歷澤州尹遷陳州
卒
耶律忒末契丹人父丑哥仕遼爲都統遼亡不屈節夫婦俱死焉金主憫其忠
義授忒末都統歲甲戌國兵至金徙於汴忒末及子天祐率衆三萬內附授帥
府監軍天祐招討使從元帥史天倪略趙州平棘欒城元氏柏鄉贊皇臨城等

縣籍其民五千餘置吏安輯焉歲辛巳太師木華黎統領諸道兵馬承制加忒
末洛州等路征行元帥與天祐略邢洺磁相懷孟招花馬劉元帥有功木華黎
又承制授忒末真定路安撫使洺州元帥進兵臨澤潞降其民六千餘戶以功
遷河北西路安撫使兼澤潞元帥府事壬午致仕退居真定天祐襲職從天倪
攻取益都諸城略滄棣得戶七千兼滄棣州達魯花赤佩金符時金鹽山衞鎭
鹽場未下天祐以計克之歲運鹽四千席以佐軍儲甲申攻大名拔之乙酉金
降將武仙據真定以叛殺守將史天倪忒末父子夜踰城而出將以聞會天倪
弟天澤還自北京遇諸滿城合蒙古諸軍南與賊戰走武仙復眞定朝廷以天
澤襲兄爵而以天祐鎭趙州明年仙復犯眞定天澤潛師出藁城忒末與其妻
石抹氏及家孥在眞定者皆陷焉仙遣其僕劉攬兒持書誘天祐曰汝能誅趙
州官吏以降當活汝父母仍授汝元帥不爾盡烹之忒末密令攬兒語天祐曰
仙賊狡猾汝所知也毋以我故隳其機穽以虧忠節且忠孝難兩全汝能固守
不失國家大計我視刀鋸甘如蜜矣天祐慟哭承命馳至藁城以賊書示天澤

天澤曰王陵之事照耀史冊汝能遵父命忠誠許國功不在王陵下天祐乃趨還趙壁率衆殊死戰仙怒盡殺忒末家一十八人戰於欒城元氏高邑柏鄉仙兵屢挫監軍張林密搆仙黨啓關納賊天祐倉皇巷戰手殺數十人身被十餘瘡斬關出復收散卒圍城丁亥賊棄城走追至藁城會天澤兵夾擊殺林加奉國上將軍洺州征行元帥兼趙州安撫使以傷憊致仕居趙卒孫世樫朝列大夫江西榷茶都轉運使

伯八兒合丹氏祖明里也赤哥嘗隸太祖帳下初怯列王可罕與太祖爲鄰國誓相親好既而敗盟與其子先髡潛謀欲襲太祖因遣使通問許以女妻太祖弟合撒兒至期太祖欲往明里也赤哥疑其詐諫止之王可罕知謀泄遂謀入寇後爲太祖所滅父脫倫闍里必扈從太祖征西域累立奇功世祖即位以伯八舊臣子孫擢爲萬戶命領諸部軍馬屯守欠欠州至元十二年親王昔列吉脫鐵木兒叛奔海都伯八以聞且願提兵往討之未得命爲彼所襲死焉脫鐵木兒虜其二子八剌不蘭奚分置左右居歲餘待之頗厚八剌陰結脫鐵木兒

近侍也里伯禿謀報父仇後爲也伯里禿家人泄其謀八剌知事不成將家族南奔脫鐵木兒遣騎追之至一河八剌馬驚不能渡回拒之射中數人力窮兄弟就擒脫鐵木兒責之曰我待汝厚甚而汝反爲此耶八剌曰汝背叛君上害我父掠我親屬我誓欲殺汝以報君父之讎今力窮被執從汝所爲逼令跪不屈以鐵撾碎其膝終不跪與弟不蘭奚同被害幼子何都兀赤官至河北河南道肅政廉訪使

合剌普華岳璘帖木爾子也幼侍母奧敦氏居益都嘗歎曰幼而不學有不墮吾宗者乎父時以斷事官建牙保定合剌普華往白其志父奇之俾習畏兀書及經史記誦精敏出於天性李璮畔其母攜季子脫烈普華避地登萊閒音問隔絕號泣徹晝夜繼從從叔父撒吉思平賊山東卒奉其母以歸撒吉思深加器重自謂其才不及言於世祖召給宿衞嘗以事至益都於四脚山下置廣與商山二冶以勞授金符爲商山鐵冶都提舉未及代以職讓其弟時兵南伐餽運繁興被選爲行都漕運使帥諸翼兵萬五千人從事飛輓江南平上疏言親

肺腑禮大臣以存國家之體與學校獎名節以勵天下之士正名分嚴考課以
定百官之法通泉幣卻貢獻以厚生民之本又言江南新附宜招舊族力穡通
商弛征薄入以撫馴其民不然恐尚煩宵旰之慮帝多采用其言屬漕米二十
萬繇邗溝達於河舟覆損十之一而又每斛視都斛虧三升時阿合馬專政責
償舟人合剌普華伏闕抗言量之畸贏出於元降而水道之虞非人力所及且
彼雖罄其家不足以償苟朝廷必不任虧損臣獨當其辜詔勿治阿合馬憤之
乃出合剌普華爲寧海路達魯花赤後遷江南宣慰使未至官改廣東都轉運
鹽使兼領諸番市舶時盜梗鹽法陳良臣扇東莞香山惠州負販之徒萬人爲
亂江西行省命與招討使答失蠻討捕之先驅斬渠魁以訊馘告躬抵賊巢招
誘餘黨復業仍條言鹽法之不便者悉除其害按察使脫歡大爲姦利遂奏罷
之羣盜歐南喜僭王號僞署丞相招討衆號十萬因圖上其山川形勢及攻取
之策三十餘條遂與都元帥課兒伯海牙宣慰都元帥白佐萬戶王守信等分
兵搤之未幾右丞唆都督兵征占城交阯屬護餉道北至東莞博羅二界中遇

劇賊歐鍾等横絕石灣其鋒鋭甚合剌普華身先士卒且戰且行矢竭馬創徒步格鬭殺數十人勇氣益厲以衆寡不敵爲所執賊欲奉之爲主不屈遂遇害於中心岡是夕其妻希召特勒氏夢其來告曰吾死矣知事張德劉閏亦夢之二人相繼死而軍中往往見其乘騅督戰云後贈戶部尚書守忠全節功臣諡忠愍子二人偰文質越倫質偰文質官至吉安路達魯花赤贈宣惠安遠功臣禮部尚書追封雲中郡侯諡忠襄子六人偰玉立偰直堅偰哲篤偰朝吾偰列篪皆第進士偰哲篤官至江西行省右丞以文學政事稱於時越倫質子善著偰哲篤子偰百僚遜善著子正宗阿兒思蘭皆相繼登第一門世科之盛當時所希有君子蓋以爲其忠義之報云

劉天孚字裕民大名人由中書譯史爲東平總管府判官改都漕運司判官知冠州再如許州所至有治績時檢核屯田臨頴鄧艾口民稻田三百頃有欲害之者指爲右屯陳於中書請復築之中書下天孚按實天孚爲辨其非章數上乃止襄城與葉縣接壤其南爲湛河襄城民食滄鹽葉縣民食解鹽刻石河南

岸以爲界葉縣令有貪汚者妄徙石於北二里誣其民食私鹽繫治百餘家兩縣鬬辨葉縣倚陝漕勢以淩襄城中書遣官察其實天孚爲考其元界移石故處而葉縣令被罪去歲大旱天孚禱卽雨野有蝗天孚令民出捕俄羣烏來啄蝗爲盡明年麥熟時有青蟲如蠶食麥人無可奈何忽生大花蟲盡嚙之許人立碑頌焉轉萬億寶源庫同提舉遷江西行省左右司郎中以母老不赴俄丁母憂服除起知河中府視事始兩月陝西行省丞相阿思罕爲亂舉兵至河中時事起不虞達魯花赤朵兒只趨晉寧告亂天孚日夜治戰守具選丁壯分守要害令河東縣達魯花赤脫因都守大慶關津口盡收船舫東岸令判官孫伯帖木兒守汾陰推官程謙守禹門河東縣尹王文義守風陵等渡阿思罕軍列柵河西岸使來索舟天孚度不能拒凡八遣人至晉寧乞援兵不報居七日阿思罕縛栰河上欲縱火屠城同知府事鐵哥與河東廉訪副使明安答見事急且患城中人偪乃詣阿思罕軍阿思罕因之而斂船濟兵兵既入城阿思罕以扼河渡鎖舟楫爲天孚罪欲脅使附己方坐府治號令諸軍天孚佩刀直前衆

遏之不得進退謂幕僚王從善等曰吾家本微賤荷朝命至此今不幸遭大變吾何忍從之而負上恩哉且與其辱於阿思罕之手吾寧蹈河以死遂拂衣出時天寒河冰方堅天孚拔所佩刀斫冰開北望爲國語若祝謝者再拜已脫衣帽岸㴾乃投水中阿思罕大怒籍其家郡人咸哀痛之事平詔其弟天惠給驛以歸其柩葬於大名贈推誠秉節功臣中奉大夫河東山西道宣慰使護軍彭城郡侯謚毅

蕭景茂漳州龍溪人也性剛直孝友家貧力農重改至元四年南勝縣民李智甫作亂掠龍溪景茂與兄佑集鄉丁拒之據觀音山橋險與賊戰衆敗景茂被執賊脅使從己景茂罵曰狗盜我生爲大元民死作隔洲鬼豈從汝爲逆耶隔洲其所居里也賊怒縛景茂於樹臠其肉使自啖景茂益憤罵賊遂以刀抉其口至耳傍景茂罵不絕聲而死有司上其事朝廷命褒表之仍給錢以葬

元史卷一百九十三

元史卷一百九十四

明翰林學士亞中大夫知制誥兼修國史宋　濂等修

列傳第八十一

忠義二

張桓字彥威真定藁城人父木知汝寧府因家焉桓以國子生釋褐授滑之白馬丞入補中書掾擢國子典簿拜陝西行臺監察御史以言事不合去未幾汝寧盜起桓避之確山賊久知桓名襲獲之羅拜請爲帥弗聽因六日擁至渠魁前桓直趨據榻坐與之抗論逆順其徒捽桓起跪桓仰天大呼詈叱彌厲且屢唾賊面賊猶不忍殺謂桓曰汝但一揖亦恕汝死桓瞋目曰吾恨不能手斬逆首肯聽汝誘脅而折腰哉賊知終不可屈遂刺之年四十八賊後語人曰張御史真鐵漢害之可惜事聞贈禮部尚書謚忠潔

李黼字子威穎人也工部尚書守中之子守中性卞急遇諸子極嚴每一飲酒輒半月醉不解黼百計承順求寧親心終不可得跪而自訟往往達旦無幾微

厭怠之意初補國學生泰定四年遂以明經魁多士授翰林修撰明年代祠西嶽省臣謂黼曰敕使每後我今可易邪黼曰王人雖微春秋序於諸侯之上尊君也柰何後乎省臣不敢對改河南行省檢校官遷禮部主事拜監察御史首言禴祠烝嘗古今大祭今太廟唯二祭而日享佛祠神御非禮也宜據經行之成均教化之基不當隸集賢宜屬省臣兼領諸侯王歲賜有定額分封易代之際陳請恩例世系戚疏無成書可攷宜倣先代修正玉牒皆不報轉江西行省郎中入爲國子監丞遷宣文閣監書博士兼經筵官數與勸講每以聖賢心法爲帝言之俄中書命黼巡視河渠黼上言曰蔡河源出京西宋以轉輸之故平地作堤今河底填淤高出地面秋霖一至橫潰爲災宜按故迹修浚他日東河或有不測之阻江淮運物當由此分道達京萬世之利也亦不報升祕書太監拜禮部侍郎奉旨詳定中外所上封事已而廷議內外官通調授黼江州路總管至正十一年夏五月盜起河南北據徐蔡南陷蘄黃焚掠數千里造船北岸銳意南攻九江居下流實江東西襟喉之地黼治城壕修器械募丁壯分守要

害且上攻守之策於江西行省請兵屯江北以扼賊衝庶幾大江之險賊不得共之不報黼嘆曰吾不知死所矣乃獨椎牛饗士激忠義以作士氣數日之間紀綱粗立十二年正月己未賊渡江陷武昌威順王及省臣相繼遁舳艫蔽江而下江西大震賊乘勝破瑞昌右丞孛羅帖木兒方軍于江聞之遁黼雖孤立辭氣愈奮厲時黃梅縣主簿也孫帖木兒願出擊賊黼大喜向天瀝酒與之誓言始脫口賊游兵已至境急檄諸鄉落聚木石於險塞處遏賊歸路倉卒無號乃墨士卒面統之出戰黼身先士卒大呼陷陣也孫帖木兒繼進賊大敗逐北六十里鄉丁依險阻乘高下木石橫屍蔽路殺獲二萬餘黼還謂左右曰賊不利於陸必由水道以舟薄我苟失備禦吾屬無噍類矣乃以長木數千冒鐵椎於杪暗植沿岸水中逆刺賊舟謂之七星樁會西南風急賊舟數千果揚帆順流鼓譟而至舟遇樁不得動進退無措黼帥將士奮擊發火翎箭射之焚溺死者無算餘舟散走行省上黼功請拜江西行省參政行江州南康等路軍民都總管便宜行事已而賊勢更熾西自荊湖東際淮甸守臣往往棄城遁黼守孤

城提孱旅斬馘扶傷無日不戰中外援絶二月甲申賊將薄城分省平章政事禿堅不花自北門遁黼引兵登陴布戰具賊已至甘棠湖焚西門乃張弩箭射之賊趦趄未敢進轉攻東門黼救東門賊已入與之巷戰知力不敵揮劍叱賊曰殺我毋殺百姓賊自巷背來刺黼墮馬黼與從子秉昭俱罵賊而死郡民聞黼死哭聲震天相率具棺葬于東門外黼死踰月參政之命始下年五十五黼兄冕居潁亦死于賊秉昭冕季子也事聞贈黼攄忠秉義効節功臣資德大夫淮南江北等處行中書省左丞上護軍追封隴西郡公謚忠文詔立廟江州賜額曰崇烈官其子秉方集賢待制

李齊字公平廣平人家甚貧客於江南工辭章元統元年進士第一歷僉河南淮西廉訪司事移知高郵府有政聲至正十年盜突入府驛取十二馬去齊躬追謝長等殺之十一年州人秦觀保造兵仗將圖劫掠復獲而行誅十三年泰州白駒場亭民張士誠爲亂破泰州河南行省遣齊往招降被拘久之賊酋自相殺始縱齊來歸泰州平賊徒尚蠭聚士誠復皷變殺參知政事趙璉掠官庫

民財走入得勝湖俄陷與化縣行省以左丞偰哲篤偕宗王鎮高郵使齊出守甓社湖夏五月乙未數賊入城一譟呼而省憲官皆遁齊急還救城賊已閉門拒我遂連與化接得勝湖舟艦四塞蔓延入寶應縣已而有詔凡叛逆者赦之詔至高郵不得入賊紿曰請李知府來乃受命行省強齊往至則下齊獄中齊益辯說士誠本無降意特遷延爲繕飭計耳官軍諜知之乃進攻城士誠呼齊使跪齊叱曰吾膝如鐵豈肯爲賊屈士誠怒扼之跪齊立而詬之乃曳倒捶碎其膝而咼之論者謂大科三魁若泰不華沒海上李黼隕九江洎齊之死皆不負所學云

褚不華字君實隰州石樓人沉默有器局泰定初補中瑞司譯史授海道副千戶轉嘉興路治中連拜南臺西臺監察御史遷河西道廉訪僉事移淮東未幾陞副使汝潁盜發勢張甚不華行郡至淮安極力爲守禦計賊至多所斬獲且請知樞密院老章判官劉甲守韓信城相犄角爲聲援復上章劾總兵及諸將逗撓之罪朝廷錄其功陞廉訪使階中奉大夫甲有智勇與賊戰輒勝賊憚之

號曰劉鐵頭不華頗賴之總兵者聞不華刻己益恚嫉乃檄甲別將兵擊賊冀
以困不華甲去韓信城陷賊乃掘塹相銜揵水寨以圍我旣而天長青軍叛普
顏帖木爾所統黃軍復叛賊皆挾之來攻不華知事危退入哈刺章營賊稍引
去乃出抵楊村橋賊奄至殺廉訪副使不達失里啖其屍不華以餘兵入淮安
時城之東西南三面皆賊惟北門通沭陽阻赤鯉湖指揮使魏岳楊暹駐兵沭
陽淮安倚其芻餉而赤鯉湖爲賊據沭陽之路又絕賊計孤城可取進柵南鎖
橋不華與元帥張存義出大西門會僉事忽都不花兵突賊柵殊死戰賊敗走
追北二十餘里城中食且絕元帥吳德琇運糧萬斛入河竟爲賊所掠德琇僅
以身免賊與青軍攻圍日益急總兵者屯下邳相去五百里按兵不出凡遣使
十九輩告急皆不聽城中餓者仆道上卽取啖之一切草木螺蛤魚蛙燕烏及
鞾皮鞍韂革箱敗弓之筋皆盡而後父子夫婦老穉更相食撤屋爲薪人多露
處坊陌生荊棘力旣盡城陷不華猶據西門力鬬中傷見執爲賊所臠次子伴
哥冒刃護之亦見殺時至正十六年十月乙丑也不華守淮安五年殆數十百

戰精忠大節人比之張巡云朝廷聞之贈翰林學士承旨榮祿大夫柱國追封衛國公諡曰忠肅賻鈔二百錠以卹其家

郭嘉字元禮濮陽人祖昂父惠俱以戰功顯嘉慷慨有大志始由國子生登泰定三年進士第授彰德路林州判官累遷翰林國史院編修官除廣東道宣慰使司都元帥府經歷未幾入爲京畿漕運使司副使尋拜監察御史會朝廷以海寇起欲於浙東温台慶元等路立水軍萬戶鎮之衆論紛紜莫定擢嘉禮部員外郎乘驛至慶元與江浙行省會議可否嘉至首詢父老知其弗便請罷之會方擇守令綏靖遼東乃授嘉廣寧路總管兼諸奧魯勸農防禦禦屬盜起軍旅數與供餉無虛日民苦和糴轉輸而吏胥得因時爲奸嘉設法計其戶口第其甲乙民甚便之有詔團結義兵嘉招集民數千教以坐作進退萬千百夫各統以長號令齊一賞罰明信故東方諸郡錢糧之富甲兵之精稱嘉爲最十八年寇陷上京嘉聞之躬率義兵出禦既而遼陽陷嘉將衆巡邏去城十五里遇青號隊伍百餘人給言官軍嘉疑其詐俄果脫青衣變紅嘉出馬射賊分兵兩隊聚

而夾攻之生擒賊數百死者無算嘉見賊勢日熾孤城無援乃集同官議攻守之計衆皆失措嘉曰吾計決矣因竭家所有衣服財物犒義士以勵其勇敢且曰自我祖宗有勳王室今之盡忠吾分內事也況身守此土當生死以之餘不足恤矣頃之賊至圍城亙數十里有大呼者曰遼陽我得矣何不出降嘉挽弓射呼者中其左頰墮馬死賊稍引退嘉遂開西門逐之賊大至力戰以死事聞贈崇化宣力効忠功臣資善大夫河南江北等處行省左丞上護軍封太原郡公諡忠烈

喜同周姓河西人初爲後宮衞士衆稱其才選充承徽寺經歷再調南陽縣達魯花赤居二歲妖賊起陷鄧州人情洶洶俄而賊鋒抵南陽南陽無城無兵賊入之若虛邑喜同以計獲數賊詰之云賊將大至悉斬之以安衆心晝夜督丁壯巡邏守備時大司農錢木爾以兵駐于諸葛菴爲賊所襲死之賊遂乘銳取南陽喜同守西門望見賊勢盛卽以死自許與家人訣曰吾與汝等不能相顧矣但各逃生吾分死此以報國也已而城中皆哭喜同策厲義兵奮力與賊搏

賊退去明日復至與戰甚力殺賊凡數百賊知無後援戰愈急南陽遂陷喜同突圍將自拔賊橫刺其馬馬蹶喜同鞭馬躍而起手斬刺馬者俄而爲他賊所追身被數創不能鬭遂見執爲所殺妻邢氏聞喜同力戰死帥家僮數人出走遇賊奪賊刀斫之且罵且前亦見殺一家死者二十餘人贈南陽路判官時襄陽錄事司達魯花赤塔不台字彥暉者元統元年進士魏王軍汝亳塔不台來供餉王嗜酒輕戰備一夕賊劫王王臥未能起爲所執塔不台馳騎奪王亦爲賊所得比明見賊酋王拜乞活塔不台以足蹴王曰猶欲生乎賊復屈其拜塔不台拒而詬之且與縛者角遂支解

韓因字可宗汴梁人少習舉子業負氣不羣盜據汝寧官軍討之久不下會朝廷詔赦叛逆募可持詔入賊者卽借以官因應命乃借因以唐州判官使焉賊渠恐其黨心搖導因止于外納詔不讀詰問再三因答以恩宥寬大禍福所係甚切不聽乃縱因歸報因出乘馬周賊屯大言曰汝輩好百姓何不出降歸田里而甘從逆賊驅使耶衆愕眙相顧或以告賊渠渠追因責其所言因極口肆

詈賊怒寸割因

卞琛大名人世爲農夫早游學京師得補國子生既而丁母憂治農于家至正十二年鄰郡盜起未幾來剽掠琛與從子小十府史李仲亨等協謀統丁壯數百人擊賊丁壯皆民兵無弓矢之備直以鉤鉏白鋌當賊賊矢雨集琛衆潰散被擒仲亨小十皆死賊素知琛諭之曰汝從我解汝縛不從殺汝琛唾罵曰我國子生也視汝逆賊真狗彘也吾寧義死不從賊生罵不止賊屢脅不聽殺之

喬彝字仲常晉寧人性高介有守一時名稱籍甚至正十八年賊由絳州垣曲縣襲晉寧城陷城中死者十二三彝整冠衣聚妻子家有大井彝坐井上令妻子婢輩循次投井中而已隨赴之彝既死賊首王士誠使人卽彝家邀致之至則彝已死矣賊平朝廷贈彝臨汾縣尹賜謚純潔有張嵓起王佐者皆士人也並以不屈賊而死嵓起字傳霖汾州人累舉不中嘗用薦者徵爲國子助教居一歲免歸盜既去晉寧復陷汾州嵓起與妻赴井死王佐字元輔晉寧人從父居上都教授里巷不與時俯仰會賊至倉卒不能避爲所獲欲降之佐傲岸自

如詬賊不輟因見害又有吳德新者字止善建昌人工醫留京師久之常往寧夏會盜至德新見執脅使降德新厲聲曰我生爲皇元人死作皇元鬼誓不從爾賊賊乃縛其兩手加白刃頸上迫其畏屈德新罵不已乃曳之井上陽欲擠之德新偶得寬卽自投井中仰罵賊賊下射矢貫其頂罵益力賊怒以長槍刺之然亦壯其志憐其死曰此眞丈夫也以土埋井而去

顏瑜字德潤兗州曲阜人兗國復聖公五十七代孫也以行誼用舉者爲鄒及陽曲兩縣教諭至正十八年田豐起山東瑜攜家走鄆城道遇賊以刃來脅瑜曰爾何人瑜曰我東魯書生也賊執瑜曰爾書生吾不爾殺可從我見主帥瑜罵曰爾賊何主帥邪賊怒欲殺瑜瑜無懼色復使之寫旗瑜大詬曰爾大元百姓天下亂募爾爲兵而反爲叛逆我腕可斷豈能爲爾寫旗從逆乎賊以槍刺瑜至死罵不絕口其妻子皆爲所害又有曹彥可者亳州人會妖寇起里中多田野無賴子目不知書者旣破亳揭帛于竿皆羣趨彥可家劫之使寫旗彥可力辭乃迫以刀斧彥可唾之曰我儒者知有君父寧死耳豈爲汝寫旗者耶賊

怒遂見害年七十矣其家素貧又死於亂藁殯其尸賊既定有司具以事聞中書爲給貲以葬賜謚節愍

王士元字堯佐恩州人泰定四年進士由棣州判官累遷知磁州值軍興餽餉需索日繁民不堪命士元心念其民力爲區畫至爲將士陵辱訶責弗避也改知濬州州濱黃河嘗經盜賊城堞不完市井空荒士元邑邑不得志而臨事未嘗易其素至正十七年賊復迫濬州州兵悉潰散士元坐堂上顧其子致徽使避賊曰吾守臣居此職也若可逃生子侍立不忍去賊前問曰爾爲誰士元叱曰我王知州也強賊識我否賊欲縛士元士元奮拳毆賊賊怒并其子殺之

楊樸字文素河南人早以文學得推擇爲吏仕至滁州全椒縣尹滁界廬江廬江陷於寇滁人震動行省參政也先總兵于滁不理軍事唯縱飲至暮城門不鑰寇入縱火猶張燭揮杯急踰城出走樸度必死乃盡殺其妻女朝服坐堂上盜欲降之樸指妻女示曰我已戕我屬政欲死官守耳尚何云云乃連唾之賊縶樸倒懸樹上而割其肉至盡猶大罵弗絕

趙璉字伯器宏偉之孫也至治元年登進士第授嵩州判官再調汴梁路祥符縣尹入爲國子助教累遷湖廣行省左右司郎中除杭州路總管杭於東南爲劇郡地大民夥長吏多不稱其職璉爲人強毅開敏精力絕人吏莫不服其明決而不敢欺浙右病於徭役民充坊里正者皆破其家朝廷令行省召八郡守集議便民之法璉獻議以屬縣坊正爲雇役里正用田賦以均之民咸以爲便有盜誘其同惡持刃出市斫人以索金市民乃戶斂以予之人無敢言者璉曰此不可長也遣卒掩捕之盡戮諸市踰年召拜吏部侍郎杭人思之刻其政績于碑歷中書左司郎中除禮部尚書尋遷戶部拜參議中書省事出爲山北遼東道廉訪使是時河南兵起湖廣荊襄皆陷而兩淮亦騷動朝廷乃析河南地立淮南江北行省于揚州以璉參知政事璉方病水腫卽輿疾而行既至分省鎮淮安又移鎮眞州會張士誠爲亂突起海濱陷泰州興化行省遣兵討之不克乃命高郵知府李齊往招諭之士誠因請降行省授以民職且乞從征討以自効遂移璉鎮泰州璉乃趣士誠治戈船趨濠泗士誠疑憚不肯發又覘知璉

無備遂復反夜四皷縱火登城璉力疾捫佩刀上馬與賊鬭市衢賊圍璉邀至其船璉詰之曰汝輩罪在不赦今既宥爾誅戮又錫以名爵朝廷何負於汝乃既降復反邪汝棄信逆天滅不旋踵我執政大臣豈爲汝賊輩屈乎即馳騎奮擊賊賊以槊撞璉墜地欲舁登其舟璉瞋目大罵遂死之其僕揚兒以身蔽璉亦俱死及亂定州民收其屍歸殯于真州事聞賻鈔三百錠仍官其子錡弟琬字仲德仕至台州路總管至正二十七年方國瑛以舟挾琬至黃巖琬潛登白龍奥舍於民家絶粒不食人勸之食輒瞑目卻之七日而死

孫撝字自謙曹州人至正二年進士授濟寧路錄事張士誠據高郵叛或謂其有降意朝廷擇烏馬兒爲使招諭士誠而用撝爲輔行撝家居不知也中書借撝集賢待制給驛就其家起之撝強行抵高郵士誠不迓詔使撝等既入城反覆開諭士誠等皆竦然以聽已而拘之他室或日一饋食或間日一饋食欲以降撝撝唯詬斥而已乃令其黨捶撝肆其陵辱撝不卹也及士誠徙平江撝與士誠部將張茂先謀將撝所授站馬劄子遣壯士浦四許誠赴鎮南王府約日

進兵復高郵謀泄執撟訊問撟罵聲不絕竟爲所害後賊中見失節者輒自相
咄曰此豈孫待制耶事聞贈翰林待讀學士中奉大夫護軍追封曹南郡公諡
忠烈賜田三頃恤其家

石普字元周徐州人至正五年進士授國史院編修官改經正監經歷淮東西
盜起朝廷方用兵普以將略稱同僉樞密院事董鑰嘗薦其材會丞相脫脫討
徐州以普從行徐平錄功遷兵部主事尋陞樞密院都事從樞密院官守淮安
時張士誠據高郵普詣丞相面陳破賊之策且曰高郵負重湖之險地皆沮洳
騎兵卒莫能前與普步兵三萬保取之高郵既平則濠泗易破普請先驅爲天
下忠義倡丞相壯之命權山東義兵萬戶府事招民義萬人以行而汝中柏者
方用事陰沮之減其軍半初令普便宜行事及行又使聽淮南行省節制普行
次范水砦日未夕普令軍中具食夜漏三刻下令銜枚趨寶應其營中更鼓如
平時抵縣即登城樹幟城上賊大驚潰因撫安其民由是諸將疾普功水陸進
兵乘勝拔十餘砦斬賊數百將抵高郵城分兵三隊一趨城東備水戰一爲奇

兵虞後一普自將攻北門遇賊與戰賊不能支遁入城普先士卒躡之縱火燒
關門賊懼謀棄城走而援軍望之按不進且忌普成功總兵者遣蒙古軍千騎
突出普軍前欲收先入之功而賊以死扞蒙古軍恇怯即馳回普止之不可遂
爲賊所蹂踐率墜水中普軍亂賊乘之普勒餘兵血戰良久仗劍大呼曰大丈
夫當爲國死有不進前者斬奮擊直入賊陣中從者僅三十人至日西援絶被
創墮馬復步戰數合賊益至賊指曰此必頭目不可使逸須生致之普叱曰死
賊奴我即石都事何云頭目左脅爲賊鎗所中猶手握其鎗斫賊死賊衆攢鎗
以刺普普與從者皆力戰俱死之
盛昭字克明歸德人由儒學官累遷淮南行省照磨會詔使往高郵不得達而
還謬稱賊已迎拜但乞名爵耳行省不虞其欺乃遣昭入高郵授所與士誠官
士誠拒不聽拘諸舟中昭語所從吏曰吾之止此有死而已既而官軍逼高郵
士誠授昭以兵使出拒官軍昭叱曰吾奉命招諭汝汝拘留詔使罪不容斬又
欲吾從汝爲賊耶大罵不絶口賊怒先剜其臂肉而後磔之

楊乘字文載濱州渤海人至正初爲介休縣尹民饑散爲盜乘立法招之使自新皆棄兵頓首願爲良民其後累官江浙行省左右司員外郎坐海寇掠漕糧舟免官寓居松江張士誠入平江其徒郭艮弼董綬言乘于士誠士誠遣張經招乘乘曰艮弼綬皆名臣今已失節顧欲引我以濟其惡耶且讓經平日讀書云何經俛首不能對乘日與客痛飲竟日不言客問盍行乎乘曰乘以一小吏致身顯官有死而已尚何行之有經促其行愈急乘乃整衣冠自經死年六十四

納速剌丁字士瞻其父馬合木從征襄陽以勞擢濬州達魯花赤因家大名納速剌丁起身鄉貢進士補淮東廉訪司書吏丁母憂服闋補兩浙鹽運司掾復辟掾淮東宣慰司至正十年賊發真州納速剌丁以民兵往襲之獲賊四十二人已而泰州賊大起鎮南王府宣慰司請參議軍事納速剌丁建議築四城立外寨撻提穿河募兵與賊抗行省檄其提戰艦六十海舟十四上下巡捕以固江面且護蒙古軍五百往江寧道遇賊斬擊二百餘級生獲十八人遂抵龍潭

而還未幾出邏江上賊突至馳船來鬭納速剌丁手射死三十賊奪其放火小
船二百賊因遁走俄復據龍潭口又擊走之追斬三百餘級其子寶童擒首賊
陳亞虎等及其號旗捷聞賞賚良渥且召納速剌丁還真州而賊犯蕪湖南行
臺檄使來援乃以兵赴及至賊船已薄岸遂三分戰艦縱擊之賊奔潰俘斬甚
衆賊不得渡江者多納速剌丁之功也因留守蕪湖江口泰州李二起行省移
之捍高郵得勝湖賊船七十餘柁乘風而來即前擊之焚其二十餘船賊潰去
李二失援遂降其黨張士誠殺李二復爲亂戕參政趙璉入據與化而水陸襲
高郵屯兵東門納速剌丁以舟師會諸軍討之距三垛鎮賊衆猝至納速剌丁
麾兵挫其鋒後賊鼓譟而前乃發火箭火鏃射之死者蔽流而下賊繚船於背
盡力來攻而阿速衛軍及真滁萬戶府等官見賊勢熾皆遁走納速剌丁顧必
死謂其三子寶童海魯丁西山驢曰汝輩可脫走寶童等不肯去遂皆死之省
憲爲聘其家事聞贈納速剌丁淮西元帥府經歷

元史卷一百九十五

明翰林學士亞中大夫知制誥兼修國史宋　濂等修

列傳第八十二

忠義三

伯顏不花的斤字蒼崖畏吾兒氏駙馬都尉中書丞相封高昌王雪雪的斤之孫駙馬都尉江浙行省丞相封荆南王朶爾的斤之子也倜儻好學曉音律初用父廕同知信州路事又移建德路會徽寇犯遂安伯顏不花的斤將義兵平之又擒淳安叛賊方清之以功陞本路總管至正十六年授衢州路達魯花赤明年行樞密院判官阿魯灰引兵經衢州軍無紀律所過輒大剽掠伯顏不花的斤曰阿魯灰以官軍而爲民患此國賊也可縱之乎乃帥兵逐之出境郡賴以寧陞浙東都元帥守禦衢州頃之擢江東道廉訪副使階中大夫十八年二月江西陳友諒遣賊黨王奉國等號二十萬寇信州明年正月伯顏不花的斤自衢引兵援焉及至遇奉國城東力戰破走之時鎮南王子大聖奴樞密院判

官席閭等屯兵城中聞伯顏不花的斤至爭開門出迎羅拜馬前伯顏不花的
斤登城四顧誓以破賊自許後數日賊復來攻城伯顏不花的斤大饗士卒約
曰今日破賊不用命者斬乃命大都閭將阿速諸軍及民義為左翼出南門高
義范則忠將信陽一軍為右翼出北門自與忽都不花將沿海諸軍為中軍出
西門部伍旣整因奮擊入賊營斬首數千級賊亂幾擒奉國適賊將突至我軍
入其營者咸沒其勢將殆忽都不花復勒兵力戰大破之二月友諒弟友德營
于城東繞城植木柵攻我益急又遣僞萬戶周伯嘉來說降高義潛與之通紿
忽都不花等謂與奉國相見則兵釁可解忽都不花信之率則忠等十人往見
奉國因之不遣明日奉國令高義以計來誘伯顏不花的斤時伯顏不花的斤
坐城上見高義單騎來伯顏不花的斤謂曰汝誘十帥無一人還今復來誘我
耶我頭可斷足不可移乃數其罪斬之由是日夜與賊鏖戰糧竭矢盡而氣不
少衰夏四月有大呼於城下者曰有詔參謀海魯丁臨城問之曰何來曰江西
來海魯丁曰如此乃賊耳吾元朝臣子可受爾僞詔乎呼者曰我主聞信州久

不下知爾忠義故來詔爾徒守空城欲何爲耶海魯丁曰汝聞張睢陽事乎僑使者不答而去伯顏不花的斤笑曰賊欲我降爾城存與存城亡與亡吾計之熟矣時軍民唯食草苗茶紙既盡括靴底煑食之又盡掘鼠羅雀及殺老弱以食五月大破賊兵六月奉國親來攻城晝夜不息者踰旬賊皆穴地百餘所或魚貫梯城而上伯顏不花的斤登城麾兵拒之已而士卒力疲不能戰萬戶顧馬兒以城叛城遂陷席閏出降大聖奴海魯丁皆死之伯顏不花的斤力戰不勝遂自刎其部將蔡誠盡殺妻子及蔣廣奮力巷戰誠遇害死廣爲奉國所執愛廣勇敢使之降廣曰我寧爲忠死不爲降生汝等草中一盜爾吾豈屈汝乎賊怒磔廣于竿廣大罵而絕有陳受者信小民也伯顏不花的斤知受有膂力募爲義兵尋戰敗爲賊擒痛罵不屈賊焚殺之先是伯顏不花的斤之援信州也嘗南望泣下曰我爲天子司憲視彼城之危急忍坐視乎吾知上報天子下拯生民餘皆無可恤所念者太夫人耳即日入拜其母鮮于氏曰兒今不得事母矣母曰爾爲忠臣吾即死復何憾鮮于氏太常典簿樞之女也伯顏不花的

斤因命子也先不花奉其母間道入福建以江東廉訪司印送行御史臺遂力守孤城而死朝廷賜謚曰桓敏

樊執敬字時中濟寧鄆城人性警敏好學由國子生擢授經郎嘗見帝師不拜或誚之曰帝師天子素崇重王公大臣見必俯伏作禮公獨不拜何也執敬曰吾孔氏之徒知尊孔氏而已何拜異教爲歷官至侍御史至正七年擢山南道廉訪使俄移湖北道十年授江浙行省參知政事十二年二月督海運于平江十日將發官大宴犒于海口俄有客船自外至驗其券信令入而不虞其爲海寇也既入港卽縱火鼓譟時變起倉猝軍民擾亂賊竟焚舟劫糧以去執敬既走入崐山自咎於失防心鬱鬱不解及還省而昱嶺關有警平章政事月魯帖木兒引軍拒之賊不得進月魯帖木兒俄以疾卒賊遂犯餘杭執敬時已被命討賊海上至是事急不得舍去與平章政事定定治事省中調兵出戰皆不利掾史蘇友龍素抗直有爲進言於執敬曰賊且至城內空虛無備奈何執敬曰吾淬礪戈矛當殲賊以報國儻或不克有死而已何畏哉俄報賊已至執敬遽

上馬帥衆而出中途與賊遇乃射死賊四人賊又逐之射死三人已而賊來方盛塡咽街巷且縱火衆皆潰去賊知其無援呼執敬降執敬怒叱之曰逆賊守關吏不謹汝得至此恨不碎汝萬段何謂降耶乃奮刀斫賊因中槍而墮從僕田也先馳救之亦中槍死事聞贈翰林學士承旨榮祿大夫柱國追封魯國公諡

全普庵撒里字子仁高昌人初爲中書省檢校時太師汪家奴擅權用事臺諫無敢言者普庵撒里獨於衆中歷數其過諤諤無懼色拜監察御史卽首劾汪家奴十罪乃見黜然而氣節益自振不以摧衂遂阻歷詆權貴朝臣莫不畏慄出爲廣東廉訪使尋除兵部尚書未幾授贛州路達魯花赤至郡發擿奸惡一郡肅然至正十一年頴州盜起卽修築城壘旬月之間守禦之具畢備於是發公帑募勇士得兵三千人日練習之皆可用屬邑有爲賊所陷者往往遣兵復之境內悉安十六年以功拜江西行省參政分省於贛十八年江西下流諸郡皆爲陳友諒所據乃與總管哈海赤戮力同守友諒遣其將幸文才率兵圍贛

使人齎之降普庵撒里斬其使日擐甲登城拒之力戰凡四月兵少食盡義兵
萬戶馬合某沙欲舉城降賊普庵撒里不從遂自剄事聞朝廷贈諡曰儆哀哈
海赤守贛尤有功城陷之日賊將齎之使降哈海赤謂之曰與汝戰者我也爾
賊毋殺贛民當速殺我耳遂見殺
周鏜字以聲瀏陽州人篤學通春秋登泰定四年進士第授衡陽縣丞再調大
冶縣尹縣有豪民持官府短長號爲難治鏜狀若恇懦而毅然有威不可犯抑
豪強惠窮民治行遂爲諸縣最累遷國子助教會修功臣列傳擢翰林國史編
修官乃出爲四川行省儒學提舉便道還家無何盜起湖南北郡縣皆陷瀏陽
無城守盜至民皆驚竄鏜告其兄弟使遠引自謂我受國恩脫不幸必死毋爲
相累也賊至得鏜欲推以爲主鏜唯瞠目厲聲大罵賊知其不可屈乃殺之鏜
同時有謝一魯字至道者亦瀏陽人至元乙亥鄉貢進士嘗爲石林書院山長
賊陷潭州一魯奉親匿岩谷中官兵復郡邑亡者稍歸乃還理故業俄而賊復
至生縛一魯一魯罵賊甚厲舉家咸遇害

聶炳字韞夫江夏人元統元年進士授承事郞同知平昌州事炳蚤孤其母改適自平昌還始知之卽迎其母以歸久之轉寶慶路推官會峒猺寇邊湖廣行省右丞禿赤統兵討之屯于武岡以炳攝分省理問官悍卒所至掠民爲俘炳言于禿赤釋其無驗者數千人至正十二年遷知荆門州纔半歲淮漢賊起荆門不守炳出募士兵得衆七萬復荆門又與四川行省平章政事咬住復江陵其功居多旣而蘄黃安陸之賊其勢復振賊將俞君正合兵來攻荆門炳率孤軍晝夜血戰援絕城陷爲賊所執極口罵不絕賊以刀抉其齒盡乃斷左臂而支解之未幾賊陷潛江縣達魯花赤明安達爾率勇敢出擊擒其僞將劉萬戶進營蘆洑賊衆奄至出鬭死其家殲焉一子桂山海牙懷印綬去得免明安達爾唐兀氏字士元炳同年進士由宿州判官再轉爲潛江云

劉畊孫字存吾茶陵州人至順元年進士授承事郞桂陽路臨武縣尹臨武近蠻獠畊孫至召父老告之曰吾儒士也今爲汝邑尹爾父老當體吾教訓其子弟孝弟力田暇則事詩書毋自棄以干吾政乃爲建學校求民間俊秀教之設

俎豆習禮讓三年文化大興邑有茶課歲不過五錠後增至五十錠畊孫言于
朝除其額歷建德徽州瑞州三路推官所至詳讞疑獄其政績卓然者甚衆至
正十二年春蘄黄賊攻破湖南畊孫傾家貲募義丁以援茶陵賊至輒却故茶
陵久不失守十五年轉儒林郎寧國路推官歲饑勸富民發粟賑之活者萬計
會長鎗瑣南班程述謝壐等攻寧國畊孫分守城西南日署府事夜率兵乘城
固守江浙行省遣參知政事吉尼哥兒來援至則兵已疲矣城恃有援不爲備
瑣南班知之夜四鼓引衆緣堞而上城遂陷畊孫力戰遇害弟壽孫以國學生
下第授常寧州儒學正湖南陷常寧長吏棄城走民奉印請壽孫爲城守城賴
以完者一年外援俱絕死之長子碩爲武昌江夏縣魯湖大使起義兵援茶陵
亦死之
俞述祖字紹芳慶元象山人由翰林書寫考滿調廣東元帥府都事入爲國史
院編修官已而出爲沔陽府推官至正十二年蘄黄賊迫州境述祖領民兵守
綠水洪并力捍禦之兵力不支沔陽城陷民兵悉潰述祖爲賊所執械至其僞

主徐壽輝所誘之使降述祖罵不輟壽輝怒支解之有子方五歲亦死事聞贈

奉訓大夫禮部郎中象山縣男

桂完澤者永嘉人嘗從江西左丞李朶兒留京師得爲平江路管軍鎭撫爲仇家所訴免官會賊攻昱嶺關行省遂假前官令從征完澤勇于討賊凡再戰鬬下皆勝尋又與賊鬬爲所執其妻弟金德亦被擒皆反縛于樹臨以白刃脅之降金德意未決完澤呼曰金舅男子漢即死不可聽賊德曰此言最是因大罵賊怒剖二人之腹而死

丑閭字時中蒙古氏登元統元年進士第累官京畿漕運副使出知安陸府至正十二年蘄賊魯法興犯安陸時丑閭募兵得數百人帥以拒賊敗賊前隊乘勝追之而賊自他門入亟還兵則城中火起軍民潰亂計不可遏乃歸服朝服出坐公堂賊脅以白刃丑閭猶喻以逆順一賊排丑閭下使拜不屈且怒罵賊酋不忍害拘之明日又逼其從亂丑閭疾叱曰吾守土臣寧從汝賊乎賊怒以刀斫丑閭左脅斷而死賊憤其不降復以布囊囊其屍舁置其家丑閭妻侯氏

出大哭且列酒肉滿前渴者令飲酒饑者令食肉以紿賊之不防已至夜自經
死事聞贈丑閭河南行省參知政事贈侯氏寧夏郡夫人立表其門曰雙節有
馮三者湖廣省一公使也素不知書湖廣爲寇陷皁隸輩悉起剽殺爲盜亦拉
三以從三辭曰賊名惡我等豈可爲衆初強之終弗從怒將殺之三遂唾罵賊
乃縛諸十字木舁之以行而刲其肉三益罵不止抵江上斷其喉委去其妻隨
三號泣俯拾刲肉納布裙中伺賊遠收三血骸脫衣裹之大泣投江而死
孛羅帖木兒字國賓高昌人由宿衞補官十三轉而爲江東廉訪副使以選爲
襄陽路達魯花赤至正十一年盜起汝頴均州鄖縣人田端子等亦聚衆殺官
吏孛羅帖木兒將民兵捕斬之未幾行省廉訪司同檄孛羅帖木兒以其所領
兵會諸軍於均房同討賊賊始退而穀城光化以急告卽帥兵趨穀城而分遣
樊城主簿脫因等趨光化且遣使求糧於襄陽不應遣同知也先不花促之又
不應軍乏食不能行乃駐于柴店復遣從子馬哈失力往告詞甚苦切廉訪分
司王僉事本路總管柴順禮怒其責望械之適紐真來獻光化所獲首級且言

孛羅帖木兒在穀城與賊相持未知存歿宜急濟其糧少緩恐弗及矣於是脫
二人械遣還而命也先不花與萬戶也先帖木耳率數千人會孛羅帖木兒以
討賊明年正月襄陽失守也先不花等聞之驚潰孛羅帖木兒領義兵二百人
且戰且引至監利縣遇沔陽府達魯花赤咬住同知三山安陸府同知燕只不
花荆襄提舉相哥失力之師時濱江有船千餘乃糾合諸義兵丁壯水工五千
餘人畀以軍號給以刀矟具哨馬五十水陸繼進比至石首縣聞中興路亦陷
乃議趍岳州就元帥帖桀而道阻不得前仍趍襄陽賊方駐楊湖港乘其不虞
擊之獲其船二十七艘生擒賊黨劉咬兒訊得其情進次潛江縣又斬賊數百
級獲三十餘船梟賊將劉萬戶許堂主等是日甫止兵未食而賊大至與戰抵
暮咬住等軍各當一面不能救孛羅帖木兒被重創麾馬哈失力使去曰吾以
死報國汝無留此馬哈失力泣曰死生從叔父旣而孛羅帖木兒被執賊請同
爲逆孛羅帖木兒怒罵之遂遇害馬哈失力帥家奴求其尸復與賊戰俱沒于
陣舉家死者凡二十六人

彭庭堅字允誠温州瑞安人擢至正四年進士第授承事郎同知沂州事毀牛
皇神祠驅鄰郡上馬賊免民橫急徵歛民甚便之俄以平反獄囚忤上官意遂
棄去十年詔選守令以建寧路崇安縣尹起庭堅于家屬鉛山寇周戸竊發犯
閩關庭堅禦之有法寇不入境十一年陞同知建寧路總管府事江西寇熾庭
堅率民兵克復建陽又進兵平浦城十二年攝僉都元帥府事與邵武路總管
吳按攤不花夾攻邵武庭堅設雲梯火礮晝夜攻擊寇遁追斬渠兇董元帥鐵
和尙童昌邵武悉平總兵官江浙參政章嘉上功于朝陞同知福建道宣慰使
司副都元帥鎭邵武冬寇陷建寧縣十三年庭堅統建陽崇安浦城三縣民兵
次泰寧寇懼請降復建寧縣還師邵武江浙行省檄庭堅節制建寧邵武二郡
諸軍十四年盜侵政和松溪江南行臺中丞吳鐸督軍建寧檄庭堅至時鎭撫
萬戸岳煥隸麾下煥素悍縱卒爲暴庭堅欲繩以法煥懼使部卒乘其不備詐
爲賊兵突入交鋒衆皆潰庭堅獨留不去遂遇害死年四十三故吏張椿儒士
夏志行江晃奉柩還崇安民哀泣如喪父母立祠像歲時祭禱數降靈響旁邑

立祠亦如之南行臺監察御史余觀行部巡察獲其賊斬之爲上其事贈中奉
大夫福建道宣慰使都元帥封忠愍侯
王伯顏字伯敬濱州霑化人由湖廣省宣使歷永州祁陽湖州烏程縣尹信州
推官至正九年遷知福寧州居三歲陞福建鹽運副使將行憲府以時方俶擾
留伯顏仍領州事未幾賊自邵武間道偪福寧乃與監州阿撒都剌募壯兵五
萬分扼險阻賊至楊梅嶺立柵伯顏與子相馳破之賊帥王善俄擁衆直壓州
西門胥隸皆解散伯顏麾下唯白梃市兒數百人爾伯顏射賊不復反顧賊以
長鎗舂馬馬仆遂見執善說伯顏曰聞公有惠政此州那可無尹公爲我尹可
乎伯顏訶善曰我天子命官不幸失守義當死肯從汝反乎善怒叱左右搤以
跪弗屈遂毆之伯顏嚼舌出血噀善面罵曰反賊殺卽殺何以毆爲吾民天民
也汝不可害大丞相親討叛逆百萬之師雷擊電掃汝輩小醜將無遺種顧敢
爾邪賊亦執阿撒都剌至善厲聲責其拒鬭噤不能對伯顏復唾善曰我殺賊
何言拒邪我死當爲神以殺汝言訖挺頸受刃頸斷涌白液如乳暴屍數日色

不變州人哭聲連巷賊既殺阿撒都剌欲釋相官之相詈曰吾與汝不共戴天恨不寸斬汝我受汝官邪賊殺之相妻潘氏挈二女爲賊所獲亦罵賊母子同死伯顏既死賊時覘其引兵出入明年州有僧林德誠者起兵討賊乃望空嘑曰王州尹王州尹宜率陰兵助我斬賊時賊正祠神覘紅衣軍來以爲僞帥康將軍亟往迎之無有也四面皆青衣官軍賊大敗斬其酋江二蠻福寧遂平事聞贈嘉議大夫濟南路總管上輕車都尉追封太原郡侯

劉濬字濟川其先與州人曾祖海金進士第一人仕至河南府尹死于國難子孫遂家河南濬由廉訪司書吏調連江縣寧善鄉巡檢至正十三年江西賊帥王善寇閩官軍守羅源縣拒之羅源與連江接壤勢將迫濬妻眞定史氏故相家女也有才識謂濬曰事急矣可聚兵以捍一方於是盡出奩中物募壯士百餘命仲子健將之浹旬間衆至數萬賊尋破羅源分兩道攻福州濬拒之辰山三戰三捷俄聞福州陷衆多潰去濬獨帥健兵進遇賊于中麻突其陣斬前鋒五人賊兵大至鏖戰三時頃濬中箭墮馬健下馬掖之俱被獲濬怒戟手大罵

賊縛濬階下先斫手一指罵彌厲再斫一指亦如之指且盡斫兩腕次及兩足濬色不少變罵聲猶不絕遂割其喉舌而死健亦以死拒賊善義之舍健使斂濬屍瘞之健歸請兵於帥府以復父讎弗聽健盡散家貲結死士百人詐爲工商流丐入賊中夜半發火大譟賊驚擾自相屠戮健手斬殺其父者張破四弁擒善及寇首陳伯祥來獻磔之事聞贈濬福建行省檢校官授健古田縣尹官爲濬立祠福州北門外有司歲時致祭云

朵里不花字端甫蒙古人始爲宿衞官累歷顯要擢遼陽行省右丞陞平政章事陳友諒陷江西詔拜江西行省平章政事與平章政事阿兒渾沙等分道進討遂泛海南下趨廣東駐師揭陽降土寇金元祐招復循梅惠三州之寇承制官其酋長俾治賊以給兵食又別規粟四千石輸送京師自是英肇欽連諸郡皆附且治兵由梅嶺以圖江西而元祐有異志託以鎮服其土遮道固留先是制書命劉巨海僉廣東元帥府事未發元祐竊取易其名私畀猺賊劉文遠誘與偕亂事覺文遠伏誅而元祐及其弟元泰子榮竄匿不獲俄榮率外賊突入

奪符信殺官吏變起倉卒衆莫能支朶里不花與參政楊泰元等勒兵拒戰而賊來益衆朶里不花爲鎗所中創甚其子達蘭不花率麾下力與抗死之朶里不花遂被執擁至太平橋罵不絕口遂爲賊殺其妻卜顏氏妾高麗氏在側不去皆大罵曰我平章遇爾父子厚矣爾父子何暴逆至此亦皆遇害其部將哈乞吳普顏阿剌不花歹不花等俱戰死

野峻台其父世延自有傳由四川行省左右司郎中西行臺監察御史河西廉訪副使轉黃州路總管湖廣旣陷朝廷察其材升四川行省參政命與平章咬住討賊咬住軍五千乃分銳卒八百使野峻台爲前驅賊方據巴東縣攻拔之是時歸峽等州皆爲賊所守野峻台破賊江上斬溺無算已而歸峽平又進拔枝江松滋兩縣乘勝趨江陵賊出陣淸水門鏖戰至夕賊退入城乃據其門竢咬住軍至黎明賊出戰三時頃咬住軍止百步外不救賊飛槍刺之遂死事聞贈榮祿大夫陝西行省平章政事柱國追封涼國公諡忠壯

陳君用字子材延平人少負氣勇猛過人紅巾起江淮由撫盱入閩閩閫授君

用南平縣尹給錢伍萬緡俾募千兵君用散家財繼之導官軍復建陽浦城等縣以功授同知建寧路事亡何賊圍福州君用率兵往援大敗賊衆廉訪僉事郭興祖佩君用明珠虎符使權同知副都元帥遂引兵踰北嶺至連江阻水而陣君用曰今日不盡殺賊吾不復生還矣乃率壯士六十人徒涉斬殺賊稍潰既而復合君用大呼轉戰中槍而死事聞贈懷遠大將軍浙東道宣慰司同知副元帥輕車都尉頴川郡侯謚忠毅

卜理牙敦北庭人累官至山南廉訪使治中興中興爲江漢藩屏卜理牙敦每按臨所部威惠翕然至正十二年寇犯中興卜理牙敦以兵與抗射賊多死賊稍退明日復擁衆來襲東門卜理牙敦力與之戰被執不屈而死又明日賊復來攻前中興判官上都統兵出擊之既而東門失守上都倉皇反鬭力屈賊執之使降上都大罵賊怒刳其腹封其肉而死

潮海扎剌台氏由國子生入官爲靖安縣達魯花赤至正十二年蘄黄賊起潮海與縣尹黄紹同集義兵爲禦賊計未幾賊兵數萬由武寧來寇紹赴行省求

援潮海獨率衆與戰于象湖大破之乃起進士胡斗元塗淵舒慶遠甘棠等謀畫而以勇士黄雲爲前鋒自二月至于八月戰屢捷擒賊將洪元帥而賊黨益盛黄雲戰死我軍挫衂潮海遂被圍尋爲賊所執殺于富州子明安圖襲父職爲本縣達魯花赤十三年帥衆敗走賊將復縣治十四年賊兵復至明安圖迎戰力竭賊執而咼之紹字仲先臨川人登至正八年進士第以求援出靖安而道阻絶遇官軍護紹得入龍興而龍興亦被圍其後圍解紹乃與明安圖招諭叛境過建昌之高坪遇賊紹與戰不勝正衣冠怒罵爲賊所害斗元字元浩靖安人至正十年領江西鄉薦第一下第署鼇溪書院山長賊至靖安掠斗元鄉里斗元以鄉兵擊敗之入縣治與潮海共圖戰守及潮海被執賊脅之使降斗元罵不屈乃以土埋其腰不死又縛置暗室斗元仆牆以出逃入深山狂罵而死黄雲撫州人寓靖安素以勇捷稱每接戰獨以身當敵嘗爲數十人所圍卽奮身躍出至是身中數十鎗噴血罵賊而死

魏中立字伯時濟南人由國子伴讀歷官至陜西行臺御史中丞遷守饒州賊

既陷湖廣分攻州郡官軍多疲懦不能拒所在無賴子多乘間竊發不旬日衆輒數萬皆短衣草屨齒木爲杷削竹爲槍截緋帛爲巾襦彌野皆赤中立聞警即率丁壯分塞險要戒守備俄而賊至達魯花赤馬來出戰不能發一矢賊愈偪中立以義兵擊卻之已而賊復合遂爲所執以紅衣被其身中立叱之須髯盡張賊執歸蘄水欲屈其從己中立大罵不已遂被害未幾賊又犯信州信州總管于大本以土兵備禦賊首項甲破東門而入執大本至蘄水爲俘獻僞主釋其縛畀僞印一紐且命以官大本投印于地而指僞主痛詈之遂亦遇害大本字德中密州人始由儒學教諭入官云

元史卷一百九十五

元史卷一百九十六

明翰林學士亞中大夫知制誥兼修國史宋　濂等修

列傳第八十三

忠義四

普顏不花字希古蒙古氏倜儻有大志至正五年由國子生登右牓進士第一人授翰林修撰調河南行省員外郎十一年遷江西行省左右司郎中蘄黃徐壽輝來寇普顏不花戰守之功爲多語在道童傳十六年除江西廉訪副使頃之召還授益都路達魯花赤遷山東廉訪使再轉爲中書參知政事十八年詔與治書侍御史李國鳳同經略江南至建寧江西陳友諒遣鄧克明來寇而平章政事阿魯溫沙等皆夜遁國鳳時分鎮延平城陷遁去普顏不花曰我承制來此去將何之誓與此城同存亡耳命築各門甕城前後拒戰六十四日既而大敗賊衆明年召還授山東宣慰使再轉知樞密院事平章山東行省守禦益都大明兵壓境普顏不花捍城力戰城陷而平章政事保保出降普顏不花還

告其母曰兒忠孝不能兩全有二弟當爲終養拜母趨官舍坐堂上主將素聞其賢召之再三不往既而面縛之普顏不花曰我元朝進士官至極品臣各爲其主不屈死之先是其妻阿魯真歷呼家人告之曰我夫受國恩我亦封齊國夫人今事至此唯有死耳家人莫不歎息泣下已而普顏不花二弟之妻各抱幼子及婢妾溺舍南井死比阿魯真欲下而井塡咽不可容遂抱子投舍北井其女及妾女孫女皆隨溺焉是時有申榮者平章山東行省守東昌榮見列郡皆降告其父曰人生世間不能全忠孝者兒也父曰何爲榮曰城中兵少不敵戰則萬人之命由兒而廢但有一死報國耳遂自經

閔本字宗先河內人性剛正敏給而刻志於學早歲得推擇爲禮部令史御史大夫不花奇本之才辟以爲掾平反冤獄甚有聲擢御史臺照磨頃之遷樞密院都事拜監察御史遷中書左司都事五轉爲吏部尚書移刑戶二部皆以能見稱本素貧且有目疾嘗上章乞謝事不允詔授集賢侍講學士大明兵薄京師本謂其妻程氏曰國事至此吾知之久矣愧不能立功補報敢愛六尺軀苟

活哉程氏曰君能死忠我尚有愧於君乎本乃朝服與程氏北向再拜大書于屋壁曰元中奉大夫集賢侍講學士閔本死遂各縊焉二女長真真次女女見本死呼天號泣亦自縊於其傍有拜住者康里人也字閒善以材累官至翰林國史院都事爲太子司經兵至拜住謂家人曰吾始祖海藍伯封河東公者與太祖同事王可汗太祖取王可汗收諸部落吾祖引數十騎馳西北方太祖使人追問之曰昔者與皇帝同事王可汗王可汗今已滅欲爲之報仇則帝乃天命欲改事帝則吾心有所不忍故避之於遠地以沒吾生耳此吾祖之言也且吾祖生朔漠其言尚如此今吾生長中原讀書國學而可不知大義乎況吾上世受國厚恩至吾又食祿今其國破尚忍見之與其苟生不如死遂赴井死其家人瘞之舍東悉以其書籍焚之爲殉云

趙弘毅字仁卿真定晉州人少好學家貧無書傭於巨室晝則爲役夜則借書讀之或閔其志但使總其事而不役焉嘗受經於臨川吳澄始辟翰林書寫再轉爲國史院編修官調大樂署令大明兵入京城弘毅嘆息曰忠臣不二君烈

女不二夫此古語也我今力不能救社稷但有一死報國耳乃與妻解氏皆自
縊其子恭中書管勾與妻子訣曰今乘輿北奔我父子食祿不能効尺寸力吾
父母已死尚何敢愛死乎或止之曰我曹官卑何自苦如此恭叱曰爾非我徒
也古者忠義人各盡自心豈問職之崇卑乎遂公服北向再拜亦縊死恭女官
奴年十七見恭死方大泣適隣嫗數輩來相率出避曰我未適人避將何之不
聽嫗欲力挽之女曰人生在世便百歲亦須一死乃潛入中堂解衣帶自經
鄭玉字子美徽州歙縣人幼敏悟嗜學既長覃思六經尤邃於春秋絶意仕進
而勤於教學者門人受業者衆所居至不能容學者相與即其地構師山書院
以處焉玉爲文章不事彫刻煅煉流傳京師揭傒斯歐陽玄咸加稱賞至正十
四年朝廷除玉翰林待制奉議大夫遣使者賜以御酒名幣浮海徵之玉辭疾
不起而爲表以進曰名爵者祖宗之所以遺陛下使與天下賢者共之者陛下
不得私予人待制之職臣非其才不敢受酒與幣天下所以奉陛下陛下得以
私與人酒與幣臣不敢辭也玉既不仕則家居日以著書爲事所著有周易纂

註十七年大明兵入徽州守將將要致之玉曰吾豈事二姓者耶因被拘囚久之親戚朋友攜具餉之則從容爲之盡歡且告以必死狀其妻聞之使語之曰君苟死吾其相從地下矣玉使謂之曰若果從吾死吾其無憾矣明日具衣冠北向再拜自縊而死

黃哻字殷士撫州金谿人博學明經善屬文尤長於詩至正十七年用左丞相太平奏授淮南行省照磨未行除國子助教遷太常博士轉國子博士陞監丞擢翰林待制兼國史院編修官二十八年京城既破哻歎曰我以儒致身累蒙國恩爲胄子師代言禁林今縱無我戮何面目見天下士乎遂赴井而死年六十一有詩文傳於世

柏帖穆爾字君壽蒙古人家世歷履無所考居官所至以廉能著聲至正中累遷爲福建行省左右司郎中行省治福州二十七年大明以騎兵出杉關取邵武以舟師由海道趣閩奄至城下柏帖穆爾知城不可守引妻妾坐樓上慷慨謂曰丈夫死國婦人死夫義也今城且陷吾必死於是若等能吾從乎皆泣曰

有死而已無他志也縊而死者六人有十歲女度其不能自死則紿之曰汝稽顙拜佛庶保我無恙也甫拜即挈米囊壓之死乳媪抱其幼子旁立以泣柏帖穆爾熟視之歎曰父死國母死夫妾與女從父者也皆當死汝三歲兒於義何所從乎爲宗祀計可也乃命媪抱匿旁近民舍而斂金珠畀之曰即有緩急可以此贖兒命有頃兵入城即舉燈自燃四圍窗火大發遂自焚死

迭里彌實字子初回回人性剛介事母至孝年四十猶不仕或問之曰吾不忍舍吾母以去也以宿衞年勞授行宣政院崇教三遷爲漳州路達魯花赤居三年民甚安之時陳有定據全閩八郡之政皆用其私人以總制之朝廷命官不得有所與大明兵既取福州興化泉州皆納款或以告迭里彌實仰天嘆曰吾不材位三品國恩厚矣其何以報乎報國恩者有死而已亡何吏走白招諭使者至請出城迓之迭里彌實從容語之曰爾第往吾行出矣乃詣廳事具公服北面再拜畢引斧斫其印文又大書手版曰大元臣子即入位端坐拔所佩刀剚喉中以死既死猶手執刀按膝坐儼然如生時郡民相聚哭庭中斂其屍葬

東門外時又有獲獨步丁者回回人由進士累官僉廣東廉訪司事有呂復者為江西行省左右司都事皆閑居寓福州而復以行省命攝長樂縣尹福州既下獲獨步丁曰吾兄弟三人皆忝進士受國恩四十年今雖無官守然大節所在其可辱乎以石自繫其腰投井死復亦曰吾世食君祿今雖攝官若不以死報國則無以見先人於地下引繩自經死獲獨步丁兄曰穆魯丁者官建康曰海魯丁者官信州先是亦皆死國難云

朴賽因不花字德中肅良合台人有膂力善騎射由速古兒赤授利器庫提點再轉爲資政院判官累遷同知樞密院事遷翰林學士尋陞承旨賜虎符兼巡軍合浦全羅等處軍民萬戶都元帥除大司農出爲嶺北行省右丞陞平章政事至正二十四年甘肅行省以孛羅帖木兒矯弑皇后皇孫遣人白事平章政事也速答兒即欲署諭衆榜朴賽因不花持不可曰此大事何得輕信況非符驗公文卒不署牓既而果妄傳會皇太子撫軍冀寧承制拜朴賽因不花翰林學士承旨遷集賢大學士又爲宣政院使遂拜中書平章政事大明兵逼京師

詔朴賽因不花以兵守順承門其所領兵僅數百羸卒而已乃嘆息謂左右曰
國事至此吾但知與此門同存亡也城陷被執以見主將唯請速死不少屈主
將命留營中終不屈殺之是時有張庸者字存中温州人性豪爽精太乙數會
世亂以策干經略使李國鳳承制授庸福建行省員外郎治兵杉關頃之計事
赴京師因進太乙數圖順帝喜之擢祕書少監皇太子立大撫軍院命庸團結
房山還同僉將作院事又除刑部尚書仍領團結會諸寨既降庸守駱駝谷遣
從事段禎請援於擴廓帖木兒不報庸獨堅守拒戰衆將潰庸無去志已而寨
民李世傑執庸出降以見主將庸不屈與禎同被殺
丁好禮字敬可真定蠡州人精律算初試吏於戶部辟中書掾授戶部主事擢
江南行臺監察御史復入戶部爲員外郎拜監察御史又入戶部爲郎中陞侍
郎除京畿漕運使建議置司於通州重講究漕運利病著爲成法人皆便之除
戶部尚書時國家多故財用空乏好禮能撙節浮費國家用度賴之以給拜參
議中書省事遷治書侍御史出爲遼陽行省左丞未行留爲樞密副使至正二

十年遂拜中書參知政事時京師大饑天壽節廟堂欲用故事大讌會好禮言
今民父子有相食者君臣當修省以弭大患讌會宜減常度不聽乞謝事乃以
集賢大學士致仕給全俸家居擴廓帖木兒扈從皇太子還京輸山東粟以遺
朝貴饋好禮麥百石好禮不受二十七年復起爲中書平章政事尋以論議不
合謝政去特封趙國公大明兵入京城或勉其謁大將好禮叱之曰我以小吏
致位極品爵上公今老矣恨無以報國所欠惟一死耳後數日大將召好禮不
肯行舁至齊化門抗辭不屈而死年七十五是日中書參知政事郭庸亦舁至
齊化門衆叱之拜庸曰臣各爲其主死自吾分何拜之有語不少屈而死庸字
允中蒙古氏由國學生釋褐出身累遷爲陝西行臺監察御史與同列劾知樞
密院事也先帖木兒喪師左遷中興總管府判官其後也先帖木兒以罪黜召
拜監察御史累轉參政中書其節義與好禮並云

元史卷一百九十六

元史卷一百九十七

明翰林學士亞中大夫知制誥兼修國史宋　濂等修

列傳第八十四

孝友

世言先王沒民無善俗元有天下其教化未必古若也而民以孝義聞者蓋不乏焉豈非天理民彝之存於人心者終不可泯歟上之人苟能因其所不泯者復加勸獎而興起之則三代之治亦可以漸復矣今觀史氏之所載其事親篤孝者則有臨江劉艮臣汴梁陳善同官強安濬州高守質安豐高澤鞏昌王欽脩武員思忠榆縣王士寧河南朱友諒泉州葉森寧陵呂德汲縣劉淇建昌鄭佛生堂邑張復亨保定邢政寧夏趙邢海臨潼任居敬隴西周慶徐德輿汝寧李從善華州要敬色目氏沙的其居喪廬墓者則有太原王構萊州任梓平灤王振北京張洪範登封王佐下蔡許從政張鐩富平王賈僧鄭州段好仁趙璧薛明善張齊汴梁韓榮劉斌張裕何泰史恪高成鄧孝祖李文淵杜天麟張顯

祖涇陽張國祥延安王旻東昌張翬永平梁訥高唐鄭榮劉居敬同州趙艮南
陽周郁陳介劉權大同高著江郁毛翔歸德葛祥張德成張遜王珪劉弼汲縣
徐昌祖真定宋貞王世賢晉寧史貴保定耿德溫張行一賈秉實張勗河南王
宗道孫裔夾谷天祐趙州趙德隆安豐王德新石思讓冀寧何溥大都王麟李
簡華陰李寧屈秀懷慶侯榮丁用郭天一耀州王思中牟閻讓曹州鄧淵呂政
徐州胡居仁張允中衛輝王慶福建朱虞龍隨州高可燾濟寧魏鐸武康王子
中淮安翟諟汶上趙恆須城許時中衡山歐陽誠復江陵穆堅薊州王欽定陶
元顯祖絳州姚好智宿州孫克忠集慶傳霖濟南宋懷忠牟克孝汝寧張郁泉
州黃道賢谷城王福解州靖與曾般陽戴貞兗州王治沔陽徐勝祖與中石抹
昌齡峽州秦桂華蒙古色目氏納魯丁赤思馬改住阿合馬拜住木八剌玉龍
帖木兒鎖住唐兀歹晏只哥李朵羅歹塔塔思歹其累世同居者則有休寧朱
震雷池州方時發河南李福真定杜艮華州王顯政建寧王貴甫句容王榮周
成鄢陵夏全保定成珪開平溫義大同王瑞之平江湯文英鄜州員從政江州

范士奇涇州李子才宿州王珍其散財周急者則有河南高顏和台州程遠大潭州湯居恭李孔英建康湯大有吉州劉如翁嚴用父高唐孟恭松江管仲德章夢賢夏椿江陵陳一寧中興傅文鼎永州唐必榮濟南李恭寧夏何惠月天子皆嘗表其門閭或復其家故援唐史之例具列姓名於篇端擇其事蹟尤彰著者復別爲之傳云

王閏東平須城人父素多貲既老盡廢之不甘淡薄每食必需魚肉閏朝夕勤苦入市營奉無闕父性復乖戾閏左右承順甚得其歡心鄉里稱焉父嘗臥疾夜燃長明燈室中火延籬壁間閏聞火聲驚起馳救火已熾煙燄蔽寢戶閏突入火中解衣蒙父抱而出肌體灼爛而父無少傷一女不能救遂焚死中統二年復其役

郭道卿與化莆田人四世祖義重至孝宋紹興間有詔旌之鄉里爲立孝子祠至元初內附閩盜起居人竄匿道卿與弟佐卿獨守孝子祠不忍去遂俱被執盜將殺佐卿道卿泣告曰吾有兒已長弟弱子幼請代弟死佐卿亦泣告曰吾

家事賴兄以理請殺我道卿固引頸請刃盜相顧曰汝孝門兄弟若此吾何忍
害兩釋之道卿年八十子廷煒爲建寧路平準行用庫使辭歸侍養道卿嘗病
殆危甚廷煒憂瘁扶護一夕髮盡白有司言狀旌之
蕭道壽京兆興平人家貧鬻箴以自給母年八十餘道壽侍養盡禮每旦候母
起夫婦親侍盥櫛日三飯必待母食然後退就食至夕必待母寢然後退就寢
出外必以告母許乃敢出母或怒欲罰之道壽自進杖伏地以受杖足母命起
乃起起復再拜謝違教拱立左右俟色喜乃退母嘗有疾醫累歲不能療道壽
刲股肉啖之而愈至元八年賜羊酒表其門
郭狗狗平陽翼城人父寧爲欽察先鋒使首領官戍大良平宋將史太尉來攻
夜陷大良平寧全家被俘史將殺寧狗狗年五歲告史曰勿殺我父當殺我史
驚問寧曰是兒幾歲耶寧曰五歲史曰五歲兒能爲是言吾當全汝家卽以騎
送寧等往合州道遇國兵騎驚散寧家俱得還御史以事聞命旌之
張閏延安延長縣人隸軍籍八世不異爨家人百餘口無閒言日使諸女諸婦

各聚一室爲女紅工畢斂貯一庫室無私藏幼稚啼泣諸母見者卽抱哺一婦歸寧留其子衆婦共乳不問孰爲己兒兒亦不知孰爲己母也閏兒顯卒卽以家事付姪聚聚辭曰叔父行也叔宜主之閏曰姪宗子也姪宜主之相讓旣久卒以付聚縉紳之家自謂不如至元二十八年旌表其門又有蕪湖芮世通十世同居峽州向存義汴梁丁煦八世同居州縣請於朝並加旌美

田改住汶上人父病不能愈禱于天去衣臥冰上一月同縣王住兒母病臥冰上半月

甯猪狗山丹州人母年七十餘患風疾藥餌不效猪狗割股肉進啖遂愈歲餘復作不能行猪狗手滌溷穢護視甚周造板輿載母夫婦共舁行園田以娛之後卒居喪有禮鄉閭稱焉潭州萬戶移剌瓊子李家奴九歲母病醫言不可治李家奴刲股肉煑糜以進病乃痊撫州路總管管如林渾州民朱天祥並以母疾刲股旌其家

畢也速答立迷裏氏家秦州父喪廬墓次晝夜悲號有飛鳥翔集壙土踴起又

有尹夢龍中興人母喪負土爲墳結廬居其側手書孝經千餘卷散鄉人讀之有羣烏集其冢樹

樊淵建康句容人幼失父事母篤孝至元十二年奉母避兵茅山兵至欲殺其母淵抱母號哭以身代死兵兩釋之三十年江東廉訪使者辟爲吏母亡奔喪哀感行路服闋奉神主事之起居飲食十年如平生臺憲交薦淵不忍去墳墓終不起延祐閒汀州寧化人賴祿孫母病値蔡五九作亂負母從邑人避南山盜至衆散走祿孫守母不去盜將刃其母祿孫以身翼蔽曰勿傷吾母寧殺我母渴不得水祿孫舍唾煦之盜相顧駭歎不忍害反取水與之有掠其妻去者衆責之曰奈何辱孝子婦使歸之事聞並賜旌表

劉德泉汴梁杞縣人早喪母父榮再娶王氏生二子居敬居元俱幼德泉甚撫之及王氏病卒乃益相友愛至元末歲飢父欲使析居德泉泣止不能得乃各受其業以去久之父卒兄弟相約同爨和好如初至治三年眞定朱顯自至元閒其祖父已分財至顯念姪彥昉等年幼無恃謂弟耀曰父子兄弟本同一氣

可異處乎乃會拜祖墓下取分券焚之復與同居延祐間蔚州吳思達兄弟六人嘗以父命析居思達爲開平縣主簿父卒還家治葬畢會宗族泣告其母曰吾兄弟別處十餘年矣今多破產以一母所生忍使兄弟苦樂不均耶卽以家財代償其逋更復共居母卒哀毀甚宅後柳連理人以爲友義所感又有朱汝諧濮州人父子明嘗命與兄汝弼別產子明卒汝弼家盡廢汝諧泣請共居仲父子昭子玉貧病汝諧迎至家奉湯藥甘旨甚謹後卒喪葬盡禮鄉人賢之州縣各以名聞表其閭

郭回邵武人素貧年六十無妻奉母寄宿神祠中營養甚艱母年九十八卒回傭身得錢葬之每旦詣墳哭祭十四年不輟州上狀命給衣糧賙濟仍表異之孔全亳州鹿邑人父成病刲股肉啖之愈後卒居喪盡哀廬墓左負土爲墳日六十肩風雨有虧俟霽則補之三年起墳廣一畝高三丈餘張子夔安西人父喪每夜半以背負土肘膝行地匍匐至葬所篩細土爲墳陳乞兒歸德夏邑人年九歲母喪哀毀親負土爲墳高一丈廣十六步人憫其幼欲助之則泣拜而

辭又有娥眉趙國安解州張琛南陽李庭瑞息州移剌伯顏南陽怯烈歹皆居
喪有至行廬墓次負土爲墳並以有司所請表異之
楊一懷孟人至元間怜其叔清家貧密以分契詣神祠焚之與清同居者三十
年無間言張本東昌茌平人篤孝事伯父叔父皆甚謹伯父嘗病本晝夜不去
側復載以巾車步挽詣岱嶽禱之張慶真定人善事繼母伯父泰異居河南慶
聞其貧迎歸養之供饍豐備過於所生元善大名人父有昆弟五人因貧流散
江淮久之遂客死至大四年善往尋其骸骨幷迎弟姪等一十五喪而歸改葬
祖父母以諸喪序列祔於塋次州縣以聞並旌其家
趙毓唐州人父福遷鄭之管城其先三世同爨毓官福州司獄滿歸以母老不
復仕一日會諸弟泣申遺訓願世世無異處且祝天歃血以盟自是大小百口
略無間言同力合作家道以殷毓長兄瑞早世嫂劉氏守志毓率家人事之甚
恭次兄選繼歿嫂王氏毓母以其少許歸改嫁王氏曰婦無再嫁之義願終事
姑毓妹贅王佑佑亡妹念佑母無子乞歸朱氏養之人謂孝友節義萃毓一家

元貞初旌之
胡光遠太平人母喪廬墓一夕夢母欲食魚晨起號天將求魚以祭見生魚五尾列墓前俱有𪖙痕鄉里驚異方共聚觀有獺出草中浮水去衆知是獺所獻以狀聞于官表其閭至順間永平龐遵母病腫三年不能起忽思食魚遵求于市不得歸途歎恨忽有鯉躍入其舟作羹以獻母悅病瘥
陳韶孫廣州番禺人父瀏以罪流肇州韶孫年十歲不忍父遠謫朝夕號泣願從父不能奪遂與俱往跋涉萬里不憚勞苦道過遼陽平章塔出見而憫焉語之曰天子寬仁罰不及嗣邊地苦寒非汝所堪吾返汝故鄉汝願之乎韶孫曰既不能以身代父當死生以之歸非所願也塔出驚異以錢賞之大德六年瀏死韶孫哀慟見者皆爲之泣下肇州萬戶府以聞命遣還鄉里仍旌異之
李忠晉寧人幼孤事母至孝大德七年地大震郇保山移所過居民廬舍皆摧壓傾圮將近忠家分爲二行五十餘步復合忠家獨完吳國寶雷州人性孝友父喪廬墓大德八年境內蝗害稼惟國寶田無損人皆以爲孝感所致云

李茂大名人徙家揚州父興壽臨卒語茂曰吾病且死爾善事母茂泣受命奉
母孟氏益謹母嘗病目失明茂禱于泰安山三年復明又願母壽每夕祝天乞
損己年益母孟氏竟年八十四而歿居喪哀慟聞者傷之大德九年揚州再火
延燒千餘家火及茂廬皆風返而滅事聞旌之
羊仁廬州廬江人至元初阿朮兵南下仁家爲所掠父被殺母及兄弟皆散去
仁年七歲賣爲汴人李子安家奴力作二十餘年子安憐之縱爲良仁蹤蹟得
母於潁州蒙古軍塔海家兄於睢州蒙古軍岳納家弟於邯鄲連大家皆爲役
尚無恙乃徧懇親故貸得鈔百錠歷詣諸家求贖之經營百計更六年乃得遂
大小二十餘口復聚居爲良孝友甚篤鄉里美之大德十二年旌其家又有黃
覺經建昌人五歲因亂失母稍長誓天誦佛書願求母所在乃渡江涉淮行乞
而往衝冒風雪備歷艱苦至汝州梁縣春店得其母以歸章卿孫蜀人本劉氏
幼爲章提刑養子與母富氏相失三十八年遍訪於江西諸郡迎歸養之俞全
杭州人幼被掠賣爲劉鏌家奴後獲爲良自汴步歸杭尋其母及姊得之事母

以孝聞李鵬飛池州人生母姚氏爲嫡母不容改嫁爲朱氏妻鵬飛幼不知也年十九思慕哀痛誓學醫以濟人願早見母行求三歲至蘄州羅田縣得焉時朱氏家方疫鵬飛起之遂迎還奉養久之復歸朱氏時渡江省覲既卒歲時攜子孫往祭墓終其身並以有司所請旌其閭

趙一德龍興新建人至元十二年國兵南伐被俘至燕爲鄭留守家奴歷事三世號忠幹至大元年一日拜請於其主鄭阿思蘭及其母澤國太夫人曰一德自去父母得全生依門下者三十餘年矣故鄉萬里未獲歸省雖思慕刻骨未嘗敢言今父母已老脫有不幸則永爲天地間罪人矣因伏地涕泣不能起阿思蘭母子皆感動許之歸期一歲而返一德至家父兄已沒惟母在年八十餘一德卜地葬二柩畢欲少留事母懼得罪如期還燕阿思蘭母子嘆曰彼賤隸乃能是吾可不成其孝乎卽裂券縱爲良一德將辭歸會阿思蘭以冤被誅詔籍錄其家羣奴各亡去一德獨奮曰主家有禍吾忍同路人耶卽留不去與張錦童詣中書訴枉狀得昭雪還其所籍太夫人勞一德曰當吏籍吾家時親戚

不相顧汝獨冒險以白吾枉疾風勁草於汝見之令吾家業既喪而復存者皆汝力也吾何以報汝因分美田廬遺之一德謝曰一德雖鄙人非有利於是也重哀吾主無罪而受戮故留以報主今老母八十餘得歸侍養主之賜已厚矣何以田廬爲遂不受而去皇慶元年旌其門

王思聰延安安塞人素力田農隙則教諸生得束脩以養親母喪盡哀父繼娶楊氏事之如所生以家多幼稚侵父食別築室曰養老堂奉之朝夕定省愈久不怠父嘗病劇思聰憂甚拜祈于天額膝皆成瘡得神泉飲之愈後復失明思聰舐之卽能視縣上狀命表異之

徹徹担古思氏幼喪父事母篤孝稍壯母歿慟哭頓絶水漿不入口者三日既葬居喪有禮每節序祭祀哭泣常如祖括時年四十餘思慕猶如孩童每見人父母則嗚咽流涕人問其故曰人皆有父母我獨無是以泣耳至大三年褒異之

王初應漳州長泰人至大四年二月從父義士樵劉嶺山有虎出叢棘中搏義士傷右肩初應赴救抽鐮刀刺虎鼻殺之義士得生泰定二年同縣施合德父

眞祐嘗出耘爲虎扼于田合德與從弟發仔持斧前殺虎父得生並旌其門

鄭文嗣婺州浦江人其家十世同居凡二百四十餘年一錢尺帛無敢私至大間表其門文嗣歿從弟大和繼主家事益嚴而有恩家庭中凜如公府子弟稍有過頒白者猶鞭之每遇歲時大和坐堂上羣從子皆盛衣冠鴈行立左序下以次進拜跪奉觴上壽畢皆肅容拱手自右趨出足武相銜無敢參差者見者嗟慕謂有三代遺風狀聞復其家部使者余闕爲書東浙第一家以褒之大和方正不奉浮屠老子教冠婚喪葬必稽朱熹家禮而行執親喪哀甚三年不御酒肉子孫從化皆孝謹雖嘗仕宦不敢一毫有違家法諸婦唯事女工不使預家政宗族里閭皆懷之以恩家畜兩馬一出則一爲之不食人以爲孝義所感有家範三卷傳于世

王薦福寧人性孝而好義父嘗疾甚薦夜禱於天願減己年益父壽父絕而復甦告其友曰適有神人黃衣紅帕首怳惚語我曰汝子孝上帝命錫汝十二齡疾遂愈後果十二年而卒母沈氏病渴語薦曰得瓜以啖我渴可止時冬月求

於鄉不得行至深奧嶺值大雪薦避雪樹下思母病仰天而哭忽見巖石間青蔓離披有二瓜焉因摘歸奉母母食之渴頓止兄孟韐早世嫂林氏更適劉仲山仲山嘗以田鬻於薦及死不能葬且無子族以其貧莫肯爲之後薦卽以田還之使置後且治葬焉州禁民死不葬者時民貧未葬者衆畏令悉焚柩弃骨野中薦哀之以地爲義阡收瘞之有死不能斂者復買棺以贈人皆感焉至大四年其鄉旱民艱糴薦盡出儲粟賑之有施福等十一家飢欲死薦聞惻然欲濟之家粟已竭卽以己田易穀百石分給之福等德其活己每月朔會佛祠爲祈福福建宣慰司上狀旌之

郭全遼陽人幼喪母哀慼如成人及壯父庭玉又卒居廬三載啜粥面墨事繼母唐古氏甚孝唐古氏生四子皆幼全躬耕以養旣長娶婦各求分財異居全不能止凡田廬器物悉自取朽弊者奉唐古氏以居甘旨無乏唐古氏卒全年六十餘哀痛毀瘠廬其墓終喪又有劉德奉元人父娶後妻何氏德事之如所生家貧傭工取直寸錢尺帛皆上之四弟並何出德撫愛尤篤年五十未娶稱

貸得錢先爲弟求婦諸弟亦化其德一門藹然鄉里稱爲劉佛子馬押忽也里可温氏素貧事繼母張氏庶母呂氏克盡子職劉居敬大都人年十歲繼母郝氏病居敬憂之懇天以求代狀聞並褒表之

楊皞扶風人父清母牛氏牛氏嘗病劇皞叩天求代遂痊如是者再後牛氏失明皞登太白山取神泉洗之復如故牛氏歿哀毀特甚葬之日大雨獨皞墓前後數里密雲蔽之雨不沾土送者大悅葬畢令妻衞氏家居養清皞獨廬墓上負土爲墳蔬食水飲終其喪清卒亦如之

丁文忠許州偃城人業鼓冶母和氏疾與弟文孝竭力調侍母卒文忠廬墓側不與妻面者三年父貴又疾醫不能療文忠造車一輛兄弟共御之載父禱于嵩山五臺泰安河瀆諸祠途遇異僧遺藥而愈延祐七年旌之

邵敬祖宛丘人父喪廬墓母繼歿河決不克葬殯于城西敬祖露宿依其側風雨不去友人哀之爲縛草舍庇之前後居廬六年兩髀俱成濕疾至治三年旌其家其後又有永平李彥忠父喪廬墓八年不至家茶陵譚景星幼失父追念

之廬其墓十年亳州郭成年七十一母喪食粥廬墓一年朝夕哭臨人哀其老而能孝

扈鐸汴梁蘭陽人蚤孤育於伯父及壯事伯父如所生伯父老無子鐸爲買妾歲餘產一女其妾性頗不慧熟寐壓女死久之伯父卒鐸喪之甚哀遺腹生一男鐸懲前失告其母及妻妹護視之已復廬戶外中夜審察不敢安寢弟能食常自抱哺與同臥起十年不少怠弟有疾鐸夜稽顙星斗哀禱曰天不伐余家鐸父子間可去一人勿喪吾弟使伯父無後也明旦弟愈母卒哀毀踰禮廬于墓側不理家事宗族勸之歸鐸曰今歲凶多盜吾家雖貧安知墓中無可欲乎倘驚吾親之靈雖生何爲卒守廬不去

孫秀實大寧人性剛毅喜周人急里人王仲和嘗托秀實貸富人鈔二千錠貧不能償棄其親逃去數年其親思之疾秀實曰饋薪米存問終不樂秀實哀之悉爲代償取券還其親復命奴控馬齎金訪仲和使歸父子歡聚聞者莫不嘆美又李懷玉等貸秀實鈔一千五百錠度以無償盡還其券不徵復有賈進大

同人大德九年地震民居多傷且乏食進給酒藥炭米濟之每歲冬製木綿裘數百襲衣寒者買地爲義阡使無墓者葬之李子敬陝西三原人嫁不能嫁者五千餘人葬不能葬者五十餘喪焚逋劵四萬餘貫有司以名聞並旌之

宗杞大都人年十九父內宰卒擗踴號泣絕而復甦水漿不入口者三日哀氣傷心遂成疾伏臥牀榻猶哭不止淚盡繼之以血旣葬疾轉甚杞有繼母無他兄弟度不能自起作遺書囑其妻楊氏曰汝善守志以事吾母遂卒楊氏遺腹生一男人以爲孝感天不絕其嗣云泰定三年旌其門

趙榮扶風人母強氏有疾榮割股肉啖之者三復負母登太白山禱于神得聖水飲之乃痊後年七十五卒榮號痛不食三日方飲水七日乃食粥葬之日白雲庇其墓前後十五里葬畢而散榮負土成墳廬其側終喪

吳好直華州蒲城人父歿事繼母孝兄弟嘗求分財好直勸諭不能止卽以己所當得悉推與之出從師學澹泊三十年無少悔又有甄城柴郁陳舜咨皆能孝友以己產分讓兄弟縣令言狀並表美之

余丙建德遂安人幼喪母泣血成疾父亡不忍葬結廬古山下殯其中日閉戶
守視有牧童遺火延殯廬丙與子慈亟撲不止欲投身火中與柩俱焚俄暴雨
火滅
徐鈺鎮江人始冠侍父鎮將之婺源過丹陽小谿鎮乘橋失足墮水中同行者
立岸上不能救鈺投谿擁鎮出鎮得挽行舟以升鈺力憊且水勢湍急遂溺死
屍流四十五里得于灘江浙行省言狀表異之
尹莘汴梁洧川人至治初遊學於京師忽夢母疾心怪之馳歸母已亡居廬蔬
食哀毀骨立每鷄鳴而起手治祭饌詣墓所哭奠之風雪不廢父輔臣嘗病疫
莘侍奉湯藥衣不解帶嘗其糞以驗差劇夜則禱於天曰莘母亡不能見父病
不能治爲人子若此何以自立於世願死以代父命數日愈鄉里嗟異之又有
高唐孫希賢母病痢希賢閱方書有曰血温身熱者死血冷身涼者生希賢嘗
之其血温乃號泣祈天求身代之母遂愈高郵卜勝榮母痢不能藥日嘗痢以
求愈兄疾禮北辰乞減己年延之並痊

劉廷讓大寧武平人至順初北方兵起民被殺掠廷讓挈家避山中有幼弟方乳母王氏置于懷兵急廷讓乃棄己子一手抱幼弟一手扶母疾驅得免事聞旌之

劉通亳州譙縣人家貧業農母卜氏好聲樂每眩技者以簫鼓至門必令娛侍或自歌舞以悅母心卜氏目失明通誓斷酒肉禱之三十年不懈卜氏年八十五忽復明至大間鄱陽黃鎰皇慶間諸暨丁祥一皆以親喪明以舌舐之復能視並命褒表

張旺舅安豐霍丘人幼失父母陳氏居貧守志旺舅九歲賣餳以養及長母病伏枕數月旺舅無貲命醫惟日夜痛哭禮天求代未幾遂愈又自以生業微不能多給竟不娶以終母年縣令言于朝旌之

張思孝華州人母喪以孝聞父疾調護甚至不愈以父溲洟半器垂泣盡飲之復潔齋致禱乞以身代未幾遂痊至順三年表其門

杜佑邳州人河南行省署爲三叉水馬站提領父成病于家佑忽心驚舉體沾

汗即棄職歸父病始二日遂禱神求代且嘗糞以驗疾父卒廬墓盡哀有馴兔之瑞

長壽父帖住官平章政事生五子長山壽早世次即長壽次永壽福壽忙古海牙元統間帖住歿長壽哀毀盡禮服闋當蔭敘與弟羅拜母前曰吾父廉貧諸弟未有所立願以職讓永壽永壽讓福壽福壽曰二兄能讓福壽獨不能耶以讓忙古海牙母從之忙古海牙遂告蔭爲太禧宗禋院神御殿侍禮佐郎階奉議大夫兄弟奉母尤篤邦閭美之至大間河中梁外僧親喪廬墓兄那海爲奥魯官自以嘗遠仕不得養其親即棄職舉外僧代之人稱外僧能孝那海能義又有畏吾氏秋秋及濠州高中嘉定武進皆以侍親不願仕以祖父蔭讓叔父昆弟云

孫瑾鎮江丹徒人父喪哀毀嚴冬跣足而步停柩四載衣不解帶常食粥誦佛書及葬載柩渡江潮波方湧俄順風翼帆如履平地事繼母唐氏尤孝嘗患癰瑾親吮之又喪目瑾舐之復明唐氏卒卜日將葬時春苦雨瑾夜號天乞霽至

旦雲日開朗甫掩壙陰氣復合雨注數日不止又有吳希曾睢寧人父卒葬之日大雨希曾跪柩前炷艾燃腕火熾雨止既葬廬於墓左縣上狀並旌之

張恭河南偃師人以兵部符署鷹房府案牘親老辭歸侍養壍理先墓身負水灌松柏父喪過哀侍母馮氏尤謹歲凶恭夫婦采野菜爲食而營奉甘旨無乏母有疾恭手除溷穢喂哺飲食且嘗糞以驗疾勢天曆初西兵至河南居民悉竄恭守視母病項中一劍不去母驚悸而歿恭居喪盡禮人稱孝焉有詔旌其閭

訾汝道德州齊河人父興卒居喪以孝聞母高氏治家嚴汝道承順甚恭母嘗寢疾晝夜不去側一日母屏人授以金珠若干曰汝素孝室無私蓄我一旦不諱此物非汝有矣可善藏之毋令他兄弟知也汝道泣拜曰吾父母起艱難成家業今田宅牛羊已多汝道恨無以報大恩尚敢受此以重不孝之罪乎竟辭之母卒哀毀終喪不御酒肉性尤友愛二弟將析居汝道悉以美田廬讓之二弟早世撫諸孤如己子鄉人劉顯等貧無以爲生汝道割己田各畀之使食其

租終身里中嘗大疫有食瓜得汗而愈者汝道即多市瓜及擕米歷戶饋之或
曰癘氣能染人勿入也不聽益周行問所苦然卒無恙有死者復贈以棺櫝人
咸感之嘗出麥粟貸人至秋蝗食稼人無以償汝道聚其券焚之縣令李讓爲
請旌其家

元史卷一百九十七

元史卷一百九十七考證

徹徹袒傳○臣祖庚按通考袒作祖

尹莘傳○臣祖庚按莘一統志作萃通考作華

元史卷一百九十七考證

元史卷一百九十八

明翰林學士亞中大夫知制誥兼修國史宋　濂等修

列傳第八十五

孝友二

王庸字伯常雄州歸信人事母李氏以孝聞母有疾庸夜禱北辰至叩頭出血母疾遂愈及母卒哀毀幾絕露處墓前旦夕悲號一夕雷雨暴至鄰人持寢席往欲蔽之見庸所坐臥之地獨不霑濕咸嘆異而去復有蜜蜂數十房來止其家歲得蜜蠟以供祭祀

黃贇字止敬臨江人父君道延祐間求官京師留贇江南時贇年幼及既長聞其父娶後妻居永平乃往省之則父歿已三年矣庶母聞贇來盡挾其貲去更嫁拒不見贇贇號哭語人曰吾之來爲省吾父也今不幸吾父已歿思奉其柩歸而窆之莫知其墓苟得見庶母示以葬所死不恨矣尚忍利遺財邪久之聞庶母居海濱亟裹糧往庶母復拒之三日不納庶母之弟憐之與偕至永平屬

縣樂亭求父墓又弗得贇哭禱于神一夕夢老父以杖指葬處曰見片磚卽可得明日就其地求之庶母之弟曰真是已斂時有某物可驗啓朽棺得父骨以歸

石明三者與母居餘姚山中一日明三自外歸覓母不見見壁穿而臥內有三虎子知母爲虎所害乃盡殺虎子礪巨斧立壁側伺母虎至斫其腦裂而死復往倚巖石傍執斧伺候斫殺牡虎明三亦立死不仆張目如生所執斧牢不可拔

劉琦岳州臨湘人生二歲而母劉氏遭亂陷于兵琦獨事其父稍長思其母不置常歎曰人皆有母而我獨無輒歔欷泣下及冠請於父往求其母遍歷河之南北淮之東西數歲不得後求得於池州之貴池迎以歸養其後十五年而父歿又三年而母歿終喪猶蔬食有司上其事旌表其門曰孝義

劉源歸德中牟人母吳氏年七十餘病甚不能行適兵火起且延至其家隣里俱逃源力不能救乃呼天號泣趨入抱母爲火所焚而死

祝公榮字大昌處州麗水人隱居養親事母甚孝母歿居喪盡禮竈突失火公榮力不能救乃伏棺悲哭其火自滅鄉里異之塑二親像於堂朝夕事之如事生焉

陸思孝紹興山陰樵者性至孝母老病痢思孝醫禱久之不效思孝方欲刲股肉爲糜以進忽夢寐間恍若有神人者授以藥劑思孝得而異之卽以奉母其疾遂愈

姜兼嚴州淳安人七歲而孤與二兄養母至孝母死兼哀慕幾絕既葬獨居墓下朝夕哭奠寂焉荒山中躬自樵爨蔬食飲水一衰麻寒暑不易同里陳氏戴氏子不能事其父母聞兼之行慚感而悔皆迎養焉

胡伴侶鈞州密縣人其父實嘗患心疾數月幾死更數醫俱莫能療伴侶乃齋沐焚香泣告于天以所佩小刀於右脅傍刲其皮膚割脂一片煎藥以進父疾遂瘳其傷亦旋愈朝廷旌表其門

王士弘延安中部人父搏有疾士弘傾家貲求醫見醫卽拜遍禱諸神叩額成

瘡父歿哀毀盡禮廬墓三年足未嘗至家墓廬上有奇鵲來巢飛鳥翔集與士
弘親近若相狎然衆咸異之終喪復建祠於塋前朔望必往奠祭雖風雨不廢
也有司上其事于朝旌表之
何從義延安洛川人祖艮祖母李氏偕亡從義廬於墓側旦夕哀慕不脫絰帶
不食菜果惟啖疏食而已事父世榮母王氏孝養尤至伯祖温伯祖母郝氏叔
祖恭叔祖母賀氏叔祖讓叔祖母姜氏叔父珍叔母光氏皆無子比其亡也從
義咸爲治葬築高墳祭奠以禮時人義之
哈都赤大都固安州人天性篤孝幼孤養母母嘗有疾醫治不痊哈都赤礪其
所佩小刀拜天泣曰慈母生我劬勞今當捐身報之乃割開左脅取肉一片作
羹進母母曰此何肉也其甘如是數日而病愈
高必達建昌人五歲時父明大忽棄家遠遊莫知所適必達既長晝夜哀慕乃
娶妻以養母而歷往四方求其父十餘年不得見心愈悲忽相傳黄州全眞道
院中有虛明子者學道三十年矣本姓高氏建昌人也匿姓名爲道人云必達

詢問知爲父卽往拜之具言家世及己之所生歲月大父母之喪葬始末因哀
號叩頭不已虛明猶瞑坐不顧久之斥曰我非汝父不去何爲必達留侍左右
不少懈辭氣哀惻可矜其徒謂虛明曰師有子如此忍弗歸乎虛明不得已乃
還家必達孝養篤至鄉里稱之
曾德漁陽人宗聖公五十七代孫母早亡父仲祥再娶左氏仲祥遊襄陽樂其
土俗因攜左氏家焉亂兵陷襄陽遂失左氏德遍往南土求之五年乃得于廣
海間奉迎以歸孝養甚至有司以聞詔旌復其家
靳昺字克昌絳州曲沃人兄榮爲奎章閣承制學士奉母王氏官于朝母歿昺
與兄榮護喪還家至平定大雷雨流水驟至昺伏柩上榮呼之避水昺不忍舍
去遂爲水所漂沒後得王氏柩於三里外得昺屍於五里外詔賜孝子靳昺碑
黃道賢泉州人嫡母唐無子道賢在襁褓而生母蘇以疾去旣長思念生母屢
請於父得召之歸道賢竭力養二母得其歡心父病篤道賢晝夜奉湯藥不離
膝下遍求良醫莫效乃夜禱于天願減己一紀之算以益父壽其父遂愈至元

統二年乃歿果符一紀之數道賢居喪盡禮負土築墳廬于墓側疏食終制至元二年有司上其事旌其門曰孝子黃氏之門

史彥斌邳州人嗜學有孝行至正十四年河溢金鄉魚臺墳墓多壞彥斌母卒慮有後患乃爲厚棺刻銘曰邳州沙河店史彥斌母柩仍以四鐵環釘其上然後葬明年墓果爲水所漂彥斌縛草爲人置水中仰天呼曰母棺被水不知其處願天矜憐哀子之心假此芻靈指示母棺言訖涕泣橫流乃乘舟隨草人所之經十餘日行三百餘里草人止桑林中視之母柩在焉載歸復葬之

張紹祖字子讓潁州人讀書力學以孝行聞于朝特授河南路儒學教授至正十五年奉父避兵山閒賊至執其父將殺之紹祖泣曰吾父耆德善人不當害請殺我以代父死且若等非父母所生乎何忍害人父也賊怒以戈擊之戈應手挫鈍因感而相謂曰此真孝子不可害乃釋之

李明德瑞州路上高縣人讀書有志操孝行篤至至正十四年亂兵陷袁州因抄掠上高兵執其父欲殺之明德泣告曰子豈不能代父乎願勿害吾父也兵

遂殺明德而免其父後以高壽終

張緝字士明益都膠州人性孝友能詩文至正七年與兄紳弟經同領鄉薦由澤州儒學正轉泰州幕職棄之養親居揚州十五年揚州亂緝母姬氏方臥病賊突入臥內舉槍欲刺姬緝以身蔽姬槍中緝脅三日而死

魏敬益字士友雄州容城人性至孝居母喪哀毀骨立素好施與有男女失時者出資財爲之嫁娶歲凶老弱之饑者爲糜以食之敬益有田僅十六頃一日語其子曰自吾買四莊村之田十頃環其村之民皆不能自給吾深憫焉今將以田歸其人汝謹守餘田可無餒也乃呼四莊村民諭之曰吾買若等業使若等貧不聊生有親無以養吾之不仁甚矣請以田歸若等衆聞皆愕貽不敢受強與之乃受而言諸有司有司以聞於中書請加旌表丞相賀太平歎曰世乃有斯人哉

湯霖字伯雨龍興新建人早喪父事母至孝母嘗病熱更數醫弗能效母不肯飲藥曰惟得冰我疾乃可愈爾時天氣甚燠霖求冰不得累日號哭於池上忽

聞池中戛戛有聲拭淚視之乃冰澌也亟取以奉母其疾果愈
孫抑字希武世居晉寧洪洞縣抑登進士第歷仕至刑部郎中闗保之變挈父
母妻子避兵平陽之柏村有亂兵至村剽掠拔白刃嚇抑母求財不得舉刃欲
斫之抑亟以身蔽母請代受斫母乃得釋而抑父被虜去不知所之或語之曰
汝父被驅而東矣然東軍得所掠民皆殺之汝慎無往就死也抑曰吾可畏死
而棄其父乎遂往出入死地屢瀕危殆卒得父以歸
石永紹興新昌人性淳厚事親至孝值亂兵掠鄉里永父謙孫年八十老不能
行永負父匿山谷中亂兵執其父欲殺之永亟前抱父請以身代兵遂殺永而
釋其父
王克己延安中部人父伯通歿克己負土築墳廬於墓側貊高縱兵暴掠縣民
皆逃竄克己獨守墓不去家人呼之避兵克己曰吾誓守墓三年以報吾親雖
死不可棄也遂不去俄而兵至見其身衣衰絰形容憔悴曰此孝子也遂不忍
害竟終喪而歸

劉思敬延安宜君人事其繼母沙氏杜氏孝養之至無異親母父年八十兩目俱喪明會亂兵剽掠其鄉思敬負父避於巖穴中有兵至欲殺思敬思敬泣言曰我父老矣又無目我死不足惜使我父何依乎兵憐其孝不忍殺父子皆免於難

呂祐字伯通晉安人至正二十六年郡城破有卒入其室拔白刃脅其母林氏索財寶不得揮刃欲斫母祐急以身蔽母而奪其刃手指盡裂被傷仆地良久而甦開目視母曰母幸無恙我死無憾矣遂瞑目死

周樂温州瑞安人宋狀元坦之後父日成通經能文海賊竊據温州拘日成置海舟上樂隨往事其父甚謹一日賊酋遣人沉日成於水樂泣請曰我有祖母幸留父侍養請以己代父死不聽樂抱父不忍捨遂同死焉

元史卷一百九十八

元史卷一百九十九

明翰林學士亞中大夫知制誥兼修國史宋　濂等修

列傳第八十六

隱逸

古之君子負經世之術度時不可爲故高蹈以全其志使得其時未嘗不欲仕而行所學及物之功豈少哉後世之士其所蘊蓄或未至而好以跡爲高當邦有道之時且遁世離羣謂之隱士世主亦苟取其名而強起之及考其實不如所聞則曰是欺世釣譽者也上下豈不兩失也哉元之隱士亦多矣如杜瑛遺執政書曁張特立居官之政則非徒隱者也蓋其得時則行可隱而隱頗有古君子之風而世主亦不強之使起可謂兩得也已自是以隱逸稱者蓋往往而有今摭其可傳者作隱逸傳

杜瑛字文玉其先霸州信安人父時昇金史有傳瑛長七尺美鬚髯氣貌魁偉金將亡士猶以文辭規進取瑛獨避地河南緱氏山中時兵後文物凋喪瑛搜

訪諸書盡讀之讀輒不忘而究其指趨古今得失如指諸掌閒關轉徙教授汾晉間中書粘合珪開府為相瑛赴其聘遂家焉與良田千畝辭不受術者言其所居下有藏金家人欲發視輒止之後來居者果得黃金百斤其不苟取如此歲己未世祖南伐至相召見問計瑛從容對曰漢唐以還人君所恃以為國者法與兵食三事而已國無法不立人無食不生亂無兵不守今宋皆蔑之殆將亡矣興之在聖主若控襄樊之師委戈下流以擣其背大業可定矣帝悅曰儒者中乃有此人乎瑛復勸帝數事以謂事不如此後當如彼帝納之心賢瑛謂可大用命從行以疾弗果中統初詔徵瑛時王文統方用事辭不就左丞張文謙宣撫河北奏為懷孟彰德大名等路提舉學校官又辭遺執政書其略曰先王之道不明異端邪說害之也橫流奔放天理不絕如線今天子神聖俊乂輻輳言納計用先王之禮樂教化與明脩復維其時矣若夫簿書期會文法末節漢唐猶不屑也執事者因陋就簡此焉是務良可惜哉夫善始者未必善終今不能溯流求源明法正俗育材興化以拯數百千年之禍僕恐後日之弊將有

不可勝言者矣人或勉之仕則曰後世去古雖遠而先王之所設施本末先後
猶可考見故爲政者莫先於復古苟因習舊弊以求合乎先王之意不亦難乎
吾又不能隨時俛仰以赴機會將焉用仕於是杜門著書一不以窮通得喪動
其志優游道藝以終其身年七十遺命其子處立處愿曰吾卽死當表吾墓曰
緱山杜處士天曆中贈資德大夫翰林學士上護軍追封魏郡公諡文獻所著
書曰春秋地理原委十卷語孟旁通八卷皇極引用八卷皇極疑事四卷極學
十卷律呂律曆禮樂雜志三十卷文集十卷其於律則究其始研其義長短清
濁周徑積實各以類分取經史之說以實之而折衷其是非其於曆則謂造曆
者皆從十一月甲子朔夜半冬至爲曆元獨邵子以爲天開於子取日甲月子
星甲辰子爲元會運世之數無朔虛無閏餘率以三百六十爲歲而天地之盈
虛百物之消長不能出乎其中矣論閉物開物則曰開於己閉於戊五天之中
也六地之中也戊己月之中星也又分卦配之紀年金之大定庚寅交小過之
初六國朝之甲寅三月二十有三日寅時交小過之九四多先儒所未發援其

要著于篇云
張特立字文舉東明人初名永避金衛紹王諱易今名中泰和進士爲偃師主簿改宣德州司候州多金國戚號難治特立至官俱往謁之有五將軍率家奴劫民羣羊特立命大索閭里遂過將軍家溫言誘之曰將軍宅寧有盜羊者耶聊視之以杜衆口潛使人索其後庭得羊數十遂縛其奴繫獄其子匿他舍捕得之以近族得減死論豪貴由是遵法民賴以全正大初遷洛陽令時軍旅數起郡縣窘迫東帥紇石烈牙兀䚟又侮慢儒士會移鎮陝右道經洛陽見特立淳古不禮之遽責令治糗具期三日足後期如軍法縣民素賢特立爭輸於庭帥大奇之既而拜監察御史首言世宗諸孫不宜幽囚尚書右丞顏盞石魯與細民爭田參知政事徒單兀典詔事近習皆當罷黜執政者忌之會平章政事白撒犒軍陝西特立又劾其掾不法白撒訴于世宗言特立所言事失實世宗宥之遂歸田里特立通程氏易晚教授諸生東平嚴實每加禮焉歲丙午世祖在潛邸受王印首傳旨諭特立曰前監察御史張特立養素丘園易代如一今

年幾七十研究聖經宜錫嘉名以光潛德可特賜號曰中庸先生又諭曰先生年老目病不能就道故令趙寶臣諭意且名其讀書之堂曰麗澤壬子歲復降璽書諭特立曰白首窮經誨人不倦無過不及學者宗之昔已賜嘉名今復諭意癸丑特立卒年七十五中統二年詔曰中庸先生學有淵源行無瑕玷雖經喪亂不改故常未遂丘園之賁俄興窀穸之悲可復賜前號以彰寵數特立所著書有易集說歷年係事記

杜本字伯原其先居京兆後徙天台又徙臨江之清江遂爲清江人本博學善屬文江浙行省丞相忽剌木得其所上救荒策大奇之及入爲御史大夫力薦於武宗嘗被召至京師未幾歸隱武夷山中文宗在江南時聞其名及卽位以幣徵之不起至正三年右丞相脫脫以隱士薦詔遣使賜以金織文幣上尊酒召爲翰林待制奉議大夫兼國史院編修官使者致君相意趣之行至杭州稱疾固辭而致書於丞相曰以萬事合爲一理以萬民合爲一心以千載合爲一日以四海合爲一家則可言制禮作樂而躋五帝三王之盛矣遂不行本湛靜

寡欲無疾言遽色與人交尤篤於義有貧無以養親無貲以爲學者皆濟之平
居書冊未嘗釋手天文地理律曆度數靡不通究尤工於篆隸所著有四經表
義六書通編十原等書學者稱爲清碧先生至正十年卒年七十有五時有張
樞子長者婺之金華人亦屢徵不起樞幼聰慧外家潘氏蓄書數萬卷樞盡取
而讀之過目輒不忘旣長肆筆成章頃刻數千言有問以古今沿革政治得失
宇宙之分合禮樂之廢興以至帝號官名歲月先後歷歷如指諸掌其爲文務
推明經史以扶翼教道尤長於紀事嘗取三國時事撰漢本紀列傳附以魏吳
載記爲續後漢書七十三卷臨川危素稱其立義精密可備勸講朝廷取其書
寘宣文閣浙東部使者交薦之前後章凡九上至正三年命儒臣纂修遼金宋
三史右丞相脫脫以監修國史領都總裁辟樞本府長史力辭不拜七年申命
史臣纂修本朝后妃功臣傳復以翰林修撰儒林郎同知制誥兼國史院編修
官召樞俾與討論復避不就使者強之行至杭州固辭而歸嘗著春秋三傳歸
一義三十卷刊定三國志六十五卷林下竊議曲江張公年譜各一卷弊帚編

若干卷至正八年卒年五十有七

孫轍字履常其先自金陵徙家臨川轍幼孤母蔡氏教之知警策自樹立比長學行純篤事母甚孝家居教授門庭蕭然而考德問業者日盛郡中俊彥有聲者皆出其門轍與人言一以孝弟忠信爲本辭溫氣和聞者莫不油然感悟待親戚鄉里禮意周洽言論間未嘗幾微及人過失長短士子至郡者必來見部使者長吏以下仁且賢者必造焉轍樂易莊敬接之以禮言不及官府憲司屢辟皆不就江西行省特以遺逸舉轍一人轍善爲文章吳澄嘗敘其集曰所謂仁義之人其言藹如也其見稱許如此元統二年年七十有三卒于家同郡吳定翁字仲谷其先當宋初自金陵來徙定翁幼歲儼如成人寒暑衣冠不少懈清修文雅與孫轍齊名而最善爲詩揭傒斯稱其幽茂疎澹可比盧摯御史及江西之方伯牧守部使者辟薦相望終身不爲動程鉅夫嘗貽書曰臨川士友及門者踵相接也何相望足下耿耿如玉人而不可得見乎定翁嘗曰士無求用於世惟求無媿於世人以爲名言

何中字太虛撫之樂安人少穎拔以古學自任家有藏書萬卷手自校讎其學弘深該博廣平程鉅夫清河元明善柳城姚燧東平王搆同郡吳澂揭傒斯皆推服之至順二年江西行省平章全岳柱聘爲龍興郡學師明年六月以疾卒所著有易類象二卷書傳補遺十卷通鑑綱目測海三卷知非堂稾十七卷同郡危復之字見心宋末爲太學生師事湯漢博覽羣書好讀易尤工於詩至元初元帥郭昂屢薦爲儒學官不就至元中朝廷累遣奉御察罕及翰林應奉詹玉以幣徵之皆弗起隱於紫霞山中士友私謚曰貞白先生

武恪字伯威宣德府人初以神童遊學江南吳澄爲江西儒學副提舉薦入國學肄業明宗在潛邸選恪爲說書秀才及出鎮雲南恪在行明宗欲起兵陝西恪諫曰太子北行於國有君命於家有叔父之命今若向京師發一箭史官必書太子反左右惡恪言乃曰武秀才有母在京合遣其回恪遂還京師居陋巷教訓子弟文宗知其名除祕書監典簿秩滿丁內艱再除中瑞司典簿改汾西縣尹皆不起人或勸之仕恪曰向爲親屈今親已死不復仕矣居數歲會朝廷

選守令泰不華舉恪爲平陽氻水縣尹亦不赴近臣又薦爲授經郎恪遂陽爲瘖瘂不就恪好讀周易每日堅坐或問之曰先生之學以何爲本恪曰以敬爲本所著有水雲集若干卷其從之學者多有所成佛家奴爲太尉完者不花僉樞密院事皆有賢名

元史卷一百九十九

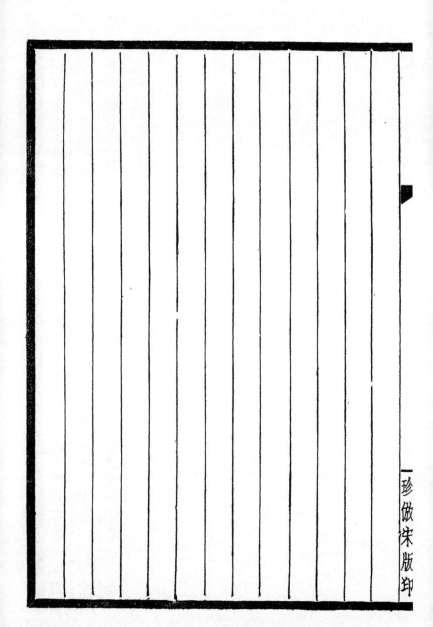

元史卷二百

明翰林學士亞中大夫知制誥兼修國史宋　濂等修

列傳第八十七

列女

臺叔齡妻　李智貞　蔡三玉

古者女子之居室也必有傅姆師保爲陳詩書圖史以訓之凡左右佩服之儀內外授受之別與所以事父母舅姑之道蓋無所不備也而又有天子之后妃諸侯之夫人躬行於上以率化之則其居安而有淑順之稱臨變而有貞特之操者夫豈偶然哉後世此道既廢女生而處閨闥之中溺情愛之私耳不聆箴史之言目不覩防範之具由是動踰禮則而往往自放於邪僻矣苟於是時而有能以懿節自著者焉非其生質之美則亦豈易致哉史氏之書所以必錄而弗敢略也元受命百餘年女婦之能以行聞於朝者多矣不能盡書采其尤卓異者具載於篇其間有不忍夫死感慨自殺以從之者雖或失於過中然較於苟生受辱與更適而不知愧者有間矣故特著之以示勸勵之義云

崔氏周朮忽妻也丁亥歲從朮忽官平陽金將來攻城克之下令官屬妻子敢匿者死時朮忽以使事在上黨崔氏急卽抱幼子禎以詭計自言於將將信之使軍吏書其臂出之崔氏曰婦人臂使人執而書非禮也以金賂吏使書之紙

吏曰吾知汝誠賢婦然令不敢違令崔自揎袖吏懸筆而書焉既出有言其詐者將怒命追之崔與禎伏土窖三日得免既與朮忽會未幾朮忽以病亡崔年二十九卽大慟柩前誓不更嫁斥去麗飾服皂布弊衣放散婢僕躬自紡績悉以資產遺親舊有權貴使人諷求娶輒自爬毀其面不欲生四十年未嘗妄言笑預吉會治家教子有法人比古烈婦云

周氏灤平石城人年十六適李伯通生一子名易金末伯通監豐潤縣國兵攻之城破不知所終周氏與易被虜謂偕行者曰人苟愛其生萬一受辱不如死也卽自投于塹主者怒拔佩刀三刃其體而去得不死遂攜易而逃間關至汴績維以自給教易讀書有成

楊氏東平須城人夫郭三從軍襄陽楊氏留事舅姑以孝聞至元六年夫死戍所母欲奪嫁之楊氏號痛自誓乃已久之夫骨還舅曰新婦年少終必他適可令吾子鰥處地下耶將求里人亡女骨合瘞之楊氏聞益悲不食五日自經死遂與夫共葬焉

胡烈婦渤海劉平妻也至元七年平當戍棗陽車載其家以行夜宿沙河傍有虎至銜平去胡覺起追及之持虎足顧呼車中兒取刀殺虎虎死扶平還至棗陽城求醫以傷卒縣官言狀命恤其母子仍旌異之至大間建德王氏女父出耘舍傍遇豹爲所噬曳之升山父大呼女識父聲驚趨救以父所棄鋤擊豹腦殺之父乃得生

闞文興妻王氏名醜醜建康人也文興從軍漳州爲其萬戶府知事王氏與俱行至元十七年陳吊眼作亂攻漳州文興率兵與戰死之王氏被掠義不受辱乃紿賊曰俟吾葬夫即汝從也賊許之遂脫得負屍還積薪焚之火既熾即自投火中死至順三年事聞贈文興侯爵謚曰英烈王氏曰貞烈夫人有司爲立廟祀之號雙節云

郎氏湖州安吉人宋進士朱甲妻也朱嘗仕浙東以郎氏從至元間朱歿郎氏護喪還至玉山里留居避盜勢家柳氏欲強聘之郎誓不從夜弃裝奉柩遁柳邀之中道復死拒得免家居養姑甚謹姑嘗病郎禱天刲股肉進啖而愈後姑

喪以哀聞大德十一年旌異之又有東平鄭氏大寧杜氏安西楊氏並少寡守
志割體肉療姑病
秦氏二女河南宜陽人逸其名父嘗有危疾醫云不可攻姊閉戶默禱鑿己腦
和藥進飲遂愈父後復病欲絕妹刲股肉置粥中父小啜即甦孫氏女河閒人
父病癩十年女禱于天求以身代且吮其膿血旬月而愈許氏女安豐人父疾
刲股啖之乃痊張氏女廬州人嫁爲高垕妻母病目喪明張氏歸省抱母泣以
舌舐之目忽能視州縣各以狀聞褒表之
焦氏涇陽袁天祐妻也天祐祖父姑皆從軍役祖母楊氏母焦氏並家居守志
至元二十三年天祐復從征死甘州妻焦氏年少宗族欲改嫁之焦氏哭且言
曰袁氏不幸三世早寡自祖姑以來皆守節義豈可至吾而遂廢乎吾生爲袁
氏婦死則葬袁氏土爾終不能改容事他人也衆不敢復言周氏澤州人嫁爲
安西張興祖妻年二十四興祖歿舅姑欲使再適周氏弗從曰妾家祖父皆早
世妾祖母妾母並以貞操聞妾或中道易節是忘故夫而辱先人也夫忘故夫

不義辱先人不孝不孝不義妾不爲也遂居嫠三十年奉舅姑生事死葬無違禮其父與外祖皆無後葬祭之禮亦周氏主之有司以聞並賜旌異

趙孝婦德安應城人早寡事姑孝家貧傭織於人得美食必持歸奉姑自啖麤糲不厭嘗念姑老一旦有不諱無由得棺乃以次子鬻富家得錢百緡買杉木治之棺成置于家南隣失火時南風烈甚火勢及孝婦家孝婦亟扶姑出避而棺重不可移乃撫膺大哭曰吾爲姑賣兒得棺無能爲我救之者苦莫大焉言畢風轉而北孝婦家得不焚人以爲孝感所致

霍氏二婦尹氏楊氏夫家鄭州人至元間尹氏夫耀卿歿姑命其更嫁尹氏曰婦之行一節而已再嫁而失節妾不忍爲也姑曰世之婦皆然人未嘗以爲非汝獨何恥之有尹氏曰人之志不同妾知守妾志爾姑不能強楊氏夫顯卿繼歿慮姑欲其嫁即先白姑曰妾聞娣姒猶兄弟也宜相好焉今姒既留妾可獨去乎願與共修婦道以終事吾姑姑曰汝果能若是吾何言哉於是同處二十餘年以節孝聞又有邠州任氏乾州田氏皆一家三婦俱少寡誓不他適戮力

蠶桑以養舅姑事聞並命褒表
王德政妻郭氏大名人少孤事母張氏孝謹以女儀聞於鄉及笄富貴家慕之爭求聘張氏不許時德政教授里中年四十餘貌甚古陋張氏以貧不能教二子欲納德政爲壻使教之宗族皆不然郭氏慨然願順母志既婚與德政相敬如賓囑教二弟有成未幾德政卒郭氏年方二十餘勵節自守甚有貞名大德間表其家
只魯花真蒙古氏年二十六夫忽都病卒誓不再醮孝養舅姑逾一十五年舅姑歿塵衣垢面廬於墓終身至元間旌之其後又有翼城宋仲榮妻梁氏舅歿負土爲墳懷孟何氏大名趙氏並以夫歿守志養舅姑以壽終親負土築其墳高三丈餘
段氏隆興霍榮妻也榮無子嘗乞人爲養子榮卒段氏年二十六養舅姑以孝稱舅姑歿榮諸父仲汝貪其產謂段曰汝子假子也可令歸宗汝無子宜改適霍氏業汝無預焉段曰家資不可計但再醮非義尙容妾思之卽退入寢室引

針刺面墨漬之誓死不貳大德二年府上狀中書給羊酒幣帛仍命旌門復役
如制又有興和吳氏自刺其面成紀謝思明妻趙氏自髠其髮冀寧田濟川妻
武氏溧水曹子英妻尤氏嚙指滴血並誓不更嫁各以有司爲請旌之
朱虎妻茅氏崇明人大德間虎官都水監坐罪籍其家吏錄送茅氏及二子赴
京師太醫提點師甲乞歸家欲妻之茅氏誓死不從母子三人以裾相結連晝
夜倚抱號哭形貌銷毀師知不可奪釋之茅氏託居永明尼寺憂憤不食卒
聞氏紹興俞新之妻也大德四年新之歿聞氏年尚少父母慮其不能守欲更
嫁之聞氏哭曰一身二夫烈婦所耻妾可無生可無耻乎且姑老子幼妾去當
令誰視也卽斷髮自誓父知其志篤乃不忍強姑久病風且失明聞氏手滌溷
穢不怠時漱口上堂舐其目目爲復明及姑卒家貧無資傭工與子親負土葬
之朝夕悲號聞者慘惻鄉里嘉其孝爲之語曰欲學孝婦當問俞母又有劉氏
渤海李五妻也少寡父母使再醮不從舅患疽劉禱于天數日潰吮其血乃愈
既而親挽小車載舅詣岳祠以答神貺

馬英河內人性孝友父喪哀毀二兄繼歿英獨事母甚謹又奉二寡嫂與居使得保全棃節及喪母卜地葬諸喪親負土爲四墳手植松柏廬墓側終身趙氏女名玉兒冠州人嘗許爲李氏婦未婚夫死遂誓不嫁以養父母父母歿負土爲墳鄉里稱孝焉

馮氏名淑安字靜君大名宦家女山陰縣尹山東李如忠繼室也如忠初娶蒙古氏生子任數歲而卒大德五年如忠病篤謂馮曰吾已矣其奈汝何馮氏引刀斷髮自誓不他適如忠歿兩月遺腹生一子名伏李氏及蒙古氏之族在北聞如忠歿於官家多遺財相率來山陰馮氏方病乘間盡取其貲及子任以去馮不與較一室蕭然唯餘如忠及蒙古氏之柩而已朝夕哭泣隣里不忍聞久之鬻衣權厝二柩蕺山下攜其子廬墓側時年始二十二羸形苦節爲女師以自給父母來視之憐其孤苦欲使更事人馮爪面流血不肯從居二十年始護喪歸葬汶上齊魯之人聞之莫不嘆息

李君進妻王氏遼陽人大德八年君進病卒卜葬將發引親戚隣里咸會王氏

謂衆曰夫婦死同穴義也吾得從良人逝不亦可乎因撫棺大慟嘔血升許即
仆于地死衆爲斂之與夫連柩出葬送者數百人莫不洒泣移剌氏同知湖州
路事耶律忽都不花妻也夫歿剸耳自誓既葬廬墓側悲號不食死趙氏名哇
兒大寧人年二十夫蕭氏病劇謂哇兒曰我死汝年少若之何哇兒曰君幸自
寬脫有不可諱妾不獨生必從君地下遂命匠制巨棺夫歿即自經死家人同
棺斂葬焉又有雷州朱克彬妻周氏大都費巖妻王氏買哥妻耶律氏曹州鄭
臘兒妻康氏陝州陳某妻別娥娥大同宋堅童妻班氏李安童妻胡氏晉州劉
恕妻趙氏冀寧王思忠妻張氏饒州劉楫妻趙氏東平徐順妻彭氏大寧趙脽
兒妻安氏陳恭妻張氏武壽妻劉氏宋敬先妻謝氏撒里妻蕭氏古城魏貴妻
周氏任城郭灰兒妻趙氏棗陽朱某妻丁氏葉縣王保子妻趙氏興州某氏妻
魏氏灤州裴某妻董貴哥成都張保童妻郝氏利州高塔必也妻白氏河南楊
某妻盧氏蒙古氏太朮妻阿不察相兀孫妻脫脫真並以早寡不忍獨生以死
從夫者事聞悉命褒表或賜錢贈謚云

朱淑信山陰人少寡誓不再嫁一女妙淨幼哭父雙目並失明及長擇偶者不至家貧歲凶母子相依以苦節自厲士人王士貴重其孝乃求娶焉

葛妙真宣城民家女九歲聞日者言母年五十當死妙真卽悲憂祝天誓不嫁終身齋素以延母年母後年八十一卒畏吾氏三女家錢塘諸兄遠仕不歸母思之疾三女欲慰母意乃共斷髮誓天終身不嫁以養母同力侍護四十餘年母竟以壽終事上並賜旌異

王氏燕人張買奴妻也年十六買奴官錢塘病歿葬城西十里外王氏每旦被髮步往奠之伏墓大慟欲絕久而致疾舅姑力止其行乃已服闋舅姑謂之曰吾子已歿新婦年尙少宜自圖終身計毋徒淹吾家也王氏泣曰父母命妾奉箕箒於張氏今夫不幸早逝天也此足豈可復履他人門乎固不從煢居三十年貞白無少玷又有馮翊王義妻盧氏睢陽劉澤妻解氏東平楊三妻張氏並守志有節命旌其門

張義婦濟南鄒平人年十八歸里人李伍伍與從子零戍福寧未幾死戍所張

獨家居養舅姑甚至父母舅姑病凡四刲股肉救不懈及死喪葬無遺禮既而
歎曰妾夫死數千里外妾不能歸骨以葬者以舅姑父母在無所仰故也今不
幸父母舅姑已死而夫骨終暴棄遠土使無妾即已妾在敢愛死乎乃臥積冰
上誓曰天若許妾取夫骨雖寒甚當得不死踰月竟不死鄉人異之乃相率贈
以錢大書其事於衣以行行四十日至福寧見零問夫葬地則榛莽四塞不可
識張哀慟欲絶夫忽降于童言動無異其生時告張死時事甚悲且指示骨所
在處張如其言發得之持骨祝曰爾信妾夫耶入口當如冰雪黏如膠已而果
然官義之上于大府使零護喪還給錢使葬仍旌門復其役
丁氏新建鄭伯文妻也大德閒伯文病將歿丁氏與訣曰妾自得侍巾櫛誓與
偕老君今不幸疾若是脫有不諱妾當從但君父母已老無他子婦侍養妾苟
復自亡使君父母食不甘味則君亦不瞑目矣妾且忍死以奉其餘年必不改
事他人以負君於冥冥也伯文卒丁氏年二十七居喪哀毀服既除父母屢議
奪嫁之丁氏每聞必慟哭曰妾所以不死者非苟生有他志也與良人約將以

事舅姑耳今舅姑在堂固無恙妾可棄去而不信於良人乎父遂止舅姑嘗病丁氏夙夜護視衣不解帶及死喪葬盡禮事上表其門白氏太原人夫慕釋氏道棄家爲僧白氏年二十留養姑不去服勤績紝以供租賦夫一日還迫使他適白斷髮誓不從夫不能奪乃去姑年九十卒竭力營葬畫姑像祀之終身

趙美妻王氏內黃人至治元年美溺水死王氏誓守志舅姑念其年少無子欲使更適人王氏曰婦義無再醮且舅姑在妾可棄而去耶舅姑乃欲以族姪與繼婚王氏拒不從舅姑迫之力王氏知不免卽引繩自經死李冬兒甄城人丁從信妻也年二十三從信歿服闋父母呼婦問之曰汝年少居孀又無子何以自立吾爲汝再擇壻何如冬兒不從詣從信冢哭欲縊墓樹上家人防之不果日暮還從信家夜二鼓入室更新衣自經死李氏濱州惠高兒妻也年二十六高兒歿父欲奪歸嫁之李氏不從自縊而死

脫脫尼雍吉剌氏有色善女工年二十六夫哈剌不花卒前妻有二子皆壯無婦欲以本俗制收繼之脫脫尼以死自誓二子復百計求遂脫脫尼恚且罵曰

汝禽獸行欲妻母耶若死何面目見汝父地下二子慚懼謝罪乃析業而居三十年以貞操聞王氏成都李世安妻也年十九世安卒夫弟世顯欲收繼之王氏不從引刃斷髮復自劓其耳創甚親戚驚嘆爲醫療百日乃愈狀上並旌之

趙彬妻朱氏名錦哥洛陽人也天曆初西兵掠河南朱氏遇兵五人被執逼與亂朱氏拒曰我良家婦豈從汝賊耶兵怒提曳箠楚之朱氏度不能脫卽紿謂之曰汝幸釋我舍後井傍有瘞金當發以遺汝兵信之乃隨其行朱氏得近井卽抱三歲女踴身赴井中死是歲又有偃師王氏女名安哥從父避兵邙山丁家洞兵入搜得之見安哥色美驅使出欲污之安哥不從投澗死有司言狀並表其廬

貴哥蒙古氏同知宣政院事羅五十三妻也天曆初五十三得罪貶海南籍其家詔以貴哥賜近侍卯罕卯罕親率車騎至其家迎之貴哥度不能免令婢僕以飲食延卯罕於廳事如廄自經死

臺叔齡妻劉氏順寧人也粗知書克修婦道一日地震屋壞壓叔齡不能起家

復失火叔齡母前救不得欲就焚叔齡望見呼曰吾已不可得出當亟救吾母劉謂夫妹曰汝救汝母汝兄必死吾不用復生矣卽自投火中死火滅家人得二屍燼中猶手相握不開官嘉其烈上于朝命錄付史臣

李智貞建寧浦城人父子明無子智貞七歲能讀書九歲母病調護甚謹及卒哀慟欲絕不茹葷三年治女工供祭祀及奉父甘旨不乏鄉里稱爲孝女父嘗許爲鄭全妻未嫁從父客邵武邵武豪陳艮悅其慧強納采求聘智貞斷髮拒之且數自求死艮不能奪卒歸全事舅姑父母皆有道泰定間全病歿智貞悲泣不食數日而死

蔡三玉龍溪陳端才妻也盜起漳州掠龍溪父廣瑞與端才各竄去三玉獨偕夫妹出避隣祠中盜入斫夫妹見三玉美不忍傷與里婦歐氏同驅納舟中行至柳營江迫妻之三玉佯許諾因起更衣自投江水而死越三日屍流至廣瑞舟側廣瑞識爲女收殮之歐氏脫歸言狀有司高其操爲請表之乃命旌門復役仍給錢以葬

元史卷二百

明翰林學士亞中大夫知制誥兼修國史宋　濂等修

列傳第八十八

列女

武用妻蘇氏真定人徙家京師用疾蘇氏刲股爲粥以進疾即愈生子德政四歲而寡夫之兄利其資欲逼而嫁之不聽未幾夫兄舉家死惟餘三弱孫蘇氏取而育之德政長事蘇氏至孝蘇氏死時天大旱德政方掘地求水以供葬事忽二蛇躍出德政因默禱焉二蛇一東一北隨其地掘之果得泉有司上其事旌復其家

任仲文妻林氏寧海人家甚貧年二十八而寡姑患風疾不良於行林氏旦暮扶侍惟謹撫育三子皆有成年一百三歲而卒

江文鑄妻范氏名妙元奉化人年二十一歸于江及門未合巹夫忽以癎疾卒范曰我既入江氏之門即江氏婦也豈以夫亡有異志哉遂居江氏之家撫諸

姪江森江道如己子卒年九十五有柳氏者薊郡人爲戶部主事趙野妻未成婚而野卒柳哭之盡哀誓不再嫁其兄將奪其志柳曰業已歸趙氏雖未成婚而夫婦之禮已定矣雖凍餓死豈有他志哉後寢疾不肯服藥曰我年二十六而寡今已逾半百得死此疾幸矣遂卒

姚氏餘杭人居山谷間夫出刈麥姚居家執爨母何氏往汲澗水久而不至俄聞覆水聲亟出視則虎啣其母以走姚倉卒往逐之卽以手毆其脇隣人競執器械以從虎乃置之而去姚負母以歸求藥療之奉養二十餘年而卒又方寧妻官勝娘者建寧人寧耨田勝娘饁之見一虎方攫其夫勝娘卽棄饁奮梃連擊之虎舍去勝娘負夫至中途而死有司以聞爲旌復其家

衣氏汴梁儒士孟志剛妻志剛卒貧而無子有司給以棺木衣氏紿匠者曰可寬大其棺吾夫有遺衣服欲盡置其中匠者然之是夕衣氏具鷄黍祭其夫家之所有悉散之隣里及同居王媼曰吾聞一馬不被兩鞍吾夫旣死與之同棺共穴可也遂自剄死有侯氏者鈞州曹德妻德病死侯氏語人曰年少夫亡婦

人之不幸也欲守吾志而亂離如此其能免乎遂縊死於墓又周經妻吳氏郭惟辛妻郝氏陳輝妻白氏張頑住妻杜氏程二妻成氏李貞妻武氏暗都剌妻張氏並闕獨生自縊而死事聞咸旌異之

湯煇妻張氏處州龍泉人會兵亂其家財先已移入山砦夫與姑共守之舅以疾未行張歸任藥膳且以輿自隨既而賊至即命以輿載其舅而己遇賊賊以刃脅之曰從我則生否則死張掠髮整衣請受刃賊未忍殺張懼污即奪其刃自剄死年二十七又湯婍者亦龍泉人有姿容賊殺其父母以刃脅之婍不勝悲咽乞早死因以頭觸刃賊怒斫殺之其妹亦不受辱而死

俞士淵妻童氏嚴州人姑性嚴待之寡恩童氏柔順以事之無少拂其意者至正十三年賊陷威平官軍復之已乃縱兵剽掠至士淵家童氏以身蔽姑衆欲污之童氏大罵不屈一卒以刀擊其左臂愈不屈又一卒斷其右臂罵猶不絕衆乃皮其面而去明日乃死

張氏女高郵人城亂賊知張女有姿豔叩其家索之女方匿複宇間賊將害其

父母女不得已乃出拜賊賊卽伏地呼其父母爲丈人媪而以女行女欣欣然從之過橋投水死有高氏婦者同郡人也攜其女從夫出避亂見道旁空舍入其中脫金纏臂與女且語夫令疾行夫挈女稍遠乃解足紗自經賊至焚其舍夫抵儀真夜夢婦來告曰我已縊死彼舍矣其精爽如此

惠士玄妻王氏大都人至正十四年士玄病革王氏曰吾聞病者糞苦則愈乃嘗其糞頗甘王氏色愈憂士玄囑王氏曰我病必不起前妾所生子汝善保護之待此子稍長卽從汝自嫁矣王氏泣曰君何爲出此言耶設有不諱妾義當死尙復有他說乎君幸有兄嫂此兒必不失所居數日士玄卒比葬王氏遂居墓側蓬首垢面哀毀逾禮常以妾子置左右飲食寒暖惟恐不至歲餘妾子亦死乃哭曰無復望矣屢引刀自殺家人驚救得免至終喪親舊皆攜酒醴祭士玄于墓祭畢衆欲行酒王氏已經死於樹矣又有王氏者良鄉費隱妻也隱有疾王氏數嘗其糞及疾篤囑王氏曰我一子一女雖妾所生無異汝所出也我死汝其善撫育之遂沒王氏居喪撫其子女旣而子又死服除謂其親屬曰妾

聞夫乃婦之天今夫已死妾生何爲乃執女手語之曰汝今已長稍知人事管鑰在此汝自司之遂相抱慟哭是夜縊死於園中

李景文妻徐氏名彩鸞字淑和浦城徐嗣源之女略通經史每誦文天祥六歌必爲之感泣至正十五年青田賊寇浦城徐氏從嗣源逃旁近山谷賊持刀欲害嗣源徐氏前曰此吾父也寧殺我賊舍父而止徐氏徐氏語父曰兒義不受辱今必死父可速去賊拘徐氏至桂林橋拾炭題詩壁間有惟有桂林橋下水千年照見妾心清之句乃厲聲罵賊投于水賊競出之旣而乘間復投水死

周婦毛氏松陽人美姿色至正十五年隨其夫避亂麻鷺山中爲賊所得脅之曰從我多與若金否則殺汝毛氏曰寧剖我心不願汝金賊以刀磨其身毛氏因大詈曰碎咼賊汝碎則臭我碎則香賊怒刳其腸而去年二十九

丁尚賢妻李氏汴梁人年二十餘有姿容至正十五年賊至欲虜之李氏怒曰吾家六世義門豈能從賊以辱身乎於是闔門三百餘口俱被害

李順兒者許州儒士李讓之女也性聰慧頗涉經傳年十八未嫁至正十五年

賊陷鈞州密邇許昌父謂其母曰吾家以詩禮相傳此女必累我女聞之泣曰父母可自逃難勿以我爲憂須臾於後園內自經而死

吳守正妻禹氏名淑靖字素清紹與人至元十六年徙家崇德之石門淑靖嘗從容謂守正曰方今羣盜蜂起萬一不測妾惟有死而已不使人污此身也是年夏盜陷崇德淑靖倉皇攜八歲女登舟以避有盜數輩奔入其舟將犯淑靖淑靖乃抱幼女投河死

黃仲起妻朱氏杭州人至正十六年張士誠寇杭州其女臨安奴倉皇言曰賊至矣我別母求一死也俄而賊驅諸婦至其家且指朱氏母子曰爲我看守日暮我當至也朱氏聞之懼受辱遂與女俱縊死妾馮氏見其母子已死嘆曰我生何爲徒受辱耳亦自縊死繼而仲起弟妻蔡氏抱幼子玄童與乳母湯氏皆自縊及暮賊至見諸屍滿室執仲起將殺之哀求得脫賊遂盡掠其家財而去

焦士廉妻王氏博與人養姑至孝至正十七年毛貴作亂官軍競出虜掠王氏被執紿曰我家墓田有藏金可共取也信之隨王氏至墓所王氏哭曰我已得

死所矣實無藏金汝可於此殺我乃與妾杜氏皆遇害又有趙氏者平陽人年二十未嫁寇亂趙被驅迫以行度不能免紿賊曰吾取所藏金以遺汝賊信之遂還投于廁而死

陳淑真富州陳璧之女璧故儒者避亂移家龍興淑真七歲能誦詩鼓琴至正十八年陳友諒寇龍興淑真見鄰嫗倉皇來告乃取琴坐牖下彈之曲終泫然流涕曰吾絕絃於斯乎父母怪問之淑真曰城陷必遭辱不如早死明日賊至其居臨東湖遂溺焉水淺不死賊抽矢脅之上岸淑真不從賊射殺之時同郡李宗頤妻夏氏名婉常亦儒家女與女匿居後圃中賊至挾其女共投井死

秦閏夫妻柴氏晉寧人閏夫前妻遺一子尚幼柴氏鞠如己出未幾柴氏有子閏夫病且死囑柴氏曰我病不復起家貧惟二幼子汝能撫其成立我死亦無憾矣閏夫死家事日微柴氏辛勤紡績遣二子就學至正十八年賊犯晉寧其長子爲賊驅迫在圍中既而得脫初在賊時有惡少與張福爲仇往滅其家及官軍至福訴其事事連柴氏長子法當誅柴氏引次子詣官泣訴曰往從惡者

吾次子非吾長子也次子曰我之罪可加於兄乎鞫之至死不易其言官反疑次子非柴氏所出訊之他因始得其情官義柴氏之行爲之言曰婦執義不忘其夫之命子趨死而能成母之志此天理人情之至也遂釋免其長子而次子亦得不死時人皆以爲難二十四年有司上其事旌其門而復其家

也先忽都蒙古欽察氏大寧路達魯花赤鐵木兒不花之妻以夫恩封雲中郡君夫坐事免官居大寧至正十八年紅巾賊至也先忽都與妾玉蓮走尼寺中爲賊所得令與衆婦縫衣拒不肯爲賊嚇以刃也先忽都罵曰我達魯花赤妻也汝曹賊也我不能爲針工以從賊賊怒殺之玉蓮因自縊者凡三賊併殺之

先是其子完者帖木兒年十四與父出城見執于賊完者拜哭請以身代父死賊愛完者姿秀遂挈以從久之乃獲脫歸訪母屍并玉蓮葬焉

呂彥能者陵州人至正十八年賊犯陵州彥能與家人謀所往其姊久嫠居寓彥能家先曰我喪夫二十年又無後不死何爲苟辱身則辱吾弟矣赴井死其妻劉氏語彥能曰妾爲君家婦二十八年茲不幸逢亂離必不負君君可自往

妾入井矣彥能二女及子婦王氏二孫女皆隨劉氏溺井一門死者七人

劉公翼妻蕭氏濟南人有姿色頗通書史至正十八年聞毛貴兵將壓境豫與夫謀曰妾詩書家女誓以冰雪自將儻城陷被執悔將何追妾以二子一女累君去作清白鬼於泉下耳夫曰事未至何急於此居亡何城陷蕭解條自縊死

袁氏孤女建康路溧水州人年十五其母嚴氏孀居極貧病癱瘓臥于床者數年女事母至孝至正十二年兵火延其里隣婦強攜女出避火女泣曰我何忍舍母去乎同死而已遂入室抱母共焚而死

徐允讓妻潘氏名妙圓山陰人至正十九年與其夫從舅避兵山谷間舅被執夫泣以救舅脫夫被兵所殺欲強辱潘氏潘氏因紿之曰我夫既死我從汝必矣若能焚吾夫可無憾也兵信之聚薪以焚其夫火既熾潘氏且泣且語遂投火以死又諸暨蔡氏者王琪妻也至正二十二年張士誠陷諸暨蔡氏避之長寧鄉山中兵猝至有造紙鑊方沸遂投其中而死

趙洙妻許氏集賢大學士有壬之姪女也至正十九年紅巾賊陷遼陽洙時為

儒學提舉夫婦避亂匿資善寺洙以叱賊見害許氏不知也賊甘言誘許氏令
指示金銀之處許氏大言曰吾詩書冠冕故家不幸遇難但知守節而死他皆
不知也賊以刃脅之許氏色不變已而知其夫死因慟哭仆地罵聲不絕口且
曰吾母居武昌死于賊吾女兄弟亦死賊今吾夫又死焉使我得報汝當臨汝
矣遂遇害寺僧見許氏死狀哀其貞烈賊退與洙合葬之
張正蒙妻韓氏紹興人正蒙嘗爲湖州德清稅務提領至正十九年紹興兵變
正蒙謂韓氏曰吾爲元朝臣子於義當死韓氏曰爾果能死於忠吾必能死於
節遂俱縊死其女池奴年十七泣曰父母既亡吾何以獨生亦投崖而死又何
氏者處之龍泉縣季銳妻也因避兵于邑之繩門巖賊至何氏被執欲污之乃
與子榮兒女回娘投崖而死
劉氏二女長曰貞年十九次曰孫年十七龍與人皆未許嫁陳友諒寇龍興其
母泣謂二女曰城或破置汝何所二女曰寧死不辱父母也城陷二女登樓相
繼自縊婢鄭奴亦自縊

于同祖妻曹氏茶陵人父德夫教授湖湘間同祖在諸生中因以女妻焉至正二十年茶陵陷曹氏聞婦女多被驅逐謂其夫及子曰是尚可全生乎我義不辱身以累汝也顧舅年老汝等善事之遂自剄死妾李氏驚抱持之不得亦引刀自剄絶而復蘇曰得從小君地下足矣是夕死

李仲義妻劉氏名翠哥房山人至正二十年縣大饑平章劉哈剌不花兵乏食執仲義欲烹之仲義弟馬兒走報劉氏劉氏遽往救之涕泣伏地告於兵曰所執者是吾夫也乞矜憐之貸其生吾家有醬一甕米一斗五升窖于地中可掘取之以代吾夫兵不從劉氏曰吾夫瘦小不可食吾聞婦人肥黑者味美吾肥且黑願就烹以代夫死兵遂釋其夫而烹劉氏聞者莫不哀之

李弘益妻申氏冀寧人至正二十年賊陷冀寧申語弘益曰君當速去勿以我婦人相累若賊入吾室必以妾故害及君矣言訖投井死弘益既免於難再娶安氏居二歲而弘益以疾卒安氏時年三十泣謂諸親曰女子一適人終身不改不幸夫死雖生亦何益哉乃竊入寢室膏沐薰裳自縊于柩側

鄭琪妻羅氏名妙安信州弋陽人幼聰慧能暗誦列女傳年二十歸琪琪家世宦族同居百餘口羅氏執婦道無間言琪以軍功擢鉛山州判官羅氏封宜人至正二十年信州陷羅氏度弋陽去州不遠必不免於難輒取所佩刀淬礪令銛甚琪問何爲對曰時事如此萬一遇難爲自全計耳已而兵至羅氏自刎死時年二十九

周如砥女年十九未適人至正二十年鄉民作亂如砥與女避于邑西之客僧嶺女爲賊所執賊曰吾未娶當以汝爲妻女曰我周典史女也死卽死豈能從汝耶賊遂殺之如砥時爲紹興新昌典史

狄恆妻徐氏天台人恆早沒徐氏守節不再醮至正二十年鄉民爲亂避難于牛囤山爲賊所執驅迫以前徐紿之曰吾渴甚欲求水一杯賊令自汲卽投井而死時年十八

柯節婦陳氏者長樂石梁人至正二十一年海賊劫石梁其夫適在縣郭陳氏出避賊道與賊遇被執以行陳氏且行且罵賊亂捶之挾以登舟罵不已忽振

厲自投江中其父方臥病見其女至呼之不應駭曰吾豈夢耶既而有自賊中歸者言陳氏死狀乃知其鬼也明日屍逆流而上止石粱岸傍時盛暑屍已變其夫驗其背有黑子乃慟哭曰是吾妻也舁歸斂之

李馬兒妻袁氏瑞州人至正二十二年李病沒袁氏年十九誓不再嫁以養舅姑有王成者聞袁氏有姿色挾勢欲娶之袁氏曰吾聞烈女不更二夫寧死不失身也遂往夫墓痛哭縊死樹下

王士明妻李氏名賽兒房山人至正二十五年竹貞軍至縣李氏及其女李家奴皆被執士明隨至軍軍怒逐之李氏謂其女曰汝父既爲軍所逐吾與汝必不得脫與其受辱不若死女曰母先殺我李氏即以軍所遺鍘刀殺其女遂自殺竹貞聞之爲之葬祭仍書其門曰王士明妻李氏貞節之門有司上其事爲樹碑焉

陶宗媛台州人儒士杜思絅妻也歸杜四載而夫亡矢志守節台州被兵宗媛方居姑喪忍死護柩爲游軍所執迫脅之媛曰我若畏死豈當此耶任汝殺我

以從姑于地下爾遂遇害其妹宗婉弟妻王淑亦皆赴水死
高麗氏宣慰副使孛羅帖木兒妻也至正二十七年十二月其夫死於兵謂人
曰夫既死矣吾安能復事人乎乃積薪塞戶以火自焚而死
張訥妻劉氏藍田人訥爲監察御史早卒劉守志不二河東受兵劉氏二子衡
衍俱以事出外度不能自脫遂與二婦孫氏姚氏決死盡發貲囊分給家人婦
姑同縊焉有華氏者大同張思孝妻爲貊高兵所執以不受辱見殺其婦劉氏
僵壓姑屍大罵不已兵併殺之後家人殮其屍婦姑之手猶相持不捨
觀音奴妻卜顏的斤蒙古氏宗王黑閭之女大都被兵卜顏的斤謂其夫曰我
乃國族且年少必不容於人豈惜一死以辱家國乎遂自縊而死時張棟妻王
氏語家人曰吾爲狀元妻義不可辱赴井死其姑哭之慟亦赴井死
安志道妻劉氏順州人志道及劉氏之弟明理並登進士第劉氏避兵匿岩穴
中軍至欲污之劉氏曰我弟與夫皆進士也我豈受汝辱乎軍士以兵磨其體
劉大罵不輟聲軍怒乃鉤斷其舌含糊而死

宋謙妻趙氏大都人兵破大都趙氏子婦溫氏高氏孫婦高氏徐氏皆有姿色合謀曰兵且至矣我等豈可辱身以苟全哉趙卽自經死諸婦四人諸孫男女六人衆妾三人皆赴井而死

齊關妻劉氏河南人關應募爲千夫長戰死澤潞間劉氏貧無所依守志不奪有來強議婚者劉氏紿曰吾三月三日有心願償畢當從汝所言是日徑往彰德天寧寺登浮圖絕頂祝天曰妾本河南名家劉氏女遭世亂適湖南齊關爲妻今夫已死不敢失節也遂投地而死

王宗仁妻宋氏進士宋褧之女也宗仁家永平永平受兵宋氏從夫避于鏵子山夫婦爲軍所虜行至玉田縣有窺宋氏色美欲害宗仁者宋氏顧謂夫曰我不幸至此必不以身累君言訖遂攜一女投井死時年二十九

王履謙妻齊氏太原人治家嚴肅克守婦道至正十八年賊陷太原齊氏與二婦蕭氏呂氏及二女避難於趙莊石巖賊且至度不能免顧謂二女曰汝家五世同居號爲清白豈可虧節辱身以苟生哉長女曰吾夫已死今爲未亡人得

死爲幸呂氏曰吾爲中書左丞之孫義不受辱齊氏大哭乃與二婦二女及二孫女俱投岩下以死

王時妻安氏名正同磁州人平章政事祐孫女也至正十九年時以參知政事分省太原安氏從之二十年賊兵寇太原城陷衆皆逃安氏與其妾李氏同赴井死事聞贈梁國夫人諡莊潔

徐猱頭妻岳氏大都人兵入都城岳氏告其夫曰我等恐被驅逐將奈何其夫曰事急惟有死耳何避也遂火其所居夫婦赴火以死其母王氏二女一子皆抱持赴火死

金氏詳定使四明程徐妻也京城既破謂其女曰汝父出捍城我三品命婦汝儒家女又進士妻不可受辱抱二歲子及女赴井死

汪琰妻潘氏徽州婺源人年二十八而琰卒潘氏誓不他適以其夫從兄之子元圭爲後元圭時始三歲鞠之不啻己出潘氏卒年六十二元圭之子艮屋有子燕山燕山卒時妻李氏年二十四無子乃守志自誓父母欲奪而嫁之不聽

燕山兄子惟德娶俞氏惟德早死二子甚幼俞氏守節辛勤不墜家業故人賢
汪氏之門而稱曰三節同郡歙縣吳子恭之妻蔣氏年二十八而夫亡孀居五
十年年七十八卒至正十四年旌表門閭

元史卷二百一

元史卷二百二

明翰林學士亞中大夫知制誥兼修國史宋　濂等修

列傳第八十九

釋老

釋老之教行乎中國也千數百年而其盛衰每繫乎時君之好惡是故佛於晉宋梁陳黃老于漢魏唐宋而其效可覩矣元興崇尚釋氏而帝師之盛尤不可與古昔同語維道家方士之流假禱祠之說乘時以起曾不及其什一焉宋舊史嘗志老釋厥有旨哉乃本其意作釋老傳

帝師八思巴者土番薩斯迦人族款氏也相傳自其祖朶栗赤以其法佐國主霸西海者十餘世八思巴生七歲誦經數十萬言能約通其大義國人號之聖童故名曰八思巴少長學富五明故又稱曰班彌怛歲癸丑年十有五謁世祖于潛邸與語大悅日見親禮中統元年世祖卽位尊爲國師授以玉印命製蒙古新字字成上之其字僅千餘其母凡四十有一其相關紐而成字者則有韻

闕之法其以二合三合四合而成字者則有語韻之法而大要則以諧聲爲宗
也至元六年詔頒行於天下詔曰朕惟字以書言言以紀事此古今之通制我
國家肇基朔方俗尚簡古未遑制作凡施用文字因用漢楷及畏吾字以達本
朝之言考諸遼金以及遐方諸國例各有字今文治寖興而字書有闕於一代
制度實爲未備故特命國師八思巴創爲蒙古新字譯寫一切文字期於順言
達事而已自今以往凡有璽書頒降者並用蒙古新字仍各以其國字副之遂
升號八思巴曰大寶法王更賜玉印十一年請告西還留之不可乃以其弟亦
憐真嗣焉十六年八思巴卒訃聞賻贈有加賜號皇天之下一人之上宣文輔
治大聖至德普覺真智佑國如意大寶法王西天佛子大元帝師至治間特詔
郡縣建廟通祀泰定元年又以繪像十一頒各行省爲之塑像云亦憐真嗣爲
帝師凡六歲至元十九年卒答兒麻八剌乞列嗣二十三年卒亦攝思連真嗣
三十一年卒乞剌斯八斡節兒嗣成宗特造寶玉五方佛冠賜之元貞元年又
更賜雙龍盤紐白玉印文曰大元帝師統領諸國僧尼中興釋教之印大德七

年卒明年以輦真監藏嗣又明年卒都家班嗣皇慶二年卒相兒加思嗣延祐元年卒二年以公哥羅古羅思監藏班藏卜嗣至治三年卒旺出兒監藏嗣泰定二年卒公哥列思八冲納思監藏班藏卜嗣賜玉印降璽書諭天下其年卒天歷二年以輦真吃剌失思嗣八思巴時又有國師膽巴者一名功嘉葛剌思西番突甘斯旦麻人幼從西天竺古達麻失利傳習梵秘得其法要中統間帝師八思巴薦之時懷孟大旱世祖命禱之立雨又嘗呪食投龍湫頃之奇花異果上尊湧出波面取以上進世祖大悅至元末以不容於時相桑哥力請西歸既復召還謫之潮州時樞密副使月的迷失鎮潮而妻得奇疾膽巴以所持數珠加其身卽愈又嘗爲月的迷失言異夢及己還朝期後皆驗元貞間海都犯西番界成宗命禱于摩訶葛剌神已而捷書果至又爲成宗禱疾遄愈賜與甚厚且詔分御前校尉十人爲之導從成宗北巡命膽巴以象輿前導過雲州語諸弟子曰此地有靈怪恐驚乘輿當密持神呪以厭之未幾風雨大至衆咸震懼惟幄殿無虞復賜碧鈿盃一大德七年夏卒皇慶間追號大覺普惠廣照無

上膽巴帝師其後又有必蘭納識里者初名只刺瓦彌的理北庭感木魯國人
幼熟畏兀兒及西天書長能貫通三藏暨諸國語大德六年奉旨從帝師受戒
於廣寒殿代帝出家更賜今名皇慶中命繙譯諸梵經典延祐間特賜銀印授
光祿大夫是時諸番朝貢表牋文字無能識者皆令必蘭納識理譯進嘗有以
金刻字爲表進者帝遣視之廷中愕眙觀所以對必蘭納識理隨取案上墨汁
塗金葉審其字命左右執筆口授表中語及使人名氏與貢物之數書而上之
明日有司閱其物色與所賚重譯之書無少差者衆無不服其博識而竟莫測
其何所從授或者以爲神悟云授開府儀同三司仍賜三臺銀印兼領功德使
司事厚其廩餼俾得以養母焉至治三年改賜金印特授沙律愛護持且命爲
諸國引進使至順二年又賜玉印加號普覺圓明廣照弘辯三藏國師二年與
安西王子月魯帖木兒等謀爲不軌坐誅其所譯經漢字則有楞嚴經西天字
則有大乘莊嚴寶度經乾陀般若經大涅槃經稱讚大乘功德經西番字則有
不思議禪觀經通若干卷元起朔方固已崇尚釋教及得西域世祖以其地廣

而險遠民獷而好鬭思有以因其俗而柔其人乃郡縣土番之地設官分職而領之於帝師乃立宣政院其爲使位居第二者必以僧爲之出帝師所辟舉而總其政於內外者帥臣以下亦必僧俗並用而軍民通攝於是帝師之命與詔勑並行於西土百年之間朝廷所以敬禮而尊信之者無所不用其至雖帝后妃主皆因受戒而爲之膜拜正衙朝會百官班列而帝師亦或專席於坐隅且每帝即位之始降詔褒護必勑章佩監絡珠爲字以賜蓋其重之如此其未至而迎之則中書大臣馳驛累百騎以往所過供億送迎比至京師則勑大府假法駕半仗以爲前導詔省臺院官以及百司庶府並服銀鼠質孫用每歲二月八日迎佛威儀往迓且命禮部尚書郎中專督迎接及其卒而歸葬舍利又命百官出郭祭餞大德九年專遣平章政事鐵木兒乘傳護送賻金五百兩銀千兩幣帛萬匹鈔三千錠皇慶二年加至賻金五千兩銀一萬五千兩錦綺雜綵共一萬七千匹雖其昆弟子姓之往來有司亦供億無乏泰定間以帝師弟公哥亦思監將至詔中書持羊酒郊勞而其兄瑣南藏卜遂尚公主封白蘭王賜

金印給圓符其弟子之號司空司徒國公佩金玉印章者前後相望爲其徒者
怙勢恣睢日新月盛氣燄熏灼延于四方爲害不可勝言有楊璉真加者世祖
用爲江南釋教總統發掘故宋趙氏諸陵之在錢唐紹興者及其大臣塚墓凡
一百一所戕殺平民四人受人獻美女寶物無算且攘奪盜取財物計金一千
七百兩銀六千八百兩玉帶九玉器大小百一十有一雜寶貝百五十有二大
珠五十兩鈔一十一萬六千二百錠田二萬三千畝私庇平民不輸公賦者二
萬三千戶他所藏匿未露者不論也又至大元年上都開元寺西僧強市民薪
民訴諸留守李璧璧方詢問其由僧已率其黨持白梃突入公府隔案引璧髮
捽諸地捶朴交下拽之以歸閉諸空室久乃得脫奔訴于朝遇赦以免二年復
有僧龔柯等十八人與諸王合兒八剌妃忽禿赤的斤爭道拉妃墮車毆之且
有犯上等語事聞詔釋不問而宣政院臣方奏取旨凡民毆西僧者截其手詈
之者斷其舌時仁宗居東宮聞之亟奏寢其令泰定二年西臺御史李昌言嘗
經平涼府靜會定西等州見西番僧佩金字圓符絡繹道途馳騎累百傳舍至

不能容則假館民舍因迫逐男子奸污女婦奉元一路自正月至七月往返者百八十五次用馬至八百四十餘匹較之諸王行省之使十多六七驛戶無所控訴臺察莫得誰何且國家之製圓符本爲邊防警報之虞僧人何事而輒佩之乞更正僧人給驛法且令臺憲得以糾察不報必蘭納識里之誅也有司籍之得其人畜土田金銀貨貝錢幣邸舍書畫器玩以及婦人七寶裝具價值鉅萬萬云若歲時祝釐禱祠之常號稱好事者其目尤不一有曰鎮雷阿藍納四華言慶讚也有曰亦思滿藍華言藥師壇也有曰搠思串卜華言護城也有曰朶兒禪華言大施食也有曰朶兒只列朶四華言美妙金剛迴遮施食也有曰察兒哥朶四華言迴遮也有曰籠哥兒華言風輪也有曰喒朶四華言作施食也有曰出朶兒華言出水濟六道也有曰党刺朶四華言迴遮施食也有曰典朶兒華言常川施食也有曰坐靜有曰魯朝華言獅子吼道場也有曰黑牙蠻答哥華言黑獄帝主也有曰搠思江朶兒麻華言護江神施食也有曰赤思古林搠華言自受主戒也有曰鎮雷坐靜有曰吃刺察坐靜華言祕密坐靜也有

曰斟惹華言文殊菩薩也有曰古林朵四華言至尊大黑神迴遮施食也有曰歇白咱剌華言大喜樂也有曰必思禪華言無量壽也有曰覩思哥兒華言白傘蓋呪也有曰收札沙剌華言五護陀羅尼經也有曰阿昔答撒答昔里華言八十頌般若經也有曰撒思納屯華言大理天神呪也有曰闊兒魯弗卜屯華言大輪金剛呪也有曰且八迷屯華言無量壽經也有曰亦思羅八華言最勝王經也有曰撒思納屯華言護神呪也有曰南占屯華言懷相金剛也有曰卜魯八華言呪法也又有作擦擦者以泥作小浮屠也又有作答兒剛者其作答兒剛者或一所二所以至七所作擦擦者或十萬二十萬以至三十萬又嘗造浮屠二百一十有六實以七寶珠玉半置海畔半置水中以鎮海災延祐四年宣徽使會每歲內廷佛事所供其費以斤數者用麪四十三萬九千五百油七萬九千酥二萬一千八百七十蜜二萬七千三百自至元三十年間醮祠佛事之目僅百有二大德七年再立功德司遂增至五百有餘僧徒貪利無已營結近侍欺昧奏請布施莽齋所需非一歲費千萬較之大德不知幾倍又每歲必

因好事奏釋輕重囚徒以爲福利雖大臣如阿里闍帥如别沙兒等莫不假是以逭其誅宣政院參議李良弼受賕鬻官直以帝師之言縱之其餘殺人之盜作奸之徒貪緣幸免者多至或取空名宣勅以爲布施而任其人可謂濫矣凡此皆有關乎一代之治體者故今備著焉若夫天下寺院之領於內外宣政院曰禪曰教曰律則固各守其業惟所謂白雲宗白蓮宗者亦或頗通奸利云

丘處機登州栖霞人自號長春子兒時有相者謂其異日當爲神仙宗伯年十九爲全眞學于寧海之崐崙山與馬鈺譚處端劉處玄王處一郝大通孫不二同師重陽王眞人重陽一見處機大器之金宋之季俱遣使來召不赴歲己卯太祖自乃蠻命近臣札八兒劉仲祿持詔求之處機一日忽語其徒使促裝曰天使來召我我當往翌日二人者至處機乃與弟子十有八人同往見焉明年宿留山北先馳表謝拳拳以止殺爲勸又明年趣使再至乃發撫州經數十國爲地萬有餘里蓋蹀血戰場避寇叛域絕糧沙漠自崐崙歷四載而始達雪山常馬行深雪中馬上舉策試之未及積雪之半既見太祖大悅賜食設廬帳甚

飭太祖時方西征日事攻戰處機每言欲一天下者必在乎不嗜殺人及問爲
治之方則對以敬天愛民爲本問長生久視之道則告以清心寡欲爲要太祖
深契其言曰天錫仙翁以寤朕志命左右書之且以訓諸子焉於是錫之虎符
副以璽書不斥其名惟曰神仙一日雷震太祖以問處機對曰雷天威也人罪
莫大於不孝不孝則不順乎天故天威震動以警之似聞境內不孝者多陛下
宜明天威以導有衆太祖從之歲癸未太祖大獵于東山馬踣處機請曰天道
好生陛下春秋高數畋獵非宜太祖爲罷獵者久之時國兵踐蹂中原河南北
尤甚民罹俘戮無所逃命處機還燕使其徒持牒招求於戰伐之餘由是爲人
奴者得復爲良與瀕死而得更生者毋慮二三萬人中州人至今稱道之歲乙
酉熒惑犯尾其占在燕處機禱之果退舍丁亥又爲旱禱期以三日雨當名瑞
應已而亦驗有旨改賜宮名曰長春且遣使勞問制若曰朕常念神仙神仙毋
忘朕也六月浴于東溪越二日天大雷雨太液池岸北水入東湖聲聞數里魚
鱉盡去池遂涸而北口高岸亦崩處機歎曰山其摧乎池其涸乎吾將與之俱

乎遂卒年八十其徒尹志平等世奉璽書襲掌其教至大間加賜金印處機之四傳有曰祈志誠者居雲州金閣山道譽甚著丞相安童嘗過而問之志誠告以修身治世之要安童感其言故其相世祖也以清靜忠厚爲主及罷還第退然若無與於世者人以爲有得於志誠之言其後安童復被召入相辭不可遂往決於志誠志誠曰昔與子同列者何人今同列者何人安童悟入見世祖辭曰臣昔爲宰相年尚少幸不失陛下事者丞佐皆臣所師友今事臣者皆進與臣俱則臣之爲政能有加於前乎世祖曰誰爲卿言是對曰祈真人世祖歎異者久之

正一天師者始自漢張道陵其後四代曰盛來居信之龍虎山相傳至三十六代宗演當至元十三年世祖已平江南遣使召之至則命廷臣郊勞待以客禮及見語之曰昔歲己未朕次鄂渚嘗令王一清往訪卿父卿父使報朕曰後二十年天下當混一神仙之言驗於今矣因命坐錫宴特賜玉芙蓉冠組金無縫服命主領江南道教仍賜銀印十八年二十五年再入覲世祖嘗命取其祖天

師所傳玉印寶劍觀之語侍臣曰朝代更易已不知其幾而天師劍印傳子若
孫尙至今日其果有神明之相矣乎嗟嘆久之二十九年卒子與棣嗣爲三十
七代襲掌江南道教三十一年入覲卒于京師元貞元年弟與材嗣爲三十八
代襲掌道教時潮嚙鹽官海鹽兩州爲患特甚與材以術治之一夕大雷電以
震明日見有物魚首龜形者磔于水裔潮患遂息大德五年召見于上都幄殿
八年授正一教主主領三山符籙武宗卽位來覲特授金紫光祿大夫封留國
公錫金印仁宗卽位特賜寶冠組織文金之服延祐三年卒四年子嗣成嗣爲
三十九代襲領江南道教主領三山符籙如故其徒張留孫者字師漢信州貴
溪人少時入龍虎山爲道士有道人相之曰神仙宰相也至元十三年從天師
張宗演入朝世祖與語稱旨遂留侍闕下世祖嘗親祠幄殿皇太子侍忽風雨
暴至衆駭懼留孫禱之立止又嘗夜日月山昭睿順聖皇后得疾危甚亟召留
孫請禱既而后夢有朱衣長髯從甲士導朱輦白獸行草間者覺而異之以問
留孫對曰甲士導輦獸者臣所佩法籙中將吏也朱衣長髯者漢祖天師也行

草間者春時也殿下之疾其及春而瘳乎后命取所事畫像以進視之果夢中所見者帝后大悅卽命留孫爲天師留孫固辭不敢當乃號之上卿命尚方鑄寶劍以賜建崇真宮于兩京俾留孫居之專掌祠事十五年授玄教宗師錫銀印又特任其父信州路治中尋復陞江東道同知宣慰司事是時天下大定世祖思與民休息留孫待詔尚方因論黃老治道貴清淨聖人在宥天下之旨深契主衷及將以完澤爲相命留孫筮之得同人之豫留孫進曰同人柔得位而進乎乾君臣之合也豫利侯命相之事也何吉如之願陛下勿疑及拜完澤天下果以爲得賢相大德中加號玄教大宗師同知集賢院道教事且追封其三代皆魏國公官階品俱第一武宗立召見賜坐陞大真人知集賢院位大學士上尋又加特進進講老子推明謙讓之道及仁宗卽位猶恆誦其言且諭近臣曰累朝舊德僅餘張上卿爾進開府儀同三司加號輔成贊化保運玄教大宗師刻玉爲玄教大宗師印以賜至治元年十二月卒年七十四天曆元年追贈道祖神應真君其徒吳全節嗣全節字成季饒州安仁人年十三學道于龍虎

山至元二十四年至京師從留孫見世祖三十一年成宗至自朔方召見賜古
琱玉蟠螭環一勅每歲侍從行幸所司給廬帳車馬衣服廩餼著爲令大德十
一年授玄教嗣師錫銀印視二品至大元年賜七寶金冠織金文之服三年贈
其祖昭文館大學士封其父司徒饒國公母饒國太夫人名其所居之鄉曰榮
祿里曰具慶至治元年留孫卒二年制授特進上卿玄教大宗師崇文弘道玄
德真人總攝江淮荆襄等處道教知集賢院道教事玉印一銀印二幷授之全
節嘗代祀嶽瀆還成宗問曰卿所過郡縣有善治民者乎對曰臣過洛陽太守
盧摯平易無爲而民以安靖成宗曰吾憶其人卽日召拜集賢學士成宗崩仁
宗至自懷孟有狂士以危言訐翰林學士閻復者事叵測全節力爲言于李孟
孟以聞仁宗意解復告老而去當時以爲朝廷得敬大臣體而不以口語傷賢
者全節蓋有力焉全節雅好結士大夫無所不傾其交長者尤見親而敬推轂
善類唯恐不盡其力至於振窮周急又未嘗以恩怨異其心當時以爲頗有俠
氣云全節卒年八十有二其徒夏文泳嗣

真大道教者始自金季道士劉德仁之所立也其教以苦節危行爲要而不妄取於人不苟侈於己者也五傳而至酈希誠居燕城天寶宮見知憲宗始名其教曰真大道授希誠太玄真人領教事內出冠服以賜仍給紫衣三十襲賜其從者至元五年世祖命其徒孫德福統轄諸路真大道錫銅章二十年改賜銀印二又三傳而至張志清其教益盛授演教大宗師凝神冲妙玄應真人志清事親孝尤耐辛苦制行堅峻東海珠牢山舊多虎志清往結茅居之虎皆避徙然頗爲人害志清曰是吾奪其所也遂去之後居臨汾地大震城郭邑屋摧壓死者不可勝計獨志清所居裂爲二無少損焉乃徧巡木石間聽呻吟聲救活者甚衆朝廷重其名給驛致之掌教事志清舍傳徒步至京師深居簡出人或不識其面貴人達官來見率告病伏臥內不起至於道德縉紳先生則納屣杖屨求見不以爲難時人高其風至畫爲圖以相傳焉

太一教者始金天眷中道士蕭抱珍傳太一三元法籙之術因名其教曰太一四傳而至蕭輔道世祖在潛邸聞其名命史天澤召至和林賜對稱旨留居宮

邸以老請授弟子李居壽掌其教事至元十一年建太一宮于兩京命居壽居之領祠事且禋祀六丁以繼太保劉秉忠之術十三年賜太一掌教宗師印十六年十月辛丑月直元辰勑居壽祠醮奏赤章于天凡五晝夜事畢居壽請閒曰皇太子春秋鼎盛宜參預國政且又因典瑞董文忠以爲言世祖喜曰行將及之其後詔太子參決朝政庶事皆先啓後聞者蓋居壽爲之先也

元史卷二百二

元史卷二百三

明翰林學士亞中大夫知制誥兼修國史宋　濂等修

列傳第九十

方技工藝附

自昔帝王勃興雖星歷醫卜方術異能之士莫不過絕於人類非後來所及蓋天運也元有中土鉅公異人身兼數器者皆應期而出相與立法創制開物成務以輔成大業亦云盛哉若道流釋子所挾多方事適逢時既皆別爲之傳其他以術數言事輒驗及以醫著效被光寵者甚衆舊史多闕弗錄今取其事蹟可見者爲方技篇而以工藝貴顯亦附見焉

田忠良字正卿其先平陽趙城人金亡徙中山忠良好學通儒家雜家言嘗識太保劉秉忠於微時秉忠薦于世祖遣使召至帝視其狀貌步趨顧謂侍臣曰是雖以陰陽家進必將爲國用俄指西序第二人謂忠良曰彼手中握何物忠良對曰雞卵也果然帝喜又曰朕有事縈心汝試占之對曰以臣術推之當是

一名僧病耳帝曰然國師也遂遣左侍儀奉御也先乃送忠良司天臺給筆札
令秉忠試星歷遁甲諸書秉忠奏曰所試皆通司天諸生鮮有及者詔官之司
天帝曰朕用兵江南困于襄樊累年不決柰何忠良對曰在酉年矣至元十一
年阿里海牙奏請率十萬衆渡江朝議難之帝密問曰汝試筮之濟否忠良對
曰濟帝獵于柳林御幄殿侍臣甚衆顧忠良曰今拜一大將取江南朕心已定
果何人耶忠良環視左右目一人對曰是偉丈夫可屬大事帝笑曰此伯顏也
爲西王旭烈兀使朕以其才留用之汝識朕心賜鈔五百貫衣一襲七月十五
日夜白氣貫三台帝問何祥忠良對曰三公其死乎未幾太保劉秉忠卒八月
帝出獵駐蹕召忠良曰朕有所遺汝知何物還可復得否對曰其數珠乎明日
二十里外人當有得而來獻者已而果然帝喜賜以貂裘十月有旨問忠良南
征將士能渡江否勞師費財朕甚憂之忠良奏曰明年正月當奏捷矣十二年
正月師取鄂州丞相伯顏遣使來獻宋寶有玉香爐轂以賜忠良及金織文十
疋二月帝不豫召忠良謂曰或言朕今歲不嘉汝術云何忠良對曰聖體行自

安矣三月帝疾愈賜銀五百兩衣材三十疋五月車駕清暑上都遣使來召曰
叛者浸入山陵久而不去汝與和禮霍孫率衆往視之既至山陵如故俄而叛
兵大至圍之三匝三日不解忠良引衆夜歸敵殊不覺和禮霍孫以爲神白其
事于帝賜黃金十兩八月以海都爲邊患遣皇子北平王那木罕丞相安童征
之忠良奏曰不吉將有叛者帝不悅十二月諸王昔里吉劫皇子丞相以入海
都帝召忠良曰朕幾信讒言罪汝今如汝言汝祀神致禱雖黃金朕所不吝忠
良對曰無事於神皇子末年當還後果然十四年八月車駕駐隆興北忠良奏
曰昔里吉之叛以安童之食不彼及也今宿衞之士日食一瓜豈能充饑竊有
怨言矣帝怒笞主膳二人俾均其食十五年三月汴梁河清三百里帝曰憲宗
生河清朕生河又清今河又清何耶忠良對曰應在皇太子宮矣帝語符寶郎
董文忠曰是不妄言殆有徵也十八年特命爲太常丞少府爲諸王昌童建宅
於太廟南忠良往仆其柱少府奏之帝問忠良對曰太廟前豈諸王建宅所耶
帝曰卿言是也又奏曰太廟前無馳道非禮也卽勑中書闢道國制十月上吉

有事于太廟或請牲不用牛忠良奏曰梁武帝用麵爲犧牲後如何耶從之遷
太常少卿二十年將征日本國召忠良擇日出師忠良奏曰僻陋海隅何足勞
天戈不聽二十四年請建大社於朝右建郊壇於國南俄兼引進使二十九年
遷太常卿大德元年遷昭文館大學士中奉大夫兼太常太卿十一年成宗崩
阿忽台等持異謀將以皇后教祔成宗於廟忠良爭曰嗣皇帝祔先帝於廟禮
也皇后教非制也阿忽台等怒曰制自天降耶汝不畏死敢沮大事忠良竟不
從既而仁宗以太弟奉皇太后至自懷州潛與密謀誅阿忽台等武宗既位進
榮祿大夫大司徒賜銀印仁宗卽位又進光祿大夫領太常禮儀院事延祐四
年正月卒年七十五贈推忠守正佐運功臣太師開府儀同三司上柱國追封
趙國公謚忠獻子天澤翰林侍講學士嘉議大夫知制誥兼修國史

靳德進其先潞州人後徙大名祖璇業儒父祥師事陵川郝溫兼善星歷金末
兵亂與母相失母悲泣而盲祥訪得之舐其目百日復明人稱其孝國初玉出
于劉敏行省于燕辟祥寘幕下佩以金符時藩帥得擅生殺無辜者多賴祥以

免贈集賢大學士謚安靖德進爲人材辨幼讀書能通大義父歿益自刻勵尤精於星曆之學世祖命太保秉忠選太史官屬德進以選受天文星曆卜筮三科管勾凡交蝕纏次六氣侵沴所言休咎輒應時因天象以進規諫多所裨益累遷祕書監掌司天事從征叛王乃顏揆度日時率中機會諸將欲勦絕其黨德進獨陳天道好生請緩師以待其降俄奏言叛始由惑於妖言遂謀不軌宜括天下術士設陰陽教官使訓學者仍歲貢有成者一人帝從之遂著爲令成宗以皇孫撫軍北邊帝遣使授皇太子寶德進預在行凡攻戰取勝皆豫尅期日無不驗者亦間言事得失多所裨益成宗卽位歷陳世祖進賢納諫咨詢治亂之原帝嘉納之授昭文館大學士知太史院領司天臺事賜金帶宴服都城以荻苫廩或請以瓦易之帝以問德進對曰若是役驟與物必踴貴民力重困臣愚未見其可議遂寢勑中書自今凡集議政事必使德進預焉所建明多見於施行尋以病丐閑仁宗時在東宮特令中書加官以留之會車駕自上京還召見白海行宮授資德大夫中書右丞議通政院事仁宗卽位命領太史院事

力辭不允以疾卒于位贈推誠贊治功臣榮祿大夫大司徒柱國魏國公諡文穆子泰工部侍郎

張康字汝安號明遠潭州湘潭人祖安厚父世英康早孤力學旁通術數宋呂文德江萬里留夢炎皆推重之辟置幕下宋亡隱衡山至元十四年世祖遣中丞崔彧祀南嶽就訪隱逸彧兄湖南行省參政崔斌言康隱衡山學通天文地理彧還具以聞遣使召康與斌偕至京師十五年夏四月至上都見帝親試所學大驗授著作佐郎仍以內嬪松夫人妻之凡召對禮遇殊厚呼以明遠而不名嘗面諭凡有所問使極言之十八年康上奏歲壬午太一理艮宮主大將客參將因直符治事正屬燕分明年春京城當有盜兵事干將相十九年三月盜果起京師殺阿合馬等帝欲征日本命康以太一推之康奏曰南國甫定民力未蘇且今年太一無算舉兵不利從之嘗賜太史院錢分千貫以與康不受衆服其廉久之乞歸田里優詔不許還奉直大夫祕書監丞年六十五卒子天祐

李杲字明之鎮人也世以貲雄鄉里杲幼歲好醫藥時易人張元素以醫名燕

趙間杲捐千金從之學不數年盡傳其業家既富厚無事於技操有餘以自重人不敢以醫名之大夫士或病其資性高謇少所降屈非危急之疾不敢謁也其學於傷寒癰疽眼目病爲尤長北京人王善甫爲京兆酒官病小便不利目睛凸出腹脹如鼓膝以上堅硬欲裂飲食且不下甘淡滲泄之藥皆不效杲謂衆醫曰疾深矣內經有之膀胱者津液之府必氣化乃出焉今用滲泄之劑而病益甚者是氣不化也啓玄子云無陽者陰無以生無陰者陽無以化甘淡滲泄皆陽藥獨陽無陰其欲化得乎明日以羣陰之劑投不再服而愈西臺掾蕭君瑞二月中病傷寒發熱醫以白虎湯投之病者面黑如墨本證不復見脉沉細小便不禁杲初不知用何藥及診之曰此立夏前誤用白虎湯之過白虎湯大寒非行經之藥止能寒腑藏不善用之則傷寒本病隱曲於經絡之間或更以大熱之藥救之以苦陰邪則他證必起非所以救白虎也有溫藥之升陽行經者吾用之有難者曰白虎大寒非大熱何以救君之治奈何杲曰病隱於經絡間陽不升則經不行經行而本證見矣本證又何難焉果如其言而愈魏邦

彥之妻目翳暴生從下而上其色綠腫痛不可忍杲云翳從下而上病從陽明來也綠非五色之正殆肺與腎合而爲病邪乃瀉肺腎之邪而以入陽明之藥爲之使既効矣而他日病復作者三其所從來之經與腎色各異乃曰諸脉皆屬於目脉病則目從之此必經絡不調經不調則目病未已也問之果然因如所論而治之疾遂不作馮叔獻之姪櫟年十五六病傷寒目赤而頓渴脉七八至醫欲以承氣湯下之已煑藥而杲適從外來馮告之故杲切脉大駭曰幾殺此兒內經有言在脉諸數爲熱諸遲爲寒今脉八九至是熱極也而會要大論云病有脉從而病反者何也脉之而從按之不鼓諸陽皆然此傳而爲陰證矣令持薑附來吾當以熱因寒用法處之藥未就而病者爪甲變頓服者八兩汗尋出而愈陝帥郭巨濟病偏枯二指著足底不能伸杲以長針刺骫中深至骨而不知痛出血一二升其色如墨又且謬刺之如此者六七服藥三月病良已裴擇之妻病寒熱月事不至者數年已喘嗽矣醫者率以蛤蚧桂附之藥投之杲曰不然夫病陰爲陽所搏溫劑太過故無益而反害投以寒血之藥則經行

矣已而果然杲之設施多類此當時之人皆以神醫目之所著書今多傳於世云

工藝

孫威渾源人幼沈鷙有巧思金貞祐間應募爲兵以驍勇稱及雲中來附守帥表授義軍千戶從軍攻潞州破鳳翔皆有功善爲甲嘗以意製蹄筋翎根鎧以獻太祖親射之不能徹大悅賜名也可兀蘭佩以金符授順天安平懷州河南平陽諸路工匠都總管從攻邠乾突戰不避矢石帝勞之曰汝縱不自愛獨不爲吾甲冑計乎因命諸將衣其甲者問曰汝等知所愛重否諸將對皆失旨意太祖曰能捍蔽爾輩以與我國家立功者非威之甲耶而爾輩言不及此何也復以錦衣賜威每從戰伐恐民有橫被屠戮者輒以蒐簡工匠爲言而全活之歲庚子卒年五十八至大二年贈中奉大夫武備院使神川郡公諡忠惠子拱爲監察御史後襲順天安平懷州河南等路甲匠都總管巧思如其父常製甲二百八十襲以獻至元十一年別製疊盾其製張則爲盾斂則合而易持世祖

以爲古所未有賜以幣帛丞相伯顏南征以甲冑不足詔諸路集匠民分製拱

董順天河間甲匠先期畢工且象虎豹異獸之形各殊其制皆稱旨十五年授

保定路治中適歲饑議開倉賑民或曰宜請于朝拱曰救荒事不可緩也若得

請而後發粟以賑之則民餒死矣苟見罪吾自任之遂發粟四千五百石以賑

饑民高陽土豪據沙河橋取行者錢人以爲病拱執而罪之二十二年除武備

少卿還大都路軍器人匠總管陞工部侍郎成宗卽位典朝會供給賜銀百兩

織紋段五十匹帛二十五匹鈔萬貫元貞二年授大同路總管兼府尹大德五

年遷兩浙都轉運使鹽課舊二十五萬引歲不能足拱至增五萬引遂爲定額

九年改益都路總管兼府尹仍出內府弓矢寶刀賜之卒于官贈大司農神川

郡公諡文莊

阿老瓦丁

阿老瓦丁回回氏西域木發里人也至元八年世祖遣使徵砲匠于宗王阿不

哥王以阿老瓦丁亦思馬因應詔二人舉家馳驛至京師給以官舍首造大砲

豎于五門前帝命試之各賜衣段十一年國兵渡江平章阿里海牙遣使求砲手匠命阿老瓦丁往破潭州靜江等郡悉賴其力十五年授宣武將軍管軍總管十七年陛見賜鈔五千貫十八年命屯田於南京二十二年樞密院奉旨改元帥府爲回回砲手軍匠上萬戶府以阿老瓦丁爲副萬戶大德四年告老子富謀只襲副萬戶皇慶元年卒子馬哈馬沙襲

亦思馬因回回氏西域旭烈人也善造砲至元八年與阿老瓦丁至京師十年從國兵攻襄陽未下亦思馬因相地勢置砲于城東南隅重一百五十斤機發聲震天地所擊無不摧陷入地七尺宋安撫呂文煥懼以城降既而以功賜銀二百五十兩命爲回回砲手總管佩虎符十一年以疾卒子布伯襲職時國兵渡江宋兵陳于南岸擁舟師迎戰布伯於北岸豎砲以擊之舟悉沉沒後每戰用之皆有功十八年佩三珠虎符加鎮國上將軍回回砲手都元帥明年改軍匠萬戶府萬戶遷刑部尚書以弟亦不剌金爲萬戶佩元降虎符官廣威將軍布伯俄進通奉大夫浙東道宣慰使賜鈔二萬五千貫俾養老焉子哈散㕓授

昭信校尉高郵府同知致和元年八月樞密院檄亦不剌金所部軍匠至京師
賜鈔二千五百貫金綺四端與馬哈馬沙造砲天歷三年以疾卒子亞古襲
阿尼哥尼波羅國人也其國人稱之曰八魯布幼敏悟異凡兒稍長誦習佛書
期年能曉其義同學有為繪畫粧塑業者讀尺寸經阿尼哥一聞即能記長善
畫塑及鑄金為像中統元年命帝師八合斯巴建黃金塔于吐蕃尼波羅國選
匠百人往成之得八十人求部送之人未得阿尼哥年十七請行衆以其幼難
之對曰年幼心不幼也乃遣之帝師一見奇之命監其役明年塔成請歸帝師
勉以入朝乃祝髮受具為弟子從帝師入見帝視之久問曰汝來大國得無懼
乎對曰聖人子育萬方子至父前何懼之有又問汝來何為對曰臣家西域奉
命造塔吐蕃二載而成見彼土兵難民不堪命願陛下安輯之不遠萬里為生
靈而來耳又問汝何所能對曰臣以心為師頗知畫塑鑄金之藝帝命取明堂
針灸銅像示之曰此安撫王檝使宋時所進歲久闕壞無能修完之者汝能新
之乎對曰臣雖未嘗為此請試之至元二年新像成關鬲脈絡皆備金工歎其

天巧莫不愧服凡兩京寺觀之像多出其手爲七寶鑌鐵法輪車駕行幸用以前導原廟列聖御容織錦爲之圖畫弗及也至元十年始授人匠總管銀章虎符十五年有詔返初服授光祿大夫大司徒領將作院事寵遇賞賜無與爲比卒贈太師開府儀同三司涼國公上柱國謚敏慧子六人曰阿僧哥大司徒阿述臈諸色人匠總管府達魯花赤有劉元者嘗從阿尼哥學西天梵相亦稱絕藝元字秉元薊之寶坻人始爲黃冠師事青州把道錄傳其藝非一至元中凡兩都名剎塑土範金摶換爲佛像出元手者神思妙合天下稱之其上都三皇尤古粹識者以爲造意得三聖人之微者由是兩賜宮女爲妻命以官長其屬行幸必從仁宗嘗勅元非有旨不許爲人造他神像後大都南城作東嶽廟元爲造仁聖帝像巍巍然有帝王之度其侍臣像乃若憂深思遠者始元欲作侍臣像久之未措手適閱祕書圖畫見唐魏徵像矍然曰得之矣非若此莫稱爲相臣者遽走廟中爲之卽日成士大夫觀者咸歎異焉其所爲西番佛像多祕人罕得見者元官爲昭文館大學士正奉大夫祕書卿以壽終摶換者漫帛土

偶上而鬆之已而去其上鬆帛儼然成像云

元史卷二百三

元史卷二百四

明翰林學士亞中大夫知制誥兼修國史宋　濂等修

列傳第九十一

宦者

前世宦者之禍嘗烈矣元之初興非能有鑒乎古者然歷十有餘世考其亂亡之所由而初不自奄人出何哉蓋自太祖選貴臣子弟給事內廷凡飲食冠服書記上所常御者各以其職典之而命四大功臣世爲之長號四怯薛故天子前後左右皆世家大臣及其子孫之生而貴者而宦官之擅權竊政者不得有爲於其閒雖或有之然不旋踵而遂敗此其詒謀可謂度越前代者矣如李邦寧者以亡國奄豎遭遇世祖進齒薦紳遂躋極品然其言亦有可稱者焉至於朴不花乃東夷之人始以西宮同里因緣柄用遂與權奸同惡相濟訖底于誅戮則固有以致之也用特著之于篇

李邦寧字叔固錢塘人初名保寧宋故小黃門也宋亡從瀛國公入見世祖命

給事內庭譽敏稱上意令學國書及諸蕃語卽通解遂見親任授御帶庫提點
陞章佩少監遷禮部尚書提點太醫院使成宗卽位進昭文館大學士太醫院
使帝嘗寢疾邦寧不離左右者十餘月武宗立命爲江浙行省平章政事邦寧
辭曰臣以奄腐餘命無望更生先朝幸赦而用之使得承乏中涓高爵厚祿榮
寵過甚陛下復欲置臣宰輔臣何敢當宰輔者佐天子共治天下者也奈何辱
以寺人陛下縱不臣惜如天下後世何誠不敢奉詔帝大悅使大臣白其言于
太后及皇太子以彰其善帝嘗奉皇太后燕大安閣閣中有故篋問邦寧曰此
何篋也對曰此世祖貯裘帶者臣聞有聖訓曰藏此以遺子孫使見吾朴儉可
爲華侈之戒帝命發篋視之歎曰非卿言朕安知之時有宗王在側遽曰世祖
雖神聖然嗇於財邦寧曰不然世祖一言無不爲後世法一予奪無不當功罪
且天下所入雖富苟用不節必致匱乏自先朝以來歲賦已不足用又數會宗
藩資費無算旦暮不給必將橫歛掊怨豈美事耶太后及帝深然其言俄加大
司徒尚服院使遙授丞相行大司農領太醫院事階金紫光祿大夫太廟舊嘗

遣官行事至是復欲如之邦寧諫曰先朝非不欲親致饗祀誠以疾廢禮耳今
陛下繼成之初正宜開彰孝道以率先天下躬祀太室以成一代之典循習故
弊非臣所知也帝稱善卽日備法駕宿齋宮且命邦寧爲大禮使禮成加恩三
代曾祖頤贈銀青光祿大夫司徒諡敬懿祖德懋贈儀同三司大司徒諡忠獻
父播贈太保開府儀同三司諡文穆仁宗卽位以邦寧舊臣賜鈔千錠辭弗受
國學將釋奠敕遣邦寧致祭于文宣王點視畢至位立殿戶方闔忽大風起殿
上及兩廡燭盡滅燭臺底鐵鐏入地尺無不拔者邦寧悚息伏地諸執事者皆
伏良久風定乃成禮邦寧因慚悔累日初仁宗爲皇太子丞相三寶奴等用事
畏仁宗英明邦寧揣知其意言於武宗曰陛下富於春秋皇子漸長父作子述
古之道也未聞有子而立弟者武宗不悅曰朕志已定汝自往東宮言之邦寧
慚懼而退仁宗卽位左右咸請誅之仁宗曰帝王歷數自有天命其言何足介
懷加邦寧開府儀同三司爲集賢院大學士以疾卒

朴不花

朴不花高麗人亦曰王不花皇后奇氏微時與不花同鄉里相爲依倚及選爲
宮人有寵遂爲第二皇后居興聖宮生皇太子愛猷識理達臘於是不花以閹
人入事皇后者有年皇后愛幸之情意甚膠固累遷官至榮祿大夫資正院使
資正院者皇后之財賦悉隸焉至正十八年京師大饑疫時河南北山東郡縣
皆被兵民之老幼男女避居聚京師以故死者相枕藉不花欲要譽一時請于
帝市地收瘞之帝賜鈔七千錠中宮及興聖隆福兩宮皇太子皇太子妃賜金
銀及他物有差省院施者無算不花出玉帶一金帶一銀二錠米三十四斛麥
六斛青貂銀鼠裘各一襲以爲費擇地自南北兩城抵盧溝橋掘深及泉男女
異壙人以一屍至者隨給以鈔舁負相踵既覆土就萬安壽慶寺建無遮大會
至二十年四月前後瘞者二十萬用鈔二萬七千九十餘錠米五百六十餘石
又於大悲寺修水陸大會三晝夜凡居民病者予之藥不能喪者給之棺翰林
學士承旨張翥爲文頌其事曰善惠之碑於是帝在位久而皇太子春秋日盛
軍國之事皆其所臨決皇后乃謀內禪皇太子而使不花喻意於丞相太平太

平不荅二十年太平乃罷去而獨搠思監爲丞相時帝益厭政不花乘閒用事與搠思監相爲表裏四方警報將臣功狀皆抑而不聞內外解體然根株盤固氣焰薰灼內外百官趣附之者十九又宣政院使脫歡與之同惡相濟爲國大蠹二十三年監察御史也先帖木兒孟也先不花傅公讓等乃劾奏朴不花脫歡奸邪當屛黜御史大夫老的沙以其事聞皇太子執不下而皇后庇之尤固御史乃皆坐左遷治書侍御史陳祖仁連上皇太子書切諫之而臺臣大小皆辭職皇太子乃爲言於帝令二人皆辭退而祖仁言猶不已又上皇帝書言二人亂階禍本今不芟除後必不利漢唐季世其禍皆起此輩而權臣藩鎭乘之故千尋之木吞舟之魚其腐敗必由於內陛下誠思之可爲寒心臣願俯從臺諫之言將二人特加擯斥不令以辭退爲名成其姦計海內皆知陛下信賞必罰自此二人始將士孰不効力寇賊亦皆喪膽天下可全而有以還祖宗之舊若優柔不斷彼惡日盈將不可制臣寧餓死于家誓不與同朝牽聯及禍語具陳祖仁傳會侍御史李國鳳亦上書皇太子言不花驕恣無上招權納賂奔競

之徒皆出其門駸駸有趙高張讓田令孜之風漸不可長衆人所共知之獨主上與殿下未之知耳自古宦者近君親上使少得志未有不爲國家禍者望殿下思履霜堅冰之戒早賜奏聞投之西夷以快衆心則紀綱可振紀綱振則天下之公論爲可畏法度爲不可犯政治修而百廢舉矣由是帝大怒國鳳祖仁等亦皆左遷時老的沙執其事頗力皇太子因惡之而皇后又譖之於內帝以老的沙母舅故封爲雍王遣歸國已而復以不花爲集賢大學士崇正院使皇后之力也老的沙至大同遂留孛羅帖木兒軍中是時搠思監朴不花方倚擴廓帖木兒爲外援怨孛羅帖木兒匿老的沙不遣遂誣孛羅帖木兒與老的沙謀不軌二十四年詔削其官使解兵柄歸四川孛羅帖木兒知不出帝意皆搠思監朴不花所爲怒不奉詔宗王不顏帖木兒等爲表言其誣枉而朝廷亦畏其強不可制復下詔數搠思監朴不花互相壅蔽簧惑主聽之罪屏搠思監于嶺北竄朴不花于甘肅以快衆憤而復孛羅帖木兒官爵然搠思監朴不花皆留京城實未嘗行未幾孛羅帖木兒遣禿堅帖木兒以兵向闕聲言清君側之

惡是月十二日駐于清河帝遣達達國師問故往復者數四言必得搠思監朴
不花乃退兵帝度其勢不可解不得已執兩人畀之其兵乃退朴不花遂爲孛
羅帖木兒所殺事具搠思監孛羅帖木兒傳

元史卷二百四

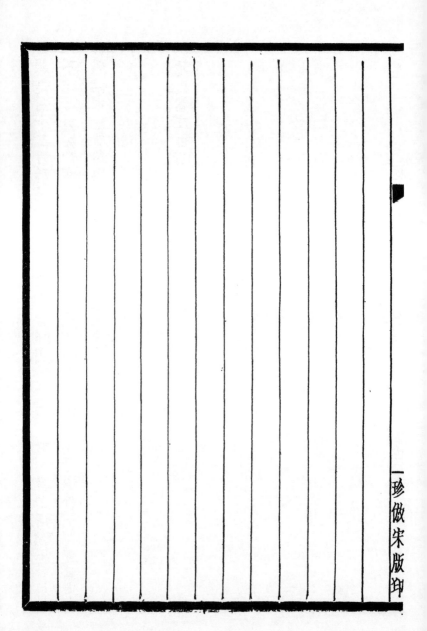

元史卷二百五

明翰林學士亞中大夫知制誥兼修國史宋　濓等修

列傳第九十二

姦臣

古之爲史者善惡備書所以示勸懲也故孔子修春秋於亂臣賊子之事無不具載而楚之史名檮杌皆以戒夫爲惡者使知所懼而不敢肆焉後世作史者有酷吏佞幸姦臣叛逆之傳良有以也元之舊史往往詳於記善略於懲惡是葢當時史臣有所忌諱而不敢直書之爾然姦巧之徒挾其才術以取富貴竊威福始則毒民誤國而終至於殞身亡家者其行事之槩亦或散見於實錄編年之中猶有春秋之意存焉謹撮其尤彰著者彙次而書之作姦臣傳以爲世鑒而叛逆之臣亦各以類附見云

阿合馬回紇人也不知其所由進世祖中統三年始命領中書左右部兼諸路都轉運使專以財賦之任委之阿合馬奏降條畫宣諭各路運司明年以河南

鈞徐等州俱有鐵冶請給授宣牌以興鼓鑄之利世祖陞開平府爲上都又以阿合馬同知開平府事領左右部如故阿合馬奏以禮部尚書馬月合乃兼領已括戶三千興煽鐵冶歲輸鐵一百三萬七千斤就鑄農器二十萬事易粟輸官者凡四萬石至元元年正月阿合馬言太原民煑小鹽越境販賣民貪其價廉競買食之解鹽以故不售歲入課銀止七千五百兩請自今歲增五千兩無問僧道軍匠等戶鈞出其賦其民間通用小鹽從便是年秋八月罷領中書左右部倂入中書超拜阿合馬爲中書平章政事進階榮祿大夫三年正月立制國用使司阿合馬又以平章政事兼領使職久之制國用使司奏以東京歲課布疎惡不堪用者就以市羊於彼真定順天金銀不中程者宜改鑄別怯赤山出石絨織爲布火不能然請遣官採取又言國家費用浩繁今歲自車駕至都已支鈔四千錠恐來歲度支不足宜量節經用十一月制國用使司奏桓州峪所採銀鑛已十六萬斤百斤可得銀三兩錫二十五斤採鑛所需鬻錫以給之悉從其請七年正月立尚書省罷制國用使司又以阿合馬平章尚書省事阿

合馬爲人多智巧言以功利成效自負衆咸稱其能世祖急於富國試以行事頗有成績又見其與丞相線真史天澤等爭辨屢有以詘之由是奇其才授以政柄言無不從而不知其專愎益甚矣丞相安童含容久之言於世祖曰臣近言尚書省樞密院御史臺宜各循常制奏事其大者從臣等議定奏聞已有旨俞允今尚書省一切以聞似違前奏世祖曰汝所言是豈阿合馬以朕頗信用敢如是耶其不與卿議非是宜如卿所言又言阿合馬所用部官左丞許衡以爲多非其人然已得旨咨請宣付如不與恐異日有辭宜試其能否久當自見世祖然之五月尚書省奏括天下戶口既而御史臺言所在捕蝗百姓勞擾括戶事宜少緩遂止初立尚書省時有旨凡銓選各官吏部擬定資品呈尚書省由尚書咨中書聞奏至是阿合馬擢用私人不由部擬不咨中書丞相安童以爲言世祖令問阿合馬阿合馬言事無大小皆委之臣所用之人臣宜自擇安童因請自今唯重刑及遷上路總管始屬之臣餘事並付阿合馬庶事體明白世祖俱從之八年三月尚書省再以閱實戶口事奏條畫詔諭天下是歲奏增

太原鹽課以千錠爲常額仍令本路兼領九年併尚書省入中書省又以阿合
馬爲中書平章政事明年又以其子忽辛爲大都路總管兼大與府尹右丞相
安童見阿合馬擅權日甚欲捄其弊乃奏大都路總管以次多不稱職乞選人
代之尋又奏阿合馬張惠挾宰相權爲商賈以網羅天下大利厚毒黎民困無
所訴阿合馬曰誰爲此言臣等當與廷辯安童進曰省左司都事周祥中木取
利罪狀明白世祖曰若此者徵畢當顯黜之既而樞密院奏以忽辛同僉樞密
院事世祖不允曰彼賈胡事猶不知况可責以機務耶十二年伯顏帥師伐宋
既渡江捷報日至世祖命阿合馬與姚樞徒單公履張文謙陳漢歸楊誠等議
行鹽鈔法于江南及貿易藥材事阿合馬奏樞云江南交會不行必致小民失
所公履云伯顏已嘗榜諭交會不換今亟行之失信於民文謙謂可行與否當
詢伯顏漢歸及誠皆言以中統鈔易其交會何難之有世祖曰樞與公履不識
事機朕嘗以此問陳巖巖亦以宋交會速宜更換今議已定當依汝言行之又
奏北鹽藥材樞與公履皆言可使百姓從便販鬻臣等以爲此事若小民爲之

恐紊亂不一擬於南京衞輝等路籍括藥材蔡州發鹽十二萬斤禁諸人私相
貿易世祖曰善其行之十二年阿合馬又言比因軍興之後減免編民征稅又
罷轉運司官令各路總管府兼領課程以致國用不足臣以爲莫若驗戶數多
寡遠以就近立都轉運司量增舊額選廉幹官分理其事應公私鐵皷鑄官爲
局賣仍禁諸人毋私造銅器如此則民力不屈而國用充矣乃奏立諸路轉運
司以亦必烈金札馬剌丁張暠富珪蔡德潤紇石烈亨阿里和者完顏迪姜毅
阿老瓦丁倒剌沙等爲使有亦馬都丁者以負官銀得罪而罷既死而所負尙
多中書省奏議裁處世祖曰此財穀事其與阿合馬議之十五年正月世祖以
西京饑發粟萬石賑之又諭阿合馬宜廣貯積以備闕乏阿合馬奏自今御史
臺非白省毋擅召倉庫吏亦毋究索錢穀數及集議中書不至者罪之其沮抑
臺察如此四月中書左丞崔斌奏曰先以江南官冗委任非人遂命阿里等澄
汰之今已顯有徵驗蔽不以聞是爲罔上杭州地大委寄非輕阿合馬溺於私
愛乃以不肖子抹速忽充達魯花赤佩虎符此豈量才授任之道又言阿合馬

先自陳乞免其子弟之任乃今身為平章而子若姪或為行省參政或為禮部
尚書將作院達魯花赤領會同館一門悉處要津自背前言有虧公道有旨並
罷黜之然終不以是為阿合馬罪世祖嘗謂淮西宣慰使昂吉兒曰夫宰相者
明天道察地理盡人事兼此三者乃為稱職阿里海牙麥朮丁等亦未可為相
回回人中阿合馬才任宰相其為上所稱道如此十六年四月中書奏立江西
榷茶運司及諸路轉運鹽使司宣課提舉司未幾以忽辛為中書右丞明年中
書省奏阿塔海阿里言今立宣課提舉司官吏至五百餘員左丞陳巖范文虎
等言其擾民且侵盜官錢乞罷之阿合馬奏昨有旨籍江南糧數屢移文取索
不以實上遂與樞密院御史臺及廷臣諸老集議謂設立運司官多俸重宜諸
路立提舉司都省行省各委一人任其事今行省未嘗委人即請罷之乃歸咎
臣等然臣所委人有至者僅兩月計其侵用凡千一百錠以彼所管四年較之
又當幾何今立提舉司未及三月而罷豈非恐彼姦弊呈露故先自言以絕迹
耶宜令御史臺遣能臣同往凡有非法具以實聞世祖曰阿合馬所言是其令

臺中選人以往若己能自白方可責人阿合馬嘗奏宜立大宗正府世祖曰此事豈卿輩所宜言乃朕事也然宗正之名朕未之知汝言良是其思之阿合馬欲理算江淮行省平章阿里伯右丞燕帖木兒立行省以來一切錢穀奏遣不魯合答兒劉思愈等往檢覈之得其擅易命官八百員自分左右司官及鑄造銅印等事以聞世祖曰阿里伯等何以爲辭阿合馬曰彼謂行省昔嘗鑄印矣臣謂昔以江南未定故便宜行之今與昔時事異又擅支糧四十七萬石奏罷宣課提舉司及中書遣官理算徵鈔萬二千錠有奇二人竟以是就戮時阿合馬在位日久益肆貪橫援引奸黨郝禎耿仁驟升同列陰謀交通專事蒙蔽逋賦不蠲衆庶流移京兆等路歲辦課至五萬四千錠猶以爲未實民有附郭美田輒取爲己有內通貨賄外示威刑廷中相視無敢論列有宿衞士秦長卿者慨然上書發其姦竟爲阿合馬所害斃于獄事見長卿傳十九年三月世祖在上都皇太子從有益都千戶王著者素志疾惡因人心憤怨密鑄大銅鎚自誓願擊阿合馬首會妖僧高和尚以祕術行軍中無驗而歸詐稱死殺其徒以尸

欺衆逃去人亦莫知著乃與合謀以戊寅日詐稱皇太子還都作佛事結八十餘人夜入京城旦遣二僧詣中書省令市齋物省中疑而訊之不伏及午著又遣崔總管矯傳令旨俾樞密副使張易發兵若干以是夜會東宮前易莫察其僞即令指揮使顏義領兵俱往著自馳見阿合馬詭言太子將至令省官悉候于宮前阿合馬遣右司郎中脫歡察兒等數騎出關北行十餘里遇其衆僞太子者責以無禮盡殺之奪其馬南入健德門夜二鼓莫敢何問至東宮前其徒皆下馬獨僞太子者立馬指揮呼省官至前責阿合馬數語著即牽去以所袖銅鎚碎其腦立斃繼呼左丞郝禎至殺之囚右丞張惠樞密院御史臺留守司官皆遙望莫測其故尚書張九思自宮中大呼以爲詐留守司達魯花赤博敦遂持梃前擊立馬者墜地弓矢亂發衆奔潰多就擒高和尚等逃去著挺身請囚中丞也先帖木兒馳奏世祖時方駐蹕察罕腦兒聞之震怒即日至上都命樞密副使孛羅司徒和禮霍孫參政阿里等馳驛至大都討爲亂者庚辰獲高和尚于高梁河辛巳孛羅等至都壬午誅王著高和尚于市皆醢之并殺張易

著臨刑大呼曰王著爲天下除害今死矣異日必有爲我書其事者阿合馬死世祖猶不深知其姦令中書毋問其妻子及詢孛羅乃盡得其罪惡始大怒曰王著殺之誠是也乃命發墓剖棺戮尸于通玄門外縱犬啗其肉百官士庶聚觀稱快子姪皆伏誅沒入其家屬財產其妾有名引住者籍其藏得二熟人皮於櫃中兩耳具存一閹豎專掌其局鑰訊問莫知爲何人但云詛咒時置神座其上應驗甚速又以絹二幅畫甲騎數重圍守一幄殿兵皆張弦挺刃内向如擊刺之爲者畫者陳其姓又有曹震圭者嘗推算阿合馬所生年月王臺判者妄引圖讖皆言涉不軌事聞敕剝四人者皮以徇

盧世榮大名人也阿合馬專政世榮以賄進爲江西榷茶運使後以罪廢阿合馬死朝廷之臣諱言財利事皆無以副世祖裕國足民之意有桑哥者薦世榮有才術謂能救鈔法增課額上可裕國下不損民世祖召見奏對稱旨至元二十一年十一月辛丑召中書省官與世榮廷辨論所當爲之事右丞相和禮霍孫等守正不撓爲强詞所勝與右丞麥朮丁參政張雄飛溫迪罕皆罷復起安

童爲右丞相以世榮爲右丞而左丞史樞參政不魯迷失海牙撤的迷失參議
中書省事拜降皆世榮所薦也世榮既驟被顯用卽日奉旨中書整治鈔法遍
行中外官吏奉法不虔者加以罪翌日同右丞相安童奏竊見老幼疾病之民
衣食不給行乞於市非盛世所宜見宜官給衣糧委各路正官提舉其事又奏
懷孟竹園江湖魚課及襄淮屯田事越三日安童奏世榮所陳數事乞詔示天
下世祖曰除給丐者衣食外並依所陳乃下詔云金銀係民間通行之物自立
平準庫禁百姓私相買賣今後聽民間從便交易懷孟諸路竹貨係百姓栽植
有司拘禁發賣使民重困又致南北竹貨不通今罷各處竹監從民貨賣收稅
江湖魚課已有定例長流採捕貧民恃以爲生所在拘禁今後聽民採用軍國
事務往來全資站驛馬價近增又令各戶供使臣飲食以致疲弊今後除驛馬
外其餘官爲支給既而中書省又奏鹽每引十五兩國家未嘗多取欲便民食
今官豪詭名罔利停貨待價至一引賣八十貫京師一百二十貫貧者多不得
食議以二百萬引給商一百萬引散諸路立常平鹽局或販者增價官平其值

以售庶民用給而國計亦得世祖從之世榮居中書未十日御史中丞崔彧言其不可爲相大忤旨下彧吏按問罷職世榮言京師富豪戶釀酒酤賣價高味薄且課不時輸宜一切禁罷官自酤賣明年正月壬午世祖御香殿世榮奏臣言天下歲課鈔九十三萬二千六百錠之外臣更經畫不取於民裁抑權勢所侵可增三百萬錠初未行下而中外已非議臣請與臺院面議上前行之世祖曰不必如此卿但言之世榮奏古有榷酤之法今宜立四品提舉司以領天下之課歲可得鈔千四百四十錠自王文統誅後鈔法虛弊爲今之計莫若依漢唐故事括銅鑄至元錢及製綾券與鈔參行因以所織綾券上之世祖曰便益之事當速行之又奏於泉杭二州立市舶都轉運司造船給本令人商販官有其利七商有其三禁私泛海者拘其先所蓄寶貨官買之匿者許告沒其財半給告者今國家雖有常平倉實無所畜臣將不費一錢但盡禁權勢所擅產鐵之所官立鑪鼓鑄爲器鬻之以所得利合常平鹽課糴粟積於倉待貴時糶之必能使物價恆賤而獲厚利國家雖立平準然無曉規運者以致鈔法虛弊諸

物踊貴宜令各路立平準周急庫輕其月息以貸貧民如此則貸者衆而本且不失又隨朝官吏增俸州郡未及可於合都立市易司領諸牙儈人計商人物貨四十分取一以十爲率四給牙儈六爲官吏俸國家以兵得天下不藉糧餽惟資羊馬宜於上都隆興等路以官錢買弊帛易羊馬於北方選蒙古人牧之收其皮毛筋角酥酪等物十分爲率官取其八二與牧者馬以備軍興羊以充賜予帝曰汝先言數事皆善固當速行此事亦善祖宗時亦欲行之而不果朕當思之世榮因奏曰臣之行事多爲人所怨後必有譖臣者臣實懼焉請先言之世祖曰汝言皆是惟欲人無言者安有是理汝無防朕飲食起居間可自爲防疾足之犬狐不愛焉主人豈不愛之汝之所行朕自愛也彼姦僞者則不愛耳汝之職分既定其無以一二人從行亦當謹衛門戶遂諭丞相安童增其從人其爲帝所倚眷如此又十有餘日中書省請罷行御史臺其所隸按察司隸內臺又請隨行省所在立行樞密院世祖曰行院之事前日已議由阿合馬任智自私欲其子忽辛行省兼兵柄而止汝今行之於事爲宜明日奏陞六部爲

二品又奏令按察司總各路錢穀擇幹濟者用之其刑名事上御史臺錢穀由部申省世祖曰汝與老臣共議然後行之可也二月辛酉御史臺奏中書省請罷行臺改按察爲提刑轉運司俾兼錢穀臣等竊惟初置行臺時朝廷老臣集議以爲有益今無所損不可輒罷且按察司兼轉運則糾彈之職廢請右丞相復與朝廷老臣集議得旨如所請壬戌御史臺奏前奉旨令臣等議罷行臺及兼轉運事世榮言按察司所任皆長才舉職之人可兼錢穀而廷臣皆以爲不可彼所取人臣不敢止惟言行臺不可罷者衆議皆然世祖曰世榮以爲何如奏曰欲罷之耳世祖曰其依世榮言中書省奏立規措所秩五品所司官吏以善賈者爲之世祖曰此何職世榮對曰規畫錢穀者遂從之又奏天下能規運錢穀者向日皆在阿合馬之門今籍錄以爲汙濫此豈可盡廢臣欲擇其通才可用者然懼有言臣用罪人世祖曰何必言此可用者用之遂以前河閒轉運使張弘綱撒都丁不魯合散孫桓並爲河閒山東等路都轉運鹽使其他擢用者甚衆世榮旣以利自任懼怒之者衆乃以九事說世祖詔天下其一免民閒

包銀三年其二官吏俸免民間帶納其三免大都地稅其四江淮民失業貧困
鬻妻子以自給者所在官爲收贖使爲良民其五逃移復業者免其差稅其六
鄉民造醋者免收課其七江南田主收佃客租課減免一分其八添支內外官
吏俸五分其九定百官考課升擢之法大抵欲以釋怨要譽而已世祖悉從之
既而又奏立真定濟南江淮等處宣慰司兼都轉運使以治課程仍立條例禁
諸司不得追攝管課官吏及遣人輒至辦課處沮擾按察司不得檢察文卷又
奏大都酒課日用米千石以天下之衆比京師當居三分之二酒課亦當日用
米二千石今各路但總計日用米三百六十石而已其奸欺盜隱如此安可不
禁臣等已責各官增舊課二十倍後有不如數者重其罪皆從之三月庚子世
榮奏以宣德王好禮並爲湖西道宣慰使世祖曰宣德人多言其惡世榮奏彼
入狀中書能歲辦鈔七十五萬錠是以令往從之四月世榮奏曰臣伏蒙聖眷
事皆委臣臣愚以爲今日之事如數萬頃田昔無田之者草生其間臣今創田
之已耕者有焉未耕者有焉或纔播種或既生苗然不令人守之爲物蹂踐則

可惜也方今丞相安童督臣所行是守田者也然不假之以力則田者亦徒勞耳守田者假之力矣而天不雨則亦終無成所謂夫雨者陛下與臣添力是也惟陛下憐臣世祖曰朕知之矣令奏行事之目皆從之世榮居中書纔數月恃委任之專肆無忌憚視丞相猶虛位也左司郎中周戭與世榮稍不合坐以廢格詔旨奏而殺之朝中凜凜監察御史陳天祥上章劾之大槩言其苛刻誅求爲國斂怨將見民間凋耗天下空虛考其所行與所言者已不相副始言能令鈔法如舊弊今愈甚始言能令百物自賤今百物愈貴始言課程增至三百萬錠不取於民今迫脅諸路勒令如數虛認而已始言令民快樂今所爲無非擾民之事若不早爲更張待其自敗正猶蠹雖除而木已病矣世祖時在上都御史大夫玉速帖木兒以其狀聞世祖始大悟卽日遣唆都八都兒禿剌帖木兒等還大都命安童集諸司官吏老臣儒士及知民間事者同世榮聽天祥彈文仍令世榮天祥同赴上都壬戌御史中丞阿剌帖木兒郭佑侍御史白禿剌帖木兒參政撒的迷失等以世榮所伏罪狀奏曰不白丞相安童支鈔二十萬錠

擅升六部爲二品劾李瓊令急遞鋪用紅青白三色囊轉行文字不與樞密院
議調三行省萬二千人置濟州委漕運使陳柔爲萬戸管領以沙全代萬戸甯
玉戍瀏西吳江用阿合馬黨人潘傑馮珪爲杭鄂二行省參政宣德爲杭州宣
慰餘分布中外者衆以鈔虛閉回易庫民間昏鈔不可行罷白酵課立野麪木
植磁器桑棗煤炭匹段青果油坊諸牙行調出縣官鈔八十六萬餘錠丞相安
童言世榮昔奏能不取於民歲辦鈔三百萬錠令鈔復實諸物悉賤民得休息
數月卽有成效今已四閱月所行不符所言錢穀出者多於所入引用憸人紊
亂選法翰林學士趙孟傳等亦以爲世榮初以財賦自任當時人情不敢預料
將謂別有方術可以增益國用及今觀之不過如御史所言更張之機正在今
日若復恣其所行爲害非細阿剌帖木兒同天祥等與世榮對於世祖前一一
款伏遣忽都帶兒傳旨中書省命丞相安童與諸老臣議世榮所行當罷者罷
之更者更之所用人實無罪者朕自裁處遂下世榮于獄十一月乙未世祖問
忽剌出曰汝於盧世榮有何言對曰近漢人新居中書者言世榮款伏罪無遺

者獄已竟矣猶日養之徒費廩食有旨誅世榮剮其肉以食禽獺
桑哥膽巴國師之弟子也能通諸國言語故嘗爲西蕃譯史爲人狡黠豪橫好
言財利事世祖喜之及後貴幸乃諱言師事膽巴而背之至元中擢爲總制院
使總制院者掌浮圖氏之教兼治吐蕃之事御史臺嘗欲以章閭爲按察使世
祖曰此人桑哥嘗言之及盧世榮見用亦由桑哥之薦中書省嘗令李留判者
市油桑哥自請得其錢市之司徒和禮霍孫謂非汝所宜爲桑哥不服至與相
毆且謂之曰與其使漢人侵盜曷若與僧寺及官府營利息乎乃以油萬斤與
之桑哥後以所營息錢進和禮霍孫曰我初不悟此也一日桑哥在世祖前論
和雇和買事因語及此世祖益喜始有大任之意嘗有旨令桑哥具省臣姓名
以進廷中有所建置人才進退桑哥咸與聞焉二十四年二月復置尚書省遂
以桑哥與鐵木兒爲平章政事詔告天下改行中書省爲行尚書省六部爲尚
書六部三月更定鈔法頒行至元寶鈔於天下中統鈔通行如故桑哥嘗奉旨
檢覈中書省事凡校出虧欠鈔四千七百七十錠昏鈔一千三百四十五錠平

章麥朮丁卽自伏參政楊居寬微自辯以爲實掌銓選錢穀非所專桑哥令左右拳其面因問曰既典選事果無黜陟失當者乎尋亦引服參議伯降以下凡鉤考違惰耗失等事及參議王巨濟嘗言新鈔不便忤旨各款伏遣參政忻都奏聞世祖令丞相安童與桑哥共議且諭毋令麥朮丁等他日得以脅問誣伏爲辭此輩固狡獪人也數日桑哥又奏鞫中書參政郭佑多所逋負尸位不言以疾爲託臣謂中書之務隳惰如此汝力不能及何不告之蒙古大臣故毆辱之今已款服世祖命窮詰之佑與居寬後皆棄市人咸寃焉臺吏王良弼嘗與人議尚書省政事又言尚書鉤校中書不遺餘力他日我曹得發尚書奸利其誅籍無難桑哥聞之捕良弼至與中書臺院札魯忽赤鞫問款服謂此曹誹謗不誅無以懲後遂誅良弼籍其家有吳德者嘗爲江寧縣達魯花赤求仕不遂私與人非議時政又言尚書今日覈正中書之弊他日復爲中書所覈汝獨不死也耶或以告桑哥亟捕德按問殺之沒其妻子入官桑哥嘗奏以沙不丁遙授江淮行省左丞烏馬兒爲參政依前領泉府市舶兩司拜降福建行省平章

既得旨乃言於世祖曰臣前言凡任省臣與行省官並與丞相安童共議今奏用沙不丁烏馬兒等適丞相還大都不及通議臣恐有以前奏爲言者世祖曰安童不在朕若主也朕已允行有言者其令朕前言之時江南行臺與行省並無文移事無巨細必咨內臺呈省聞奏桑哥以其往復稽留誤事宜如內臺例分呈各省又言按察司文案宜從各路民官檢覈遞相糾舉且自太祖時有旨凡臨官事者互相覺察此故事也從之十月乙酉世祖遣諭旨翰林諸臣以丞相領尚書省漢唐有此制否咸對曰有之翊日左丞葉李以翰林集賢諸臣所對奏之且言前省官不能行者平章桑哥能之宜爲右丞相制曰可遂以桑哥爲尚書右丞相兼統制院使領功德使司事進階金紫光祿大夫於是桑哥奏以平章鐵木兒代其位右丞阿剌渾撒里陞平章政事葉李遷右丞參政馬紹陞左丞十一月桑哥言臣前以諸道宣慰司及路府州縣官吏稽緩誤事奉旨遣人遍笞責之今眞定宣慰使速哥南京宣慰使荅失蠻皆勳賢舊臣之子宜取聖裁勅罷其任明年正月以甘肅行尚書省參政鐵木哥無心任事又不與

協力奏乞牙帶代之未幾又以江西行尚書省平章政事忽都鐵木兒不職奏
而罷之兵部尚書忽都荅兒不勤其職桑哥毆罷之而後奏世祖曰若此等不
罷汝事何由得行也萬億庫有舊牌條七千餘條桑哥言歲久則腐宜析而他
用賜諸王出伯銀二萬五千兩幣帛萬匹載以官驢至則併以爲賜桑哥言不
若以驢載玉而回世祖甚然之其欲以小利結知如此漕運司達魯花赤怯來
未嘗巡察沿河諸倉致盜詐腐敗者多桑哥議以兵部侍郎塔察兒代之自立
尚書省凡倉庫諸司無不鈎考先摘委六部官復以爲不專乃置徵理司以治
財穀之當追者時桑哥以理算爲事毫分縷析入倉庫者無不破產及當更代
人皆棄家而避之十月桑哥奏湖廣行省錢穀已責平章要束木自首償矣外
省欺盜必多乞以參政忻都戶部尚書王巨濟參議尚書省事阿散山東西道
提刑按察使何榮祖札魯忽赤禿忽魯泉府司卿李佑奉御吉丁監察御史戎
益僉樞密院事崔彧尚書省斷事官燕真刑部尚書安祐監察御史伯顏等十
二人理算江淮江西福建四川甘肅安西六省每省各二人特給印章與之省

部官既去事不可廢擬選人爲代聽食元俸理算之間宜給兵以備使令且以爲衞世祖皆從之當是時天下騷然江淮尤甚而諛佞之徒方且諷都民史吉等爲桑哥立石頌德世祖聞之曰民欲立則立之仍以告桑哥使其喜也於是翰林製文題曰王公輔政之碑桑哥又以總制院所統西蕃諸宣慰司軍民財穀事體甚重宜有以崇異之奏改爲宣政院秩從一品用三臺銀印世祖問所用何人對曰臣與脫因於是命桑哥以開府儀同三司尚書右丞相兼宣政使領功德使司事脫因同爲使世祖嘗召桑哥謂曰朕以葉李言更至元鈔所用者法所貴者信汝無以楮視之其本不可失汝宜識之二十六年桑哥請鉤考甘肅行尚書省及益都淄萊淘金總管府僉省趙仁榮總管明理等皆以罪罷世祖幸上都桑哥言去歲陛下幸上都臣日視內帑諸庫今歲欲乘小輿以行人必竊議世祖曰聽人議之汝乘之可也桑哥又奏近委省臣檢責左右司文簿凡經監察御史稽照者遺逸尚多自今當令監察御史即省部稽照書姓名於卷末苟有遺逸易於歸罪仍命侍御史堅童視之失則連坐世祖從之乃笞

監察御史四人是後監察御史赴省部者掾令史與之抗禮但遣小吏持文簿
置案而去監察御史遍閱之而臺綱廢矣參政忻都旣去尋召赴闕以戸部尚
書王巨濟專任理算江淮省左丞相忙兀帶總之閏十月桑哥輔政碑成樹于
省前樓覆其上而丹雘之桑哥言國家經費旣廣歲入恆不償所出以往歲計
之不足者餘百萬錠自尙書省鈎考天下財穀賴陛下福以所徵補之未嘗斂
及百姓臣恐自今難用此法矣何則倉庫可徵者少而盜者亦鮮矣臣憂之臣
愚以爲鹽課每引今直中統鈔三十貫宜增爲一錠茶每引今直五貫宜增爲
十貫酒醋稅課江南宜增額十萬錠內地五萬錠協濟戸十八萬自入籍至今
十三年止輸半賦聞其力已完宜增爲全賦如此則國用庶可支臣等免於罪
矣世祖曰如所議行之桑哥旣專政凡銓調內外官皆由於己而其宣勑尙由
中書桑哥以爲言世祖乃命自今宣勑並付尙書省由是以刑爵爲貨而販之
咸走其門入貴價以買所欲貴價入則當刑者脫求爵者得綱紀大壞人心駭
愕二十八年春世祖畋於漷北也里審班及也先帖木兒徹里等劾奏桑哥專

權黷貨時不忽木出使三遣人趣召之至覲於行殿世祖以問不忽木對曰桑哥壅蔽聰明紊亂政事有言者卽誣以他罪而殺之今百姓失業盜賊蠭起召亂在旦夕非亟誅之恐爲陛下憂留守賀伯顏亦嘗爲世祖陳其奸欺久而言者益衆世祖始決意誅之三月世祖諭大夫月兒魯曰屢聞桑哥沮抑臺綱杜言者之口又嘗捶撻御史其所罪者何事當與辨之桑哥等持御史李渠等已刷文卷至令侍御史杜思敬等勘驗辯論往復數四桑哥等辭屈明日帝駐蹕土口復召御史臺暨中書尚書兩省官辯論尚書省執卷奏曰前浙西按察使只必因監燒鈔受贓至千錠嘗檄臺徵之三年不報思敬曰文之次第盡在卷中今尚書省拆卷持對其弊可見速古兒赤闍里抱卷至前奏曰用朱印以封紙縫者防欺弊也若輩爲宰相乃拆卷破印與人辨是教吏爲奸當治其罪世祖是之責御史臺曰桑哥爲惡始終四年其奸贓暴著非一汝臺臣難云不知中丞趙國輔對曰知之世祖曰知而不劾自當何罪思敬等對曰奪官追俸惟上所裁數日不決大夫月兒魯奏臺臣久任者當斥罷新者存之乃仆桑哥輔

政碑下獄究問至七月乃伏誅平章要束木者桑哥之妻黨在湖廣時正月朔日百官會行省朝服以俟要束木召至其家受賀畢方詣省望闕賀如常儀又陰召卜者有不軌言至是中書列其罪以聞世祖命械致湖廣卽其省戮之鐵木迭兒者木兒火赤之子也嘗逮事世祖成宗大德間同知宣徽院事兼通政院使武宗卽位爲宣徽使至大元年由江西行省平章政事拜雲南行省左丞相居二載擅離職赴闕尙書省奏奉旨詰問尋以皇太后旨得貸罪還職明年正月武宗崩仁宗在東宮以丞相三寶奴等變亂舊章誅之用完澤及李孟爲中書平章政事銳欲更張庶務而皇太后在興聖宮已有旨召鐵木迭兒爲中書右丞相踰月仁宗卽位因遂相之及幸上都命鐵木迭兒留守大都平章完澤等奏故事丞相留治京師者出入得張蓋今右丞相鐵木迭兒大都居守時方盛暑請得張蓋如故事許之是年冬制贈鐵木迭兒曾祖唆海翊運宣力保大功臣太尉諡武烈祖不憐吉帶推誠保德定遠功臣太尉諡忠武父木兒火赤推忠佐理同德功臣太師諡忠貞並開府儀同三司上柱國追封歸德王

皇慶元年三月鐵木迭兒奏臣誤蒙聖恩擢任中書年衰且病雖未能深達政體思竭忠力以圖報效事有創行敢不自勉前省弊政方與更新欽惟列聖相承混一區宇日有萬幾若非整飭恐致解弛繼今朝夕視事左右司六部官有不盡心者當論決再不悛者黜勿敘其有託故僥倖他職者亦不敘仁宗是其言既而以病去職延祐改元丞相哈散奏臣非世勳族姓幸逢陛下爲宰相如丞相鐵木迭兒練達政體且嘗監修國史乞授其印俾領翰林國史院軍國重事悉令議之仁宗曰然卿其啓諸皇太后與之印大事必使預聞遂拜開府儀同三司監修國史錄軍國重事居數月復拜中書右丞相合散爲左丞相鐵木迭兒奏蒙陛下憐臣復擢爲首相依阿不言誠負聖眷比聞內侍隔越奏旨者衆倘非禁止致治實難請敕諸司自今中書政務毋輒干預又往時富民往諸蕃商販率獲厚利商者益衆中國物輕蕃貨反重今請以江浙右丞曹立領其事發舟十綱給牒以往歸則征稅如制私往者沒其貨又經用不給苟不預爲規畫必至愆誤臣等集諸老議皆謂動鈔本則鈔法愈虛加賦稅則毒流黎庶

增課額則比國初已倍五十矣惟預買山東河間運使來歲鹽引及各冶鐵貨
庶可以足今歲之用又江南田糧往歲雖嘗經理多未覈實可始自江浙以及
江東西宜先事嚴限格信罪賞令田主手實頃畝狀入官諸王駙馬學校寺觀
亦令如之仍禁私匿民田貴戚勢家毋得沮撓請敕臺臣協力以成則國用足
矣仁宗皆從之尋遣使者分行各省括田增稅苛急煩擾江右爲甚致贛民蔡
五九作亂寧都南方騷動遠近驚懼乃罷其事明年鐵木迭兒奏天下庶務雖
統於中書而舊制省臣亦分領之請以錢帛鈔法刑名委平章李孟左丞阿卜
海牙參政趙世延等領之其糧儲選法造作驛傳委平章張驢右丞蕭拜住參
政曹從革等領之得旨如所請七月詔諭中外命右丞相鐵木迭兒總宣政院
事十月進位太師十一月大宗正府奏累朝舊制凡議重刑必決於蒙古大臣
今宜聽於太師右丞相從之鐵木迭兒既再入中書居首相怙勢貪虐兇穢滋
甚於是蕭拜住自御史中丞爲中書右丞尋拜平章政事稍牽制之而楊朶兒
只自侍御史拜中丞慨然以糾正其罪爲己任上都富人張弼殺人繫獄鐵木

迭兒使家奴脅留守賀伯顏使出之伯顏持正不可撓而朶兒只已廉得丞相所受張弼賂有顯徵乃與拜住及伯顏奏之內外監察御史凡四十餘人共劾鐵木迭兒桀黠姦貪陰賊險狠蒙上罔下蠹政害民布置爪牙威讋朝野凡可以誣陷善人要功利己者靡所不至取晉王田千餘畝興教寺後壖園地三十畝衞兵牧地二十餘畝竊食郊廟供祀馬受諸王合兒班答使人鈔十四萬貫寶珠玉帶氈毹幣帛又計鈔十餘萬貫受杭州永興寺僧章自福賂金一百五十兩取殺人囚張弼鈔五萬貫且既已位極人臣又領宣政院事以其子八里吉思爲之使諸子無功於國盡居貴顯縱家奴淩虐官府爲害百端以致陰陽不和山移地震災異數見百姓流亡己乃恬然略無省悔私家之富又在阿合馬桑哥之上四海疾怨已久咸願車裂斬首以快其心如蒙早加顯戮以示天下庶使後之爲臣者知所警戒奏既上仁宗震怒有詔逮問鐵木迭兒匿興聖近侍家有司不得捕仁宗不樂者數日又恐誠出皇太后意不忍重傷咈之乃僅罷其相位而已鐵木迭兒家居未逾年又起爲太子太師中外聞之莫不驚

駭參政趙世延爲御史中丞率諸御史論其不法數十事而內外御史論其不可輔導東宮者又四十餘人然以皇太后故終不能明正其罪明年正月辛丑仁宗崩越四日鐵木迭兒以皇太后旨復入中書爲右丞相又逾月英宗猶在東宮鐵木迭兒宣太后旨召蕭拜住與朶兒只至徽政院與徽政院使失里門御史大夫禿忒哈雜問之責以前違太后旨令伏罪即起入奏遽稱旨執二人棄市是日白晝晦冥都人恟懼英宗將行即位禮鐵木迭兒恆病足中書省啓祖宗以來皇帝登極中書率百官稱賀班首惟上所命英宗曰其以鐵木迭兒爲之既即位鐵木迭兒即奏委平章王毅右丞高昉等徵理在京倉庫所貯糧虧七十八萬石責償於倉官及監臨出內者所貢幣帛紕繆者責償於本處官吏之董其事者仍立程嚴督違者杖之五月英宗在上都鐵木迭兒嫉留守賀伯顏素不附己乃奏其以便服迎詔爲不敬下五府雜治竟殺之都民爲之流涕趙世延時爲四川行省平章政事鐵木迭兒怒其昔嘗論己方入相時即從東宮啓英宗遣人逮捕之世延未至鐵木迭兒使諷世延啗以美官令告引同

時異己者世延不肯從至是坐以違詔不敬令法司窮治請寘極刑英宗曰彼罪在赦前所宜釋免鐵木迭兒對曰昔世延與省臺諸人謀害老臣請究其姓名英宗曰事皆在赦前矣又焉用問後數日又奏世延當處死罪又不允有司承望風旨鍛練欲使自裁世延終無所屈賴英宗素聞其忠良得免於死鐵木迭兒恃其權寵乘間肆毒睚眦之私無有不報英宗覺其所譖毀者皆先帝舊人滋不悅其所爲乃任拜住爲左丞相委以心腹鐵木迭兒漸見疎外以疾死于家御史蓋繼元宋翼言其上負國恩下失民望生逃顯戮死有餘辜乃命毀所立碑追奪其官爵及封贈制書籍沒其家子班丹知樞密院事尋以贓敗不敘鎖南嘗爲治書侍御史其後鐵失弑英宗鎖南以逆黨伏誅

哈麻

哈麻字士廉康里人父禿魯母爲寧宗乳母禿魯以故封冀國公加太尉階金紫光祿大夫哈麻與其弟雪雪早備宿衞順帝深眷寵之而哈麻有口才尤爲帝所褻幸累遷官爲殿中侍御史雪雪累官集賢學士帝每即內殿與哈麻以

變陸爲戲一日哈麻服新衣侍側帝方啜茶卽噀茶於其衣哈麻視帝曰天子固當如是耶帝一笑而已其被愛幸無與爲比由是哈麻聲勢日盛自藩王戚里皆遺賂之尋以謀害脫脫出貶南安召入爲禮部尙書俄遷同知樞密院事至正初脫脫爲丞相其弟也先帖木兒爲御史大夫哈麻日趨附其兄弟之門會脫脫去相位而別兒怯不花爲丞相與脫脫有舊怨頗欲中傷之哈麻每於帝前力營護之以故得免初別兒怯不花與太平韓嘉納禿滿迭兒等十人結爲兄弟情好甚密及別兒怯不花旣罷九年太平爲左丞相韓嘉納爲御史大夫乃謀黜哈麻諷監察御史斡勒海壽列其罪惡劾奏之其小罪則受宣讓王等駞馬諸物其大者則設帳房於御幄之後無君臣之分又恃以提調寧徽寺爲名出入脫忽思皇后宮闈無間犯分之罪尤大寧徽寺者掌脫忽思皇后錢糧而脫忽思皇后帝庶母也哈麻知御史有所言先已於帝前析其非罪事皆太平韓嘉納所摭拾及韓嘉納以御史所言奏帝大怒斥弗納明日章再上帝不得已僅奪哈麻雪雪官職居之草地而斡勒海壽爲陜西廉訪副使於是太

平罷爲翰林學士承旨韓嘉納罷爲宣政使尋出爲江浙行省平章政事有頃脫忽思皇后泣訴帝謂御史所劾哈麻事爲侵己帝益怒乃詔奪海壽官屏歸田里禁錮之已而脫脫復爲丞相也先帖木兒復爲御史大夫而謫太平居陝西而加韓嘉納以贓罪杖流奴兒干以死別兒怯不花既罷猶出居般陽而禿滿迭兒自中書右丞出爲四川右丞亦誣以罪追至中道殺之已而哈麻復見召用而脫脫兄弟尤德之十二年八月哈麻拜中書添設右丞明年正月正除右丞時脫脫方信任汝中柏由郎中爲參議中書自平章政事以下見其議事皆唯唯而已獨哈麻性剛決與之論數不合汝中柏因譖哈麻於脫脫八月出哈麻爲宣政院使又位居第三哈麻由是深銜脫脫初哈麻嘗陰進西天僧以運氣術媚帝帝習爲之號演揲兒法演揲兒華言大喜樂也哈麻之妹婿集賢學士禿魯帖木兒故有寵於帝與老的沙八郎答刺馬吉的波迪哇兒禡等十人俱號倚納禿魯帖木兒性姦狡帝愛之言聽計從亦薦西蕃僧伽璘真於帝其僧善祕密法謂帝曰陛下雖尊居萬乘富有四海不過保有見世而已人生

能幾何當受此祕密大喜樂禪定帝又習之其法亦名雙修法曰演揲兒曰祕密皆房中術也帝乃詔以西天僧爲司徒西蕃僧爲大元國師其徒皆取良家女或四人或三人奉之謂之供養於是帝日從事於其法廣取女婦惟淫戲是樂又選采女爲十六天魔舞八郎者帝諸弟與其所謂倚納者皆在帝前相與褻狎甚至男女裸處號所處室曰皆卽兀該華言事事無礙也君臣宣淫而羣僧出入禁中無所禁止醜聲穢行著聞于外雖市井之人亦惡聞之皇太子年日以長尤深疾禿魯帖木兒等所爲欲去之未能也十四年秋脫脫領大軍討高郵哈麻乘間遂復入中書爲平章政事脫脫之出師也以汝中柏爲治書侍御史俾輔也先帖木兒汝中柏累言哈麻必當屛斥不然必爲後患而也先帖木兒不從哈麻知之恐終不自保因訴於皇后奇氏曰皇太子既立而冊寶及郊廟之禮不行者脫脫兄弟之意也皇后既頗信之哈麻復與汪家奴之子桑哥實里也先帖木兒之客明理明古譖諸皇太子會也先帖木兒移疾家居於是監察御史袁賽因不花等卽承望哈麻風指奏劾也先帖木兒罪惡章凡三

上而帝始允詔收御史臺印令也先帖木兒出都門聽旨而遂以知樞密院事汪家奴爲御史大夫尋降詔數脫脫老師費財之罪卽軍中奪其兵柄安置淮安旣而脫脫也先帖木兒皆就貶逐以死並籍其家貲人口而以所籍也先帖木兒者賜哈麻十五年四月雪雪由知樞密院事拜御史大夫五月哈麻遂拜中書左丞相國家大柄盡歸其兄弟二人矣明年二月哈麻旣爲相自以前所進蕃僧爲恥告其父禿魯曰我兄弟位居宰輔宜導人主以正今禿魯帖木兒專媚上以淫褻天下士大夫必譏笑我我將何面目見人我將除之且上日趨於昏暗何以治天下今皇太子年長聰明過人不若立以爲帝而奉上爲太上皇其妹聞之歸告其夫禿魯帖木兒恐皇太子爲帝則已必先見誅卽以聞于帝然不敢斥言淫褻事第曰哈麻謂陛下年老故耳帝大驚曰朕頭未白齒未落遽謂我爲老耶帝卽與禿魯帖木兒謀去哈麻雪雪討已定禿魯帖木兒走匿尼寺中明日帝遣使傳旨哈麻與雪雪毋早入朝其家居聽旨御史大夫搠思監因劾奏哈麻與雪雪罪惡帝曰哈麻雪雪兄弟二人雖有罪然侍朕日久且

與朕弟懿璘質班皇帝實同乳可姑緩其罰令其出征已而中書右丞相定住
平章政事桑哥失里復糾劾哈麻雪雪之罪不已乃命其兄弟出城受詔遂詔
哈麻於惠州安置雪雪於肇州安置比行俱杖死哈麻既死仍籍其家財也先
帖木兒所封之庫藏其封識固未嘗啓也哈麻兄弟寵幸方固而一旦遽見廢
外人皆謂帝怒其譖害脫脫兄弟之故而不知其罪蓋由於不軌其兄弟之死
人無恤之者

搠思監

搠思監怯烈氏野先不花之孫亦憐真之子也早歲性寬厚簡言語皆以遠大
之器期之泰定初襲長宿衞爲必闍赤怯薛官至順二年除內八府宰相元統
初出爲福建宣慰使都元帥居三年通達政治威惠甚著後至元三年拜江浙
行中書省參知政事國用所倚海運爲重是歲搠思監被命督其役措置有方
所漕米三百餘萬石悉達京師無耗折者六年擢湖北道肅政廉訪使未行改
江浙行省右丞福建鹽法久壞詔搠思監往究其私鬻盜鬻及出納之弊至則

悉廉得其利病爲罷行之至正元年改山東肅政廉訪使尋召拜中政使明年正月除陝西行臺御史中丞三月復爲中政使八月調太府卿四年拜中書參知政事尋陞右丞六年遷御史中丞遂除翰林學士承旨俄復爲中丞又由資政使遷宣徽使九年除大宗正府也可扎魯火赤宗王國人咸稱其明果尋復入中書爲右丞十年正月陞平章政事階光祿大夫十一年十一月拜御史大夫進銀青榮祿大夫十二年四月復爲中書平章從丞相脫脫平徐州有功十三年復拜御史大夫尋又爲中書平章十四年九月奉命率師討賊淮南身先士卒面中流矢不爲動十五年還陝西行省平章復召還拜知樞密院事俄復拜中書平章兼大司農分司提調大都留守司及屯田事一日入侍帝見其面有箭瘢深歎閔焉進爲首平章十六年復遷御史大夫四月遂拜中書左丞相明年三月進右丞相十八年加太保詔封其曾祖孛魯海爲雲王祖也先不花爲瀛王父亦憐真爲冀王是時天下多故日已甚外則軍旅煩興疆宇日蹙內則帑藏空虛用度不給而帝方溺於娛樂不恤政務於是搠思監居相位久無

所匡救而又公受賄賂貪聲著聞物議喧然是年冬監察御史燕赤不花劾奏
搠思監任用私人朶列及妾弟崔完者帖木兒印造僞鈔事將敗令朶列自殺
以滅口搠思監乃請謝事解機務詔止收其印綬而御史答里麻失里王彝言
不已帝終不聽也會遼陽賊勢張甚明年遂起爲遼陽行省左丞相未行二十
年三月復拜中書右丞相仍降詔諭天下時帝益厭政而宦者資正院使朴不
花乘間用事爲姦利搠思監因與結搆相表裏四方警報及將臣功狀皆壅不
上聞孛羅帖木兒廓擴帖木兒各擁強兵于外以權勢相軋釁隙遂成搠思監
與朴不花黨於廓擴帖木兒而誣孛羅帖木兒以非罪二十四年三月帝因下
詔削奪其官爵且命廓擴帖木兒以兵討之而宗王不顏帖木兒禿堅帖木兒
等皆稱兵與孛羅帖木兒合表言其無罪於是帝爲降詔曰自至正十一年妖
賊竊發屬嘗選命將相分任乃職視同心膂凡厥庶政悉以委之豈期搠思監
朴不花貪緣爲姦互相壅蔽以致在外宣力之臣因而解體在內忠良之士悉
陷非辜又復奮其私讐誣搆孛羅帖木兒老的沙等同謀不軌朕以信任之專

失於究察遂調兵往討孛羅帖木兒已嘗陳詞而乃寢匿不行今宗王不顏帖木兒等仰畏明威遠來控訴以表其情朕爲惻然興念而搠思監朴不花猶飾虛詞簧惑朕聽其以搠思監屏諸嶺北朴不花竄之甘肅以快衆憤孛羅帖木兒等悉與改正復其官職然詔書雖下而搠思監朴不花仍留京師四月孛羅帖木兒乃遣禿堅鐵木兒稱兵犯闕必得搠思監朴不花乃已帝不得已縛二人畀之遂皆爲孛羅鐵木兒所殺已而監察御史復奏言搠思監驕殺丞相太平盜用鈔板私家草詔任情放還鬻獄賣官費耗庫藏居廟堂前後十數年使天下八省之地悉致淪陷乃誤國之姦臣究其罪惡大赦難原曩者姦臣阿合馬之死剖棺戮尸搠思監之罪視阿合馬爲百過今其雖死必剖棺戮尸爲宜有旨從之而臺臣言猶不已遂復沒其家產而竄其子宣徽使觀音奴於遠方怯烈氏四世爲丞相者八人世臣之家鮮與比盛而搠思監早有才望及居相位人皆仰其有爲遭時多事顧乃守之以懦濟之以貪遂使天下至於亂亡而不可爲論者謂元之亡搠思監之罪居多云

元史卷二百五

元史卷二百五考證

阿合馬傳是年秋八月罷領中書左右部併入中書○臣宗萬按八月世祖紀作十一月

元史卷二百五考證

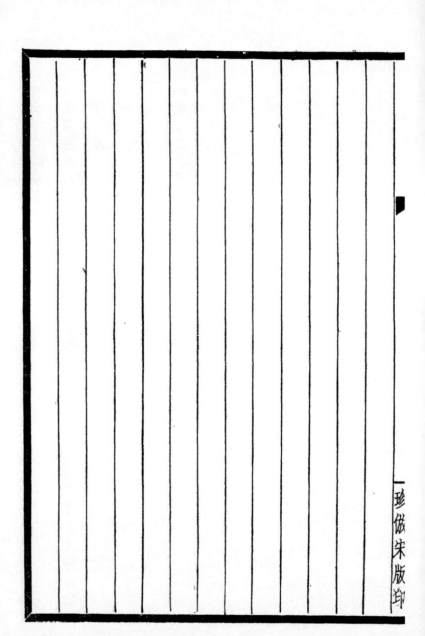

元史卷二百六

明翰林學士亞中大夫知制誥兼修國史宋　濂等修

列傳第九十三

叛臣

李璮小字松壽濰州人李全子也或曰璮本衢州徐氏子父嘗爲揚州司理參軍全蓋養之爲子云太祖十六年全叛宋舉山東州郡歸附太師國王孛魯承制拜全山東淮南楚州行省而以其兄福爲副元帥太宗三年全攻宋揚州敗死璮遂襲爲益都行省仍得專制其地朝廷數徵兵輒詭辭不至憲宗七年又調其兵赴行在璮親詣帝言曰益都乃宋航海要津分軍非便帝然之命璮歸取漣海數州璮遂發兵攻拔漣水相連四城大張尅捷之功中統元年世祖即位加璮江淮大都督璮言近獲生口知宋調兵將攻漣水且諜見許浦射陽湖舟艦相望勢欲出膠西向益都請繕城塹以備詔出金符十銀符五授璮以賞將士有功者且賜銀三百錠降詔獎諭蒙古漢軍之在邊者咸聽節制璮復揚

言宋呂文德合淮南兵七萬五千來攻漣水且規築堡以臨我及得賈似道呂
文德書辭甚悖傲知朝廷近有內顧之憂必將肆志於我乞選將益兵臣當帥
先渡淮以雪慢書之辱執政得奏諭以朝廷方通和議邊將惟當固封圉且南
人用間其詐非一彼既不至毋或妄動璮乃上言臣所領益都土曠人稀自立
海州今八載將士未嘗釋甲轉輓未嘗息肩民力凋耗莫甚斯時以一路之兵
抗一敵國衆寡不侔人所共患賴陛下神武既克漣海二州復破夏貴孫虎臣
十餘萬之師然臣豈敢恃此必敵人之不再至哉且宋人今日西無掣肘宜得
并力而東若以水陸綴漣而遣舟師遵海以北擣膠萊之虛然後帥步騎直指
沂莒滕嶧則山東非我有矣豈可易視而不爲備哉臣昨追敵至淮安非不能
乘勝取揚楚徒以執政止臣故臣不敢深入若以襄陽唐鄧陳蔡諸軍攻荊山
取壽泗以亳宿徐邳諸軍合臣所統兵攻揚楚則兩淮可定兩淮既定則選兵
以取江南自守以寬民力將無施不可此上策也因上將校馮泰等功第狀詔
以益都官銀分賞之二年正月璮言于行中書省以宋人聚兵糧數十萬列艦

萬三千艘于許浦以侵內郡而宣撫司轉輸不繼恐一日水陸道絕緩急莫報請選精騎倍道來援表裏協攻乘機深入江淮可圖也既而來獻漣水捷詔復獎諭仍給金符十七銀符二十九增賜將士庚申璮輒發兵修益都城塹且報宋人來攻漣水詔遣阿朮哈剌拔都愛仙不花等悉兵赴之仍諭度宜益兵赴調璮遂請節制諸道所集兵馬且請給兵器中書議與矢三萬詔給矢十萬三年四月又以宋賈似道誘總管張元張進等書來上蓋璮專制山東者三十餘年其前後所奏凡數十事皆恫疑虛喝挾敵國以要朝廷而自爲完繕益兵計其謀亦深矣初以其子彥簡質于朝而僭爲私驛自益都至京師質子營至是彥簡遂用私驛逃歸璮遂反以漣海三城獻于宋殲蒙古戍兵引麾下吳舟艦還攻益都甲午入之發府庫以犒其黨遂寇蒲臺民聞璮反皆入保城郭或奔竄山谷由是自益都至臨淄數百里寂無人聲癸卯帝聞璮反遂下詔暴其罪甲辰命諸軍討璮己酉以璮故戮中書平章王文統壬子璮盜據濟南癸酉命史樞阿朮帥師赴濟南璮帥衆出掠輜重將及城官軍邀擊大敗之斬首四千

級璮退保濟南五月庚申築環城圍之甲戌圍合璮自是不得復出猶日夜拒
守取城中子女賞將士以悅其心且分軍就食民家發其蓋藏以繼不足則家
賦之鹽令以人爲食至是人情潰散璮不能制各什伯相結縋城以出璮知城
且破乃手刃愛妾乘舟入大明湖自投水中水淺不得死爲官軍所獲縛至諸
王合必赤帳前丞相史天澤言宜卽誅之以安人心遂與蒙古軍官囊家并誅
焉
王文統字以道益都人也少時讀權謀書好以言撼人遍干諸侯無所遇乃往
見李璮璮與語大喜卽留置幕府命其子彥簡師事之文統亦以女妻璮由是
軍旅之事咸與諮決歲上邊功虛張敵勢以固其位用官物樹私恩取宋漣海
二郡皆文統謀也世祖在潛藩訪問才智之士素聞其名及卽位厲精求治有
以文統爲薦者亟召用之乃立中書省以總內外百官之政首擢文統爲平章
政事委以更張庶務建元爲中統詔諭天下立十路宣撫司示以條格欲差發
辦而民不擾鹽課不失常額交鈔無致阻滯尋詔行中書省造中統元寶交鈔

立互市于頴州漣水光化軍是年冬初行中統交鈔自十文至二貫文凡十等不限年月諸路通行稅賦並聽收受明年二月世祖在開平召行中書省事禡禡與文統親率各路宣撫使俱赴闕世祖自去秋親征叛王阿里不哥于北方凡民間差發宣課鹽鐵等事一委文統等裁處及振旅還宮未知其可否何若且以往者急於用兵事多不暇講究所當振其紀綱者宜在今日故召文統等至責以成效用游顯鄭鼎趙良弼董文炳等爲各路宣撫司復以所議條格詔諭各路俾遵行之未幾又詔諭宣撫司并達魯花赤管民官課稅所官申嚴私鹽酒醋麴貨等禁文統爲人忌刻初立中書時張文謙爲左丞文謙素以安國利民自負故凡講論建明輒相可否文統積不能平思有以陷之文謙竟以本職行大名等路宣撫司事而去時姚樞竇默許衡皆世祖所敬信者文統諷世祖授樞爲太子太師默爲太子太傅衡爲太子太保外佯尊之實不欲使朝夕備顧問於左右也默嘗與王鶚及樞衡俱侍世祖面詆文統曰此人學術不正必禍天下不可處以相位世祖曰若是則誰可爲者默以許衡對世祖不懌而

罷鶚嘗請以右丞相史天澤監修國史左丞相耶律鑄監修遼史文統監修金史世祖曰監修階銜俟修史時定之又明年二月李璮反以漣海三城獻于宋先是其子彥簡由京師逃歸璮遣人白之中書及反書聞人多言文統嘗遣子蕘與璮通音耗世祖召文統問之曰汝教璮爲逆積有歲年舉世皆知之朕今問汝所策云何其悉以對文統對曰臣亦忘之容臣悉書以上書畢世祖命讀之其間有曰螻蟻之命苟能存全保爲陛下取江南世祖曰汝今日猶欲緩頰於朕耶會璮遣人持文統三書自洛水至以書示之文統始錯愕駭汗書中有期甲子語世祖曰甲子之期云何文統對曰李璮久蓄反心以臣居中不敢即發臣欲告陛下縛璮久矣第緣陛下加兵北方猶未靖也比至甲子猶可數年臣爲是言姑遲其反期耳世祖曰無多言朕拔汝布衣授之政柄遇汝不薄何負而爲此文統猶枝辭傍說終不自言臣罪當死乃命左右斥去始出就縛猶召竇默姚樞王鶚僧子聰及張柔等至示以前書曰汝等謂文統當得何罪文臣皆言人臣無將將而必誅柔獨疾聲大言曰宜剮世祖又曰汝同辭言之諸

臣皆曰當死世祖曰渠亦自服朕前矣文統乃伏誅子蕘幷就戮詔諭天下曰
人臣無將垂千古之彝訓國制有定懷二心者必誅何期輔弼之僚迺蓄姦邪
之志平章政事王文統起由下列擢寘台司倚付不爲不深待遇不爲不厚庶
收成効以底丕平焉知李璮之同謀潛使子蕘之通耗邇者獲親書之數幅審
其有反狀者累年宜加肆市之誅以著滔天之惡已於今月二十三日將反臣
王文統幷其子蕘正典刑訖於戲負國恩而謀大逆死有餘辜處相位而被極
刑時或未喻咨爾有衆體予至懷然文統雖以反誅而元之立國其規模法度
世謂出於文統之功爲多云

阿魯輝帖木兒滅里大王之裔也初太宗生七子而滅里位第七世祖既定天
下乃大封宗親爲王滅里其一也滅里生脫忽脫忽生俺都剌俺都剌生禿滿
至大元年始封陽翟王賜金印螭紐俾鎮北藩禿滿傳曲春曲春傳太平太平
傳帖木兒赤而阿魯輝帖木兒襲其封會兵起汝潁天下皆震動帝屢詔宗王
以北方兵南討阿魯輝帖木兒知國事已不可爲乃乘間擁衆數萬屯于木兒

古兀徹之地而脅宗王以叛且遣使來言於帝曰祖宗以天下付汝汝何故失其大半盍以國璽授我我當自爲之帝聞神色自若徐曰天命有在汝欲爲則爲之於是降詔開諭俾其悔罪阿魯輝帖木兒不聽乃命知樞密院事禿堅帖木兒等擊之行至稱海起哈剌赤萬人爲軍其人素不習爲兵而一旦驅之使戰既陣兵猶未接皆脫其號衣奔阿魯輝帖木兒軍中禿堅帖木兒軍遂敗績單騎還上都二十一年更命少保知樞密院事老章以兵十萬擊之且俾阿魯輝帖木兒之弟忽都帖木兒從征軍中遂大敗其衆阿魯輝帖木兒遂謀東遁其部將脫驩知其勢窮乃與宗王囊加玉樞虎兒吐華擒阿魯輝帖木兒送闕下帝命誅之於是加老章太傅脫驩知遼陽行樞密院事仍以忽都帖木兒襲封陽翟王而宗王囊加等悉議加封尋又詔加封老章和寧王以嶺北行省丞相知行樞密院事俾鎮北藩云

元史卷二百七

明翰林學士亞中大夫知制誥兼修國史宋　濂等修

列傳第九十四

鐵失

鐵失者當英宗卽位之初以翰林學士承旨宣徽院使爲太醫院使未逾月特命領中都威衞指揮使明年改元至治有珍珠燕服之賜三月特授光祿大夫御史大夫仍金虎符忠翊侍衞親軍都指揮使依前太醫院使英宗嘗御鹿頂殿謂鐵失曰徽政雖隸太皇太后朕視之與諸司同凡簿書宜悉令御史檢覈既而又命領左右阿速衞冬十月英宗親祀太廟以中書左丞相拜住爲亞獻官鐵失爲終獻官明年冬十月江南行臺御史大夫脫脫以疾請于朝未得旨輒去職鐵失奏罷之杖六十七謫居雲南治書侍御史鎖南鐵木迭兒之子也罷爲翰林侍講學士鐵失奏復其職英宗不允十二月鐵失以御史大夫忠翊親軍都指揮使左右衞阿速親軍都指揮使太醫院使兼領廣惠司事英宗嘗

謂臺臣曰朕深居九重臣下奸貪民生疾苦豈能周知故用卿等爲耳目曩者
鐵失迭兒貪蠹無厭汝等拱默不言其人雖死宜籍其家以懲後也又明年三
月申命大夫鐵失振舉臺綱詔諭中外既而御史臺請降旨開言路英宗曰言
路何嘗不開但卿等選人未當爾朕知嚮所劾者率因宿怨羅織成獄加之以
罪遂玷其人終身不得伸監察御史嘗舉入思吉思可任大事未幾以貪墨伏
誅若此者言路選人當乎否乎時鐵木迭兒既死罪惡日彰英宗委任拜住爲
右丞相振立紀綱修舉廢墜以進賢退不肖爲急務鐵失以姦黨不自安潛蓄
異圖秋八月癸亥英宗自上都南還駐蹕南坡是夕鐵失與知樞密院事也先
鐵木兒大司農失秃兒前中書平章政事赤斤鐵木兒前雲南行省平章政事
完者前治書侍御史鎖南鐵失之弟宣徽使鎖南典瑞院使脫火赤樞密副使
阿散僉書樞密院事章台衛士秃滿及諸王按梯不花孛羅月魯鐵木兒曲律
不花兀魯思不花等以鐵失所領阿速衛兵爲外應殺右丞相拜住而鐵失直
犯禁幄手弑英宗于臥所九月四日晉王即位鐵失及其黨皆伏誅

孛羅帖木兒答失八都魯之子也從父討賊屢立戰功其語見父傳父既歿孛羅帖木兒引兵退駐井陘口十八年正月命孛羅帖木兒爲河南行省平章政事仍總領其父元管諸軍三月擊劉福通於衞輝走之進克濮州四月屯兵真定六月自武安由彭城邀截沙劉等敗之九月命統領諸軍夾攻曹州十月遣參政匡福統苗軍自西門入孛羅帖木兒自北門入四門並進克復曹州擒殺僞官武宰相仇知院獲僞印信金牌等物十九年二月過代州收山東潰將孟本周諸軍三月詔孛羅帖木兒移兵至大同置大都督兵農司專督屯種以孛羅帖木兒領之當月領兵豐州雲內與關先生戰關軍奔潰時有楊誠者據蔚州六月詔遣平章月魯不花樞密同知八剌火者督兵捕之八月圍其城俄有旨命回兵十一月再命勦捕二十年正月孛羅帖木兒追誠至飛狐縣東關誠棄軍遁降其潰卒回駐大同二月除中書平章政事三月命討上都程思忠兵次與和思忠奔潰七月擊敗田豐僞將王士誠於臺州詔總領一應達達漢人諸軍便宜行事八月命守石嶺關以北察罕帖木兒守石嶺關以南九月孛羅

帖木兒欲得冀寧遣兵自石嶺關直趨圍其城三日復退屯交城十月詔孛羅
帖木兒守冀寧遣保保殷興祖高脫因倍道趨之守者不納察罕帖木兒遣鎖
住陳秉直以兵來爭孛羅帖木兒部將脫列伯戰敗之二十一年正月命平章
答失帖木兒參政七十往諭解之孛羅帖木兒罷兵還鎮九月命孛羅帖木兒
於保定以東河間以南屯田二十二年二月爲平章左李遣楊榮祖至大同降
三月孛羅帖木兒遣裨將也速不花等招兵五萬戍大同陞孛羅帖木兒太尉
中書平章位居第一張艮弼來受節制李思齊遣兵攻艮弼于武功艮弼伏兵
大破之二十三年十月孛羅帖木兒復南侵擴廓帖木兒所守地遂據真定初
朝廷既黜御史大夫老的沙安置東勝州帝別遣宦官密諭孛羅帖木兒令留
軍中而皇太子累遣官索之孛羅帖木兒匿不發二十四年正月孛羅帖木兒
陰使人殺其叔父左丞亦只兒不花佯爲不知往弔不哭朝廷知其跋扈又以
匿老的沙事三月辛卯詔罷孛羅帖木兒兵權四川安置孛羅帖木兒殺使者
拒命遣部將會禿堅帖木兒提兵犯闕揚言索右丞相搠思監資正院使朴不

花二人先是朝廷立衞屯田嘗命中書右丞也先不花提督與禿堅帖木兒分院之地相近因擾及其親里搆成嫌隙也先不花乃譖禿堅帖木兒詆毀朝政孛羅帖木兒與禿堅帖木兒相友善且知其誣遣人白其非罪皇太子以孛羅帖木兒握兵跋扈今乃與禿堅帖木兒交通又匿不軌之臣遂與丞相搠思監議請詔削其官分其兵授四川省丞相察罕不花領之孛羅帖木兒謂非帝意故不聽命舉兵助禿堅帖木兒四月壬寅入居庸乙巳至清河列營將犯闕帝遣達達國師巒子院使往問故乃命屏搠思監于嶺北竄朴不花于甘肅實執送與之庚戌禿堅帖木兒自健德門入見帝延春閣慟哭請罪帝賜宴慰勉詔赦其罪仍以孛羅帖木兒爲太保中書平章兼知樞密院事守禦大同以禿堅帖木兒爲中書平章政事辛亥孛羅帖木兒還大同皇太子恚怒不已再徵擴廓帖木兒兵保障京師五月詔擴廓帖木兒總兵調諸道軍分討大同擴廓帖木兒自其父察罕帖木兒在時與孛羅帖木兒連年相讐殺朝廷累命官講和二軍已還兵各守其地至是擴廓帖木兒乃大發兵諸道夾攻大同調麾下鎖

住守護京師兵不滿萬以其部下青軍楊同僉守居庸擴廓帖木兒自將至太原調督諸軍七月孛羅帖木兒率兵與禿堅帖木兒老的沙等復犯闕京師震駭丙戌皇太子親統兵迎於清河丞相也速詹事不蘭奚軍於昌平也速軍士無鬭志青軍楊同僉被殺於居庸不蘭奚戰敗走皇太子亦馳入城丁亥夜鎖住等東宮官僚從太子出奔太原戊子孛羅帖木兒兵至駐健德門外欲追襲皇太子老的沙力止之三人入見帝宣文閣泣拜訴冤帝亦爲之泣乃賜宴庚寅就命孛羅帖木兒太保中書左丞相老的沙中書平章政事禿堅帖木兒御史大夫部屬將士布列臺省總攬國柄八月壬寅詔加孛羅帖木兒開府儀同三司上柱國錄軍國重事太保中書右丞相節制天下數月間誅狎臣禿魯帖木兒波迪哇兒禡等罷三宮不急造作沙汰宦官減省錢糧禁西番僧人佛事數遣使請皇太子還朝使至太原拘留不報二十五年皇太子在外日夜謀除內難承制調遣嶺北甘肅遼陽陝西及擴廓帖木兒等軍進討孛羅帖木兒孛羅帖木兒怒出皇后于外幽置百日遣禿堅帖木兒率軍討上都附皇太子者

調也速南禦擴廓帖木兒軍也速次良鄉不進而歸永平遣人西連太原東連
遼陽軍聲大振孛羅帖木兒患之遣驍將姚伯顏不花統兵出禦至通州河溢
營虹橋以待也速出其不意襲而破之擒姚伯顏殺之孛羅帖木兒大恐自將
出通州三日大雨而還孛羅帖木兒先嘗以自疑殺其將保安既又失姚伯顏
鬱鬱不樂乃日與老的沙飲宴荒淫無度酗酒殺人喜怒不測人皆畏忌威順
王子和尚受帝密旨與徐士本謀結勇士上都馬金那海伯達兒帖古思不花
火兒忽達洪寶寶等陰圖刺之七月乙酉值禿堅帖木兒遣人來告上都之捷
孛羅帖木兒起入奏行至延春閣李樹下伯達兒自衆中奮出斫孛羅帖木兒
中其腦上都馬及金那海等競前斫死老的沙傷額趨出得馬走其家擁孛羅
帖木兒母妻及其子天寶奴北遁有旨令民間盡殺其部黨明日遣使函孛羅
帖木兒首級往太原詔皇太子還朝諸道兵聞詔罷歸九月皇太子朝京師十
二月獲禿堅帖木兒老的沙皆伏誅

元史卷二百七

元史卷二百八

明翰林學士亞中大夫知制誥兼修國史宋濂等修

外夷傳第九十五

高麗

高麗本箕子所封之地扶餘別種嘗居之其地東至新羅南至百濟皆跨大海西北渡遼水接營州而靺鞨在其北其國都曰平壤城卽漢樂浪郡水有出靺鞨之白山者號鴨淥江而平壤在其東南因恃以爲險後闢地益廣幷古新羅百濟高句驪三國而爲一其主姓高氏自初立國至唐乾封初而國亡垂拱以來子孫復封其地後稍能自立至五代時代主其國遷都松岳者姓王氏名建自建至燾凡二十七王歷四百餘年未始易姓入元太祖十一年契丹人金山元帥六哥等領衆九萬餘竄入其國十二年九月攻拔江東城據之十三年帝遣哈只吉劄剌等領兵征之國人洪大宣詣軍中降與哈只吉等同攻圍之高麗王名闕奉牛酒出迎王師且遣其樞密院使吏部尚書上將軍翰林學士承

旨趙沖共討滅六哥劄刺與沖約爲兄弟沖請歲輸貢賦劄刺曰爾國道遠難於往來每歲可遣使十人入貢十二月劄刺移文取兵糧送米一千斛十四年正月遣其權知閤門祇候尹公就中書注書崔逸以結和牒文送劄刺行營劄刺遣使報之高麗王以其侍御史朴時允爲接伴使迎之帝又遣蒲里帒也持詔往諭高麗王迎拜設宴九月皇太弟國王及元帥合臣副元帥劄刺等各以書遣宣差太使慶都忽思等十人趣其入貢尋以方物進十五年九月大頭領官堪古苦着古歟等復以皇太弟國王書趣之仍進方物十六年七月有旨諭以伐女直事始奉表陳賀八月着古歟使其國十月喜速不瓜等繼使焉十七年十月詔遣着古歟等十二人至其國察其納款之實十八年八月宣差山朮觧等十二人復以皇太弟國王書趣其貢獻十九年二月着古歟等復使其國十二月又使焉盜殺之于途自是連七歲絶信使矣太宗三年八月命撒禮塔征其國國人洪福源迎降于軍得福源所率編民千五百戶旁近州郡亦有來師者撒禮塔卽與福源攻未附州郡又使阿兒禿與福源抵王京招其主王瞮

瞮遣其弟懷安公王侹請和許之置京府縣達魯花赤七十二人監之遂班師十一月元帥蒲桃迪巨唐古等領兵至其王京瞮遣使奉牛酒迎之十二月一日復遣使勞元帥于行營明日其使人與元帥所遣人四十餘輩入王城付文牒又明日瞮遣王侹等詣撒禮塔屯所犒師四年正月帝遣使以璽書諭瞮三月瞮遣中郎將池義源錄事洪巨源金謙等賫國贐牒文送撒禮塔屯所四月瞮遣其將軍趙叔章御史薛慎等奉表入朝五月復下詔諭之六月瞮盡殺朝廷所置達魯花赤七十二人以叛遂率王京及諸州縣民竄海島洪福源集餘民保聚以俟大兵八月復遣撒禮塔領兵討之至王京南攻其處仁城中流矢卒別將鐵哥以軍還其已降之人令福源領之十月瞮遣其將軍金寶鼎郎中趙瑞章上表陳情五年四月詔諭瞮悔過來朝且數其五罪自平契丹賊殺劄剌之後未嘗遣一介赴闕罪一也命使賫訓言省諭輒敢射回罪二也爾等謀害著古歟乃稱萬奴民戶殺之罪三也命汝進軍仍令汝弼入朝爾乃抗拒竄諸海島罪四也汝等民戶不拘集見數輒敢妄奏罪五也十月瞮復遣兵攻昭

已附西京等處降民劫洪福源家六年福源復請領其降民還居東京賜佩金符七年命唐古與洪福源領兵征之九年拔其龍岡咸從等十餘城十年五月其國人趙玄習李元祐等率二千人迎降命居東京受洪福源節制且賜御前銀符使玄習等佩之以招未降民戶又李君式等十二人來降待之如玄習焉十二月瞮遣其將軍金寶鼎御史宋彥琦等奉表入朝十一年五月詔徵瞮入朝瞮以母喪辭六月乃遣其禮賓卿盧演禮賓少卿金謙充進奉使副奉表入朝十月有旨諭瞮徵其親朝於明年十二月瞮遣其新安公王佺與寶鼎彥琦等百四十八人奉表入貢十二年三月又遣其右諫議大夫趙修閤門祇候金成寶等奉表入貢五月復下詔諭之十二月瞮遣其禮賓少卿宋彥琦侍御史權韙充行李使入貢是歲攻拔昌朔等州十三年秋瞮以族子綧爲己子入質當定宗憲宗之世歲貢不入故自定宗二年至憲宗八年凡四命將征之凡拔其城十有四憲宗末瞮遣其世子倎入朝世祖中統元年三月瞮卒命倎歸國爲高麗國王以兵衛送之仍赦其境內制曰我太祖皇帝肇開大業聖聖相承

代有鴻勳芟夷羣雄奄有四海未嘗專嗜殺也凡屬國列侯分茅錫土傳祚子孫者不啻萬里孰非向之勍敵哉觀乎此則祖宗之法不待言而章章矣今也普天之下未臣服者惟爾國與宋耳宋所恃者長江而長江失險所藉者川廣而川廣不支邊戍自徹其藩籬大軍已駐乎心腹鼎魚幕燕亡在旦夕爾初世子奉幣納款束身歸朝含哀請命良可矜憫故遣歸國完復舊疆安爾田疇保爾室家弘好生之大德捐宿搆之細故也用是已嘗戒敕邊將斂兵待命東方既定則將迴戈於錢塘迨餘半載乃知爾國內亂渝盟邊將復請戒嚴此何故也以謂果內亂耶權臣何不自立而立世孫以謂傳聞之誤耶世子何不之國而盤桓於境上也豈以世子之歸愆期而左右自相猜疑私憂過計而然耶重念島嶼殘民久罹塗炭窮兵極討殆非本心且御失其道則天下狙詐咸作敵推赤心置人腹中則反側之輩自安矣悠悠之言又何足校申命邊閫斷自予衷無以逋逃間執政無以飛語亂定盟惟事推誠一切勿問宜施曠蕩之恩一新遐邇之化自尚書金仁儁以次中外枝黨官吏軍民聖旨到日已前或有首

謀內亂旅拒王師已降附而還叛因仇讐而擅殺無所歸而背主亡命不得已而隨衆脅從應據國人但曾犯法罪無輕重咸赦除之世子其趣裝命駕歸國知政解仇釋憾布德施恩緬惟瘡痍之民正在撫綏之日出彼滄溟宅於平壤賣刀劔而買牛犢捨干戈而操耒耜凡可援濟毋憚勤勞苟富庶之有徵冀禮義之可復亟正疆界以定民心我師不復踰限矣大號一出朕不食言復有敢踵亂犯上者非干爾主乃亂我典刑國有常憲人得誅之於戲世子其王矣往欽哉恭承丕訓永爲東藩以揚我休命四月復降旨諭倎曰朕祗若天命獲承祖宗休烈仰惟覆燾一視同仁無遐邇小大之間也以爾歸款既冊爲王還國今得爾與邊將之書因知其上下之情朕甚憫焉倎求出水就陸免軍馬侵擾還被虜及逃民皆從之詔班師乃赦其境內六月倎遣其子承安公僖判司宰事韓卽入賀卽位以國王封冊王印及虎符賜之是月又下詔撫諭之二年三月遣使入貢四月倎入朝六月倎更名禃遣其世子愖奉表以聞八月賜禃玉帶一遣侍衛將軍孛里察禮部郎中高逸民護愖還國九月禃遣其侍御史張

鎰奉表入謝十月帝遣阿的迷失焦天翼持詔諭以開榷場事三年正月罷互市諸王塔察兒請置鐵冶從之請立互市不從賜禃歷後歲以爲常禃遣使入謝優詔答之四月禃遣其左諫議大夫朴倫郎將辛洪成等奉表入朝六月遣使入貢八月朴倫等還賜西錦三段間金熟綾六段十月詔諭禃籍編民出師旅輸糧餉助軍儲是月禃遣使入貢四年二月以禃不答詔書詰其使者禃表乞俟民生稍集然後惟命帝以其辭意懇實允之朝貢物數亦命稱其力焉自三月至于六月禃凡三遣使入貢賜禃羊五百十一月禃以免置驛籍民等事遣其翰林學士韓就奉表入謝五年正月丁丑朔禃遣使奉表入賀諭還使令禃親朝京師四月以西北諸王率衆款附擬今歲朝王公羣牧于上都又遣必闍赤古乙獨徵禃入朝修世見之禮五月禃遣其借國子祭酒張鎰從古乙獨入見六月乃親朝九月帝以改中統五年爲至元元年遣郎中路得成持赦令與禃郎將康允招頒其國十月禃入朝十二月遣禃還國是年春禃遣使入貢自是終世祖三十一年其國入貢者凡三十有六至元三年二月立瀋州以處

高麗降民帝欲通好日本以高麗與日本鄰國可爲鄉導八月遣國信使兵部侍郎黑的禮部侍郎殷弘司儀官伯德孝先等使日本先至高麗諭旨十二月禃遣其樞密院副使宋君斐借禮部侍郎金贊等導詔使黑的殷弘等往日本不至而還四年正月禃遣君斐等奉表從黑的等入朝六月帝以禃飾辭令去使徒還復遣黑的與君斐等以詔諭禃委以日本事以必得其要領爲期九月禃遣其起居舍人潘阜書狀官李挺充國信使持書詣日本五年正月禃遣其弟淐入朝帝以禃見欺於淐面數其事切責之特遣北京總管兼大興府尹于也孫脫禮部郎中孟甲持詔諭禃其略曰向請撤兵則已撤之矣三年當去水就陸而前言無徵也又太祖法制凡內屬之國納質助軍輸糧設驛編戶籍置長官已嘗明諭之而稽延至今終無成言在太祖時王繛等已入質驛傳亦粗立餘率未奉行今將問罪於宋其所助士卒舟艦幾何輸糧則就爲儲積至若設官及戶版事其意謂何故以問之三月于也孫脫等至其國四月禃遣其門下侍郎李藏用奉表與也孫脫等入朝五月帝敕藏用曰往諭爾主速以軍數

實奏將遣人督之今出軍爾等必疑將出何地或欲南宋或欲日本爾主當造舟一千艘能涉大海可載四千石者藏用曰舟艦之事卽當應命但人民殘少恐不及期往者臣國有軍四萬三十餘年間死於兵疫今止有牌子頭五十戶百戶千戶之類虛名而無軍卒帝曰死者有之生者亦有之藏用曰賴聖德自撤兵以來有生長者僅十歲耳帝又曰自爾來者言海中之事於宋得便風可三日而至日本則朝發而夕至舟中載米海中捕魚而食之則豈不可行乎又敕藏用曰歸可以此言諭爾主七月詔都統領脫朶兒武德將軍統領王國昌武略將軍副統領劉傑等使其國與其來朝者大將軍崔東秀偕行八月至其國禃出昇天府迎之蓋諭以閱軍造船也九月以禃表奏潘阜等奉使無功而還復遣黑的等使日本詔禃遣重臣導送十二月禃遣其知門下省事申思全禮部侍郎陳井起居舍人潘阜等從國信使黑的等赴日本借禮部侍郎張鎰奉表從脫朶兒入朝六年正月禃遣其大將軍康允玿奉表奏誅權臣金俊等三月禃復遣申思全奉表從黑的入朝六月禃遣其世子愖入朝賜禃玉帶一

愖金五十兩從官銀幣有差七月帝遣明威將軍都統領朶兒武德將軍統領
王國昌武略將軍都統領劉傑相視耽羅等處道路詔禃選官引達以人言耽
羅海道往南宋日本甚易故也八月世子愖入朝奉本國臣下擅廢禃立其弟
安慶公淐事詔遣臺臣斡朶思不花李諤等至其國詳問之九月其樞密院副
使金方慶奉表從斡朶思不花等入朝樞密院御史臺奏世子愖言朝廷若出
征能辦軍三千備糧五月如官軍入境臣宜同往庶不驚擾帝然之詔授世子
愖特進上柱國敕愖率兵三千赴其國難命抄不花往征其國以病不果行詔
遣蒙哥都代之十月帝以禃淐廢置乃林衍所爲遣中憲大夫兵部侍郎黑的
淄萊路總管府判官徐世雄詔禃淐衍等以十二月同詣闕下下面陳情實聽
其是非又遣國王頭輦哥等率兵壓境如踰期不至即當窮治首惡進兵勦戮
命趙璧行中書省於東京仍詔諭高麗國軍民十一月高麗都統領崔坦等以
林衍作亂挈西京五十餘城入附遣斷事官別同瓦馳驛於王綧洪茶丘所管
實科差戶內僉軍至東京付樞密院得三千三百人高麗西京都統李延齡乞

益兵遣忙哥都率兵二千赴之樞密院臣議征高麗事初馬亨以爲高麗者本箕子所封之地漢晉皆爲郡縣今雖來朝其心難測莫若嚴兵假道以取日本爲名乘勢可襲其國定爲郡縣亨又言今旣有釁端不宜遣兵伐之萬一不勝上損國威下損士卒彼或上表言情宜赦其罪戾減其貢獻以安撫其民庶幾感慕聖化俟南宋已平彼有他志回兵誅之亦未晚也前樞密院經歷馬希驥亦言今之高麗乃古新羅百濟高句麗三國併而爲一大抵藩鎮權分則易制諸侯強盛則難臣驗彼州城軍民多寡離而爲二分治其國使權侔勢等自相維制則徐議良圖亦易爲區處耳黑的等至其國禃受詔復位遣借禮部侍郎朴杰從黑的等奉表入朝十二月乃親朝京師七年正月遣使言比奉詔臣已復位令從七百人入覲詔令從四百人來餘留之西京詔西京內屬改東寧府畫慈悲嶺爲界以忙哥都爲安撫使佩虎符率兵戍其西境詔諭其國僚屬軍民以討林衍之故其略曰朕卽位以來憫爾國久罹兵亂冊定爾主撤還兵戍十年之閒其所以撫護安全者靡所不至不圖逆臣林衍自作弗靖擅廢易國

王禃脅立安慶公淐詔令赴闕復稽延不出豈可釋而不誅已遣行省率兵東下惟林衍一身是討其安慶公淐本非得已在所寬宥自餘脅從詿誤一無所問二月遣軍送禃就國詔諭高麗國官吏軍民曰朕惟臣之事君有死無二不意爾國權臣輒敢擅廢國主彼既驅率兵衆將致爾衆危擾不安以汝黎庶之故特遣兵護送國王禃還國奠居舊京命達魯花赤同往鎮撫以靖爾邦惟爾東土之人不知爲汝之故必生疑懼爾衆咸當無畏按堵如故已別敕將帥嚴戒兵士勿令侵犯汝或妄動汝妻子及汝身當致俘略宜審思之初有旨令頭輦哥行省駐西京而以忙哥都趙良弼充安撫使與禃俱入其京既而復令行省入其王京而以脫脫朶兒充其國達魯花赤罷安撫司四月東京行尚書省軍近西京遣徹徹都等同禃之臣鄭子璵等持省劄召高麗國令公林衍使還言衍已死子惟茂襲令公位其國侍郎洪文係尚書宋宗禮殺惟茂及衍婿崔宗玿惟茂弟惟裀自剄衍黨同仲孫等復集餘衆立禃庶族承化侯爲王竄入珍島大軍次王京西闕城遣人收繫林衍妻子行省與禃議遷江華島居民於

王京仍宣詔撫綏之禃弗從至入居其舊京始從行省之議六月禃遣人報有
朝廷逃軍與承化侯者以三別抄軍叛世子愖復言叛兵據江華島宜率軍水
陸進擊之禃復報叛兵悉遁去世子愖言叛兵刼府庫燒圖籍逃入海中行省
使人覘江華島中百姓皆空島之東南相距約四十里叛兵乘船候風勢欲遁
於是卽命乃顏率衆追擊之七月丞相安童等言頭輦哥等遣大托忙古觧來
言令阿海領軍一千五百屯王京伺察其國中遂以阿海爲安撫使十一月中
書省臣言於高麗設置屯田經略司以忻都吏樞爲鳳州等處經略使佩虎符
領軍五千屯田於金州又令洪茶丘以舊領民二千屯田阿剌帖木兒爲副經
略司總轄之而罷阿海軍閏十一月世子愖還有詔諭禃以其陪臣元傅等妄
奏頭輦哥國王爲頭行省官員數事及其國私與南宋日本交通又往年所言
括兵造船至今未有成效且謂自此以往或先有事南宋或先有事日本兵馬
船艦資糧早宜措置是月又詔禃曰嚮嘗遣信使通問日本不謂執迷固難以
善言開諭此卿所知將經略於彼敕有司發卒屯田爲進取之計庶免爾國他

日轉輸之勞仍遣使持書先示招懷卿其悉心盡慮裨贊方略期於有成以稱朕意初林衍之變百姓驚擾至是下詔撫慰之十二月詔諭禃送使通好日本曰朕惟日本自昔通好中國實相密邇故嘗詔卿導達去使講信修睦爲其疆吏所梗竟不獲明諭朕心後以林衍之亂故不暇及今旣輯寧爾家遣少中大夫秘書監趙良弼充國信使期於必達仍以忽林赤王國昌洪茶丘將兵送抵海上比國信使還姑令金州等處屯駐所需糧餉卿專委官赴彼逐近供給幷鳩集金州旁左船艦於金州需待無致稽緩匱乏八年正月禃遣其樞密使金鍊奉表入見請給婚安撫使阿海略地珍島與逆黨遇多所亡失中書省臣言諜知珍島餘糧將竭宜乘弱攻之詔不許二月命忽都答兒持詔諭裴仲孫三月仲孫乞諸軍退屯然後內附忻都未從其請有詔諭之四月忻都言仲孫稽留詔使負固不服乞與忽林赤王國昌分道進討從之以討珍島諭禃五月忻都與史樞洪茶丘大敗珍島賊獲承北侯斬之其黨金通精走耽羅七月禃遣其上將軍鄭子璵奉表謝平珍島世子愖率其尚書右丞宋玢軍器監薛公儉

等衣冠𩊱冑二十八人入侍八月忽林赤赴鎭邊合浦縣屯所九月禃遣其通事別將徐稱導送宣撫趙良弼使日本帝遣愖還國十一月禃遣其同知樞密院事李昌慶式表謝許婚事九年正月禃遣其別將白琚偕張鐸等十二人奉表入見世子愖以其國尙書右丞宋玢玢父上將軍宋禮討林惟茂狀言其功于中書省遣郞中不花馬璘使高麗諭以供戰船輸軍糧事二月禃致書日本使通好于朝六月遣西京屬城諸達魯花赤及質子金鎰等歸國十年正月禃遣其世子愖入朝四月經略使忻都同洪茶丘領兵入海攻拔耽羅城禽金通精等奉詔誅之六月禃遣其大將軍金忻表奏攻破濟州九月禃屢言小國地狹比歲荒歉其生券軍乞駐東京詔令營北京界仍敕東京路運米二萬石賑之達魯花赤焦天翼還朝十一年正月己卯朔宮闕告成帝始御正殿受皇太子諸王百官朝賀禃遣其少卿李義孫等入賀三月遣木速塔八撒木合持詔使高麗僉軍五千六百人助征日本五月皇女忽都魯揭里迷失下嫁于世子愖七月其樞密院副使奇蘊奉表告王禃薨命世子愖襲爵詔諭高麗國王宗

族及大小官員百姓人等其略曰國王王禃存日屢言世子愖可爲繼嗣今令愖襲爵爲王凡在所屬並聽節制八月世子愖還至其國襲位九月遣其齊安侯王淑上表謝恩十一月皇女入京城愖復遣其判閤門事李信孫等奉表入謝十一月以黑的爲高麗達魯花赤李益受代還十一年七月黑的還朝十一月遣使諭愖改官職名號愖遣其帶方侯王澂率衣冠子弟二十人入侍以石抹天衢充副達魯花赤十三年七月愖遣其僉議中贊金方慶奉表賀平宋十一月愖遣其判秘書寺事朱悅奉表奏改名賰十四年正月金方慶等爲亂命愖治之仍命忻都洪茶丘飭兵禦備十五年正月賰以達魯花赤石抹天衢秩滿未代請復留三年從之東征元帥府上言以高麗侍中金方慶與其子愋愃恂婿趙卞等陰養死士四百人匿鎧仗器械造戰艦積糧餉欲謀作亂捕方慶等按驗得實已流諸海島然高麗初附民心未安可發征日本還卒二千七百人置長吏屯忠清全羅諸處鎮撫外夷以安其民復令士卒備牛畜耒耜爲來歲屯田之計七月改鑄駙馬高麗王印賜賰十六年正月敕其國置大灰艾州

東京柳石寺落四驛十七年五月賰以民饑乞貸糧萬石從之七月以其國初
置驛站民乏食命給糧一歲仍禁使臣往來勿求索飲食十月直賰開府儀同
三司中書左丞相行中書省事十八年二月賰言本國必闍赤不諳行移文字
請除郎中員外各一員以爲參佐賰又請易宣命職銜增駙馬字從之六月賰
言本國置驛四十民畜凋弊勅併爲二十站仍給馬價八百錠八月陞其僉議
府爲從三品十一月金州等處置鎭邊萬戶府以控制日本十九年正月賰以
日本寇其邊海郡邑燒居室掠子女而去請發闍里帖木兒麾下蒙古軍五百
人戍金州又從之二十年五月立征東行中書省以高麗國王與阿塔海共事
二十八年五月以賰子謜爲世子授特進上柱國賜銀印十月以其國饑給以
米二十萬斛三十年二月賰遣使入奏復更名昛及乞功臣號制曰特進上柱
國開府儀同三司征東行中書省左丞相駙馬高麗王昛世守王爵選尙我家
載旌藩屏之功宜示褒嘉之寵可賜號推忠宣力定遠功臣餘如故益懋厥勳
對揚休命十一月昛入朝成宗元貞二年七月陞其僉議司爲二品大德元年

十一月封昛爲逸壽王以世子諒爲高麗王從所請也二年七月中書省臣奏諒有罪當廢復以其父昛爲王三年正月昛遣使入貢丞相完澤等言世子時或言高麗僭設省院臺有旨罷之其國遂改立僉議府密直司監察司今諒加其臣趙仁規司徒司空侍中之職又昛給仁規赦九死獎諭文書又擅寫皇朝帝系及自造歷加其女爲令妃又立資政院以崔沖紹爲興祿大夫又嘗奉太后旨公主與諒兩位下怯薛觧合併爲一諒不奉旨諒又擅殺千戶金呂而以其金符給宦者朮合兒又仁規進女侍諒有巫蠱事今乞將仁規沖紹發付京兆鞏昌兩路安置不得他適昛行事不法諒年少妄殺無辜乞降詔戒飭帝命杖仁規沖紹而遣之二月詔諭昛并闔境臣民自今以始勉遵守國之規益謹畏天之戒凡在官者各勤乃事協力匡贊毋蹈前非自干刑憲緇黃士庶各安其業五月哈散使高麗還言昛不能服其衆朝廷宜遣官共理之遂復立征東行省命闊里吉思爲高麗行省平章政事九月昛遣使入貢以朝廷增置行省上表陳情其略言累世有勤王之功凡八十餘年歲修職貢嘗以世子入侍得

聯婚帝室遂爲甥舅實感至恩使小國不替祖風永修侯職是所望也四年二月征東行省平章闊里吉思言高麗國王自署官府三百五十八所官四千五十五員衣食皆取之民復苛征之又其大會王曲蓋龍扆警蹕諸臣舞蹈山呼一如朝儀僭擬過甚遣山東宣慰使塔察兒刑部尙書王泰亨齎詔諭之使釐正以聞三月闊里吉思復上言僉議司官不肯供報民戶版籍州縣疆界本國橫科暴斂民少官多刑罰不一若止依本俗行事實難撫治五年二月爲昛罷行省官有詔諭昛秋七月昛上表言昔居海島時嘗用山呼後改呼千秋今旣奉明詔一切皆罷又革官府九十餘所汰官吏二百七十餘員他如雜徭病民驛騎煩擾驛傳者亦皆省之詔曰卿其諭朕意所言當始終行之或有不然寧不羞懼昛自大德二年復位八年而薨子謜復襲王位成宗初年尙寶塔實憐公主十一年進爵瀋陽王繼襲位高麗國王生子燾燾受遜位以仁宗皇慶二年四月封高麗國王是年其弟暠立爲世子以其父瀋陽王請於朝故也自暾傳其子禃禃傳其子昛昛傳其子謜謜傳其子燾燾傳其弟暠禃初名倎昛初

名惎又名睶後乃名昛諒則更名章云

耽羅

耽羅高麗與國也世祖既臣服高麗以耽羅爲南宋日本衝要亦注意焉至元六年七月遣明威將軍都統領脫脫兒武德將軍統領王國昌武略將軍副統領劉傑往視耽羅等處道路詔高麗國王王禃選官導送時高麗叛賊林衍者有餘黨金通精遁入耽羅九年中書省臣及樞密院臣議曰若先有事日本未見其逆順之情恐有後辭可先平耽羅然後觀日本從否徐議其事且耽羅國王嘗來朝覲今叛賊逐其主據其城以亂舉兵討之義所先也十年正月命經略使忻都史樞及洪茶丘等率兵船大小百有八艘討耽羅賊黨六月平之於其地立耽羅國招討司屯鎮邊軍千七百人其貢賦歲進毛施布百匹招討司後改爲軍民都達魯花赤總管府又改爲軍民安撫司三十一年高麗王上言耽羅之地自祖宗以來臣屬其國林衍逆黨既平之後尹邦寶充招討副使以計求徑隸朝廷乞仍舊帝曰此小事可使還屬高麗自是遂復隸高麗

日本

日本國在東海之東古稱倭奴國或云惡其舊名故改名日本以其國近日所出也其土疆所至與國王世系及物產風俗見宋史本傳日本爲國去中土殊遠又隔大海自後漢歷魏晉宋隋皆來貢唐永徽顯慶長安開元天寶上元貞元元和開成中並遣使入朝宋雍熙元年日本僧奝然與其徒五六人浮海而至奉職貢幷獻銅器十餘事奝然善隸書不通華言問其風土但書以對云其國中有五經書及佛經白居易集七十卷奝然還後以國人來者曰滕木吉以僧來者曰寂照寂照識文字繕寫甚妙至熙寧以後連貢方物其來者皆僧也

元世祖之至元二年以高麗人趙彝等言日本國可通擇可奉使者三年八月命兵部侍郎黑的給虎符充國信使禮部侍郎殷弘給金符充國信副使持國書使日本書曰大蒙古國皇帝奉書日本國王朕惟自古小國之君境土相接尚務講信修睦況我祖宗受天明命奄有區夏遐方異域畏威懷德者不可悉數朕卽位之初以高麗無辜之民久瘁鋒鏑卽令罷兵還其疆域反其旄倪高

麗君臣感戴來朝義雖君臣歡若父子計王之君臣亦已知之高麗朕之東藩
也日本密邇高麗開國以來亦時通中國至於朕躬而無一乘之使以通和好
尚恐王國知之未審故特遣使持書布告朕志冀自今以往通問結好以相親
睦且聖人以四海爲家不相通好豈一家之理哉以至用兵夫孰所好王其圖
之黑的等道由高麗高麗國王王禃以帝命遣其樞密院副使宋君斐借禮部
侍郎金贊等導詔使黑的等往日本不至而還四年六月帝謂王禃以辭爲解
令去使徒還復遣黑的等至高麗諭禃委以日本事以必得其要領爲期禃以
爲海道險阻不可辱天使九月遣其起居舍人潘阜等持書往日本留六月亦
不得其要領而歸五年九月命黑的弘復持書往至對馬島日本人拒而不納
執其塔二郎彌二郎二人而還六年六月命高麗金有成送還執者俾中書省
牒其國亦不報有成留其太宰府守護所者久之十二月又命秘書監趙良弼
往使書曰蓋聞王者無外高麗與朕既爲一家王國實爲鄰境故嘗馳信使修
好爲疆埸之吏抑而弗通所獲二人敕有司慰撫俾齎牒以還遂復寂無所聞

繼欲通問屬高麗權臣林衍搆亂坐是弗果豈王亦因此輟不遣使或已遣而中路梗塞皆不可知不然日本素號知禮之國王之君臣寧肯慢爲弗思之事乎近已滅林衍復舊王位安集其民特命少中大夫秘書監趙良弼充國信使持書以往如即發使與之偕來親仁善鄰國之美事其或猶豫以至用兵夫誰所樂爲也王其審圖之良弼將往乞定與其王相見之儀廷議與其國上下之分未定無禮數可言帝從之七年十二月詔諭高麗王禃送國信使趙良弼通好日本期於必達仍以忽林失王國昌洪茶丘將兵送抵海上比國信使還姑令金州等處屯駐八年六月日本通事曹介升等上言高麗迂路導引國使外有捷徑倘得便風半日可到若使臣去則不敢同往若大軍進征則願爲鄉導帝曰如此則當思之九月高麗王禃遣其通事別將徐稱導送良弼使日本日本始遣彌四郎者入朝帝宴勞遣之九年二月樞密院臣言奉使日本趙良弼遣書狀官張鐸來言去歲九月與日本國人彌四郎等至太宰府西守護所守者云曩爲高麗所紿屢言上國來伐豈期皇帝好生惡殺先遣行人下示璽書

然王京去此尚遠願先遣人從奉使回報良弼乃遣鐸同其使二十六人至京
師來見帝疑其國主使之來云守護所者詐也詔翰林承旨和禮霍孫以問姚
樞許衡等皆對曰誠如聖算彼懼我加兵故發此輩伺吾強弱耳宜示之寬仁
且不宜聽其入見從之是月高麗王禃致書日本五月又以書往令必通好大
朝皆不報十年六月趙良弼復使日本至太宰府而還十一年三月命鳳州經
略使忻都高麗軍民總管洪茶丘以千料舟拔都魯輕疾舟汲水小舟各三百
共九百艘載士卒一萬五千期以七月征日本冬十月入其國敗之而官軍不
整又矢盡惟虜掠四境而歸十二年二月遣禮部侍郎杜世忠兵部侍郎何文
著計議官撒都魯丁往使復致書亦不報十四年日本遣商人持金來易銅錢
許之十七年二月日本殺國使杜世忠等征東元帥忻都洪茶丘請自率兵往
討廷議姑少緩之五月召范文虎議征日本八月詔募征日本士卒十八年正
月命日本行省右丞相阿剌罕右丞范文虎及忻都洪茶丘等率十萬人征日
本二月諸將陛辭帝敕曰始因彼國使來故朝廷亦遣使往彼遂留我使不還

故使卿輩爲此行朕聞漢人言取人家國欲得百姓土地若盡殺百姓徒得地何用又有一事朕實憂之恐卿輩不和耳假若彼國人至與卿輩有所議當同心協謀如出一口荅之五月日本行省參議裴國佐等言本省右丞相阿剌罕范右丞李左丞先與忻都茶丘入朝時同院官議定領舟師至高麗金州與忻都茶丘軍會然後入征日本又爲風水不便再議定會於一岐島今年三月有日本船爲風水漂至者令其水工畫地圖因見近太宰府西有平戶島者周圍皆水可屯軍船此島則其所防若徑往據此島使人乘船往一岐呼忻都茶丘來會進討爲利帝曰此閒不悉彼中事宜阿剌罕輩必知令其自處之六月阿剌罕以病不能行命阿塔海代總軍事八月諸將未見敵喪全師以還乃言至日本欲攻太宰府暴風破舟猶欲議戰萬戶厲德彪招討王國佐水手總管陸文政等不聽節制輒逃去本省載餘軍至合浦散遣還鄉里未幾敗卒于閶脫歸言官軍六月入海七月至平壺島移五龍山八月一日風破舟五日文虎等諸將各自擇堅好船乘之棄士卒十餘萬于山下衆議推張百戶者爲主帥號

之曰張總管聽其約束方伐木作舟欲還七日日本人來戰盡死餘二三萬爲其虜去九日至八角島盡殺蒙古高麗漢人謂新附軍爲唐人不殺而奴之閶輩是也蓋行省官議事不相下故皆棄軍歸久之莫青與吳萬五者亦逃還十萬之衆得還者三人耳二十年命阿塔海爲日本省丞相與徹里帖木兒右丞劉二拔都兒左丞募兵造舟欲復征日本淮西宣慰使昂吉兒上言民勞乞寢兵二十一年又以其俗尙佛遣王積翁與補陀僧如智往使舟中有不願行者共謀殺積翁不果至二十三年帝曰日本未嘗相侵今交趾犯邊宜置日本專事交趾成宗大德二年江浙平章政事也速答兒乞用兵日本帝曰今非其時朕徐思之三年遣僧寧一山者加妙慈弘濟大師附商舶往使日本而日本人竟不至

元史卷二百八

元史卷二百九

明翰林學士亞中大夫知制誥兼修國史宋　濂等修

列傳第九十六

安南

安南國古交趾也秦并天下置桂林南海象郡秦亡南海尉趙佗擊并之漢置九郡交趾居其一後女子徵側叛遣馬援平之立銅柱爲漢界唐始分嶺南爲東西二道置節度立五筦安南隸焉宋封丁部領爲交趾郡王其子璉亦爲王傳三世爲李公蘊所奪卽封公蘊爲王李氏傳八世至昊旵陳日煚爲昊旵壻遂有其國元憲宗三年癸丑兀良合台從世祖平大理世祖還留兀良合台攻諸夷之未附者七年丁巳十一月兀良合台兵次交趾北先遣使二人往諭之不返乃遣徹徹都等各將千人分道進兵抵安南京北洮江上復遣其子阿朮往爲之援幷覘其虛實交人亦盛陳兵衞阿朮遣軍還報兀良合台倍道兼進令徹徹都爲先鋒阿朮居後爲殿十二月兩軍合交人震駭阿朮乘之敗交人

水軍虜戰艦以還兀良合台亦破其陸路兵又與阿朮合擊大敗之遂入其國
日煚竄海島得所前遣使於獄中以破竹束體入膚比釋縛一使死因屠其城
國兵留九日以氣候鬱熱乃班師復遣二使招日煚來歸日煚還見國都皆已
殘毀大發憤縛二使遣還八年戊午二月日煚傳國于長子光昺改元紹隆夏
光昺遣其壻與其國人以方物來見兀良合台送詣行在所别遣訥剌丁往諭
之曰昔吾遣使通好爾等執而不返我是以有去年之師以爾國主播在草野
復令二使招安還國爾又縛還吾使今特遣使開諭如爾等矢心内附則國主
親來若猶不悛明以報我光昺曰小國誠心事上則大國何以待之訥剌丁還
報時諸王不花鎭雲南兀良合台言于王復遣訥剌丁往諭使遣使偕來光昺
遂納疑且曰俟降德音卽遣子弟爲質王命訥剌丁乘傳入奏世祖中統元年
十二月以孟甲爲禮部郎中充南諭使李文俊爲禮部員外郎充副使持詔往
諭之其略曰祖宗以武功創業文化未修朕纘承丕緒鼎新革故務一萬方適
大理國守臣安撫聶只陌丁馳驛表聞爾邦有嚮風慕義之誠念卿昔在先朝

已嘗臣服遠貢方物故頒詔旨諭爾國官僚士庶凡衣冠典禮風俗一依本國舊制已戒邊將不得擅興兵甲侵爾疆埸亂爾人民卿國官僚士庶各宜安治如故復諭甲等如交趾遣子弟入覲當善視之毋致寒暑失節重勞苦之也二年孟甲等還光昺遣其族人通侍大夫陳奉公員外郎諸衛寄班阮琛員外郎阮演詣闕獻書乞三年一貢帝從其請遂封光昺爲安南國王三年九月以西錦三金熟錦六賜之復降詔曰卿既委質爲臣其自中統四年爲始每三年一貢可選儒士醫人及通陰陽卜筮諸色人匠各三人及蘇合油光香金銀朱砂沉香檀香犀角玳瑁珍珠象手綿白磁盞等物同至仍以訥剌丁充達魯花赤佩虎符往來安南國中四年十一月訥剌丁還光昺遣楊安養充員外郎及內令武復桓書舍阮求中翼郎范舉等奉表入謝帝賜來使玉帶繒帛藥餌鞍轡有差至元二年七月使還復優詔答之仍賜歷及頒改元詔書三年十二月光昺遣楊安養上表三通其一進獻方物其二免所索秀才工匠人其三願請訥剌丁長爲本國達魯花赤四年九月使還答詔許之仍賜光昺玉帶金繒藥餌

鞍轡等物未幾復下詔諭以六事一君長親朝二子弟入質三編民數四出軍役五輸納稅賦六仍置達魯花赤統治之十一月又詔諭光昺以其國有回鶻商賈欲訪以西域事令發遣以來是月詔封皇子為雲南王往鎮大理鄯闡交趾諸國五年九月以忽籠海牙代訥剌丁為達魯花赤張庭珍副之復下詔徵商賈回鶻人六年十一月光昺上書陳情言商旅回鶻一名伊溫死已日久一名婆婆尋亦病死又據忽籠海牙謂陛下須索巨象數頭此獸軀體甚大步行甚遲不如上國之馬伏候敕旨於後貢之年當進獻也又具表納貢別奉表謝賜西錦幣帛藥物七年十一月中書省移牒光昺言其受詔不拜待使介不以王人之禮遂引春秋之義以責之且令以所索之象與歲貢偕來又前所貢藥物品味未佳所徵回鶻輩託辭欺誑自今已往其審察之八年十二月光昺復書言本國欽奉天朝已封王爵豈非王人乎天朝奉使復稱王人與之均禮恐辱朝廷況本國前奉詔旨命依舊俗凡受詔令奉安于正殿而退避別室此本國舊典禮也來諭索象前恐忤旨故依違未敢直對實緣象奴不忍去家難於

差發又諭索儒醫工匠而陪臣黎仲佗等陛見之日咫尺威光不聞詔諭況中統四年已蒙原宥今復諭及豈勝驚愕惟閤下其念之九年以葉式捏爲安南達魯花赤李元副之十年正月葉式捏卒命李元代式捏以合撒兒海牙副之中書省復牒光昺言比歲奉使還者言王每受天子詔令但拱立不拜與使者相見或燕席位加於使者之上今覽來書自謂既受王爵豈非王人乎考之春秋敘王人於諸侯之上釋例云王人蓋下士也夫五等邦君外臣之貴者也下士內臣之微者也以微者而加貴者之上蓋以王命爲重也後世列王爲爵諸侯之尤貴者顧豈有以王爵爲人者乎王寧不知而爲是言耶抑辭令之臣誤爲此言耶至於天子之詔人臣當拜受此古今之通義不容有異者也乃云前奉詔旨並依舊俗本國遵奉而行凡受詔令奉安於正殿而退避別室此舊典禮也讀之至此實頓驚訝王之爲此言其能自安於心乎前詔旨所言蓋謂天壤之間不啻萬國國各有俗驟使變華有所不便故聽用本俗豈以不拜天子之詔而爲禮俗也哉且王之教令行於國中臣子有受而不拜者則王以爲何

如君子貴於攻過緬想高明其亮察之十一年光昺遣童子冶黎文隱來貢十二年正月光昺上表請罷本國達魯花赤其文曰微臣僻在海隅得霑聖化與函生驩抃鼓舞乞念臣自降附上國十有餘年雖奉三年一貢然迭遣使臣疲於往來未嘗一日休息至天朝所遣達魯花赤辱臨臣境安能空回況其行人動有所恃凌轢小國雖天子與日月並明安能照及覆盆且達魯花赤可施於邊蠻小醜豈有臣既席王封爲一方藩屏而反立達魯花赤以監臨之寧不見笑於諸侯之國乎與其畏監臨而修貢孰若中心悅服而修貢哉臣恭遇天朝建儲冊后大恩霶霈施及四海輒敢哀鳴伏望聖慈特賜矜恤今後二次發遣綱貢一詣鄯闡奉納一詣中原拜獻凡天朝所遣官乞易爲引進使庶免達魯花赤之弊不但微臣之幸實一國蒼生之幸也二月復降詔以所貢之物無補於用諭以六事且遣合撒兒海牙充達魯花赤仍令子弟入侍十三年二月光昺遣黎克復文粹入貢以所奏就鄯闡輸納貢物事屬不敬上表謝罪幷乞免六事十四年光昺卒國人立其世子日烜遣中侍大夫周仲彥中亮大夫吳德

卲來朝十五年八月遣禮部尚書柴椿會同館使哈剌脫因工部郎中李克忠工部員外郎董端同黎克復等持詔往諭日烜入朝受命初使傳之通也止由鄯闡黎化往來帝命柴椿自江陵直抵邕州以達交趾閏十一月柴椿等至邕州永平寨日烜遣人進書謂今聞國公辱臨敝境邊民無不駭愕不知何國人使而至於斯乞回軍舊路以進椿回牒云禮部尚書等官奉上命與本國黎克復等由江陵抵邕州入安南所有導護軍兵合乘驛馬宜來界首遠迓日烜差御史中贊兼知審刑院事杜國計先至其太尉率百官自富梁江岸奉迎入館十二月二日日烜就館見使者四日日烜拜讀詔書椿等傳旨曰汝國內附二十餘年向者六事猶未見從汝若弗朝則修爾城整爾軍以待我師又云爾父受命爲王汝不請命而自立今復不朝異日朝廷加罪將何以逃其責請熟慮之日烜仍舊例設宴于廊下椿等弗就宴既歸館日烜遣范明字致書謝罪改宴于集賢殿日烜言先君棄世予初嗣位天使之來開諭詔書使予喜懼交戰于胸中竊聞宋主幼小天子憐之尚封公爵於小國亦必加憐昔諭六事已蒙

赦免若親朝之禮予生長深宮不習乘騎不諳風土恐死於道路子弟太尉以
下亦皆然天使回謹上表達誠兼獻異物椿曰宋主年未十歲亦生長深宮如
何亦至京師但詔旨之外不敢聞命且我四人實來召汝非取物也椿等還日
烜遣范明字鄭國瓚中贊杜國計奉表陳情言孤臣稟氣軟弱且道路艱難徒
暴白骨致陛下哀傷而無益天朝之萬一伏望陛下憐小國之遼遠令臣得與
鰥寡孤獨保其性命以終事陛下此孤臣之至幸小國生靈之大福也兼貢方
物及二馴象十六年三月椿等先達京師留鄭國瓚待於邕州樞密院奏以日
烜不朝但遣使臣報命飾辭托故延引歲時巧佞雖多終違詔旨可進兵境上
遣官問罪帝不從命來使入覲十一月留其使鄭國瓚于會同館復遣柴椿等
四人與杜國計持詔再諭日烜來朝若果不能自覲則積金以代其身兩珠以
代其目副以賢士方技子弟二匠各二以代其土民不然修爾城池以待其審
處焉十八年十月立安南宣慰司以卜顔鐵木兒爲參知政事行宣慰使都元
帥別設僚佐有差是月詔以光昺既沒其子日烜不請命而自立遣使往召又

以疾爲辭止令其叔遺愛入覲故立遺愛代爲安南國王二十年七月日烜致書于平章阿里海牙請還所留來使帝卽遣還國是時阿里海牙爲荆湖占城行省平章政事帝欲交趾助兵糧以討占城令以己意諭之行省遣鄂州達魯花赤趙翥以書諭日烜十年朝廷復遣陶秉直持璽書往諭之十一月趙翥抵安南日烜尋遣中亮大夫丁克紹中大夫阮道學等持方物從翥入覲又遣中奉大夫范至清朝請郎杜袍直等赴省計事且致書于平章言添軍一件占城服事小國日久老父惟務以德懷之迨于孤子之身亦繼承父志自老父歸順天朝三十年于茲干戈示不復用軍卒毁爲民丁一資天朝貢獻一示心無二圖幸閤下矜察助糧一件小國地勢瀕海五穀所產不多一自大軍去後百姓流亡加以水旱朝飽暮饑食不暇給然閤下之命所不敢違擬於欽州界上永安州地所俟候輸納續諭孤子親身赴闕面奉聖訓老父在時天朝矜憫置之度外今老父亡沒孤子居憂感病至今尚未復常況孤子生長遐陬不耐寒暑不習水土艱難道塗徒暴白骨以小國陪臣往來尚爲沴氣所侵或十之五六

或死者過半閤下亦已素知惟望曲爲愛護敷奏天朝庶知孤子宗族官吏一一畏死貪生之意豈但孤子受賜抑一國生靈賴以安全共祝閤下享此長久自天之大福也二十一年三月陶秉直使還日烜復上表陳情又致書于荊湖占城行省大意與前書略同又以瓊州安撫使陳仲達聽鄭天祐言交趾通謀占城遣兵二萬及船五百以爲應援又致書行省其略曰占城乃小國內屬大軍致討所當哀籲然未嘗敢出一言蓋天時人事小國亦知之矣今占城遂爲叛逆執迷不復是所謂不能知天知人者也知天知人而反與不能知天知人者同謀雖三尺兒童亦知其弗與况小國乎幸貴省裁之八月日烜弟昭德王陳璨致書於荊湖占城行省自願納款歸降十一月行省右丞唆都言交趾與真臘占城雲南暹緬諸國接壤可卽其地立省及於越里潮州毗蘭三道屯軍鎮戍因其糧餉以給士卒庶免海道轉輸之勞二十二年二月荊湖占城行省言鎮南王昨奉旨統軍征占城遣左丞唐兀䚟馳驛赴占城約右丞唆都將兵會合又遣理問官曲烈宣使塔海撒里同安南國使阮道學等持行省公文責

日烜運糧送至占城助軍鎮南王路經近境令其就見比官軍至衡山縣聞日烜從兄興道王陳峻提兵界上既而曲烈及塔海撒里引安南中亮大夫陳德鈞朝散郎陳嗣宗以日烜書至言其國至占城水陸非便願隨力奉獻軍糧及官軍至永州日烜移牒邕州言貢期擬取十月請前途預備丁力若鎮南王下車之日希文垂報行省命萬戶趙修己以己意復書復移公文令開路備糧親迎鎮南王及官軍至邕州安南殿前范海崖領兵屯可蘭韋大助等處至思明州鎮南王復令移文與之至祿州復聞日烜調兵拒守丘溫丘急嶺隘路行省遂分軍兩道以進日烜復遣其善忠大夫阮德輿朝請郎阮文翰奉書與鎮南王言不能親見末光然中心欣幸以往者欽蒙聖詔云別勅我軍不入爾境今見邕州營站橋梁往往相接實深驚懼幸昭仞忠誠少加矜恤又以書抵平章政事乞保護本國生靈庶免逃竄之患鎮國王命行省遣總把阿里持書與德輿同往諭日烜以興兵之故實爲占城非爲安南也至急保縣地安南管軍富阮盎屯兵七源州又村李縣短萬劫等處俱有與道王兵阿里不能進行省再

命倪閏往覘虛實斟酌調軍然不得殺掠其民未幾撒答兒鮮李邦憲孫祐等
言至可離隘遇交兵拒敵祐與之戰擒其管軍奉御杜尾杜祐始知興道王果
領兵迎敵官軍過可離隘至洞板隘又遇其兵與戰敗之其首將秦岑中傷死
聞興道王在內傍隘又進兵至變住村諭其收兵開路迎拜鎮南王不從至內
傍隘奉令旨令人招之又不從官軍遂分六道進攻執其將大僚班段台興道
王逃去追至萬刼攻諸隘皆破之興道王尚有兵船千餘艘距萬刼十里遂遣
兵士於沿江求船及聚板木釘灰置場𠛬造選各翼水軍令烏馬兒拔都部領
數與戰皆敗之得其江岸遺棄文字二紙乃日烜與鎮南王及行省平章書復
稱前詔別勅我軍不入爾境今以占城既臣復叛之故因發大軍經由本國殘
害百姓是太子所行違悞非本國違悞也伏望勿外前詔勒回大軍本國當具
貢物馳獻復有異於前者行省復以書抵之以爲朝廷調兵討占城屢移文與
世子俾開路備糧不意故違朝命俾興道王輩提兵迎敵射傷我軍與安南生
靈爲禍者爾國所行也今大軍經爾國討占城乃上命世子可詳思爾國歸附

已久宜體皇帝涵洪慈憫之德卽令退兵開道安諭百姓各務生理我軍所過秋毫無擾世子宜出迎鎭南王共議軍事不然大軍止於安南開府因令其使阮文翰達之及官軍獲生口乃稱日烜調其聖翊等軍船千餘艘助興道王拒戰鎭南王遂與行省官親臨東岸遣兵攻之殺傷甚衆奪船二十餘艘興道王敗走官軍縛桃爲橋渡富良江北岸日烜沿江布兵船立木柵見官軍至岸卽發砲大呼求戰至晚又遣其阮奉御奉鎭南王及行省官書請小却大軍行省復移文責之遂復進兵日烜乃棄城遁去仍令阮效銳奉書謝罪并獻方物且請班師行省復移文招諭遂調兵渡江壁於安南城下明日鎭南王入其國宮室盡空惟留屢降詔勅及中書牒文盡行毁抹外有文字皆其南北邊將報官軍消息及拒敵事情日烜僭稱大越國主憲天體道大明光孝皇帝陳威晃禪位于皇太子立太子妃爲皇后上顯慈順天皇太后表章於上行使昊天成命之寶日烜卽居太上皇之位見立安南國王係日烜之子行紹寶年號所居宮室五門額書大興之門左右掖門正殿九間書天安御殿正南門書朝天閣又

諸處張榜云凡國內郡縣假有外寇至當死戰或力不敵許於山澤逃竄不得迎降其險隘拒守處俱有庫屋以貯兵甲其棄船登岸之軍猶衆日烜引宗族官吏於天長長安屯聚與道王范殿前領兵船復聚萬刼江口阮盝駐西路永平行省整軍以備追襲而唐兀䚟與唆都等兵至自占城與大軍會合自入其境大小七戰取地二千餘里王宮四所初敗其昭明王兵擊其昭孝王大僚護皆死昭明王遠遁不敢復出又於安演州清化長安獲亡宋陳尚書壻交趾梁奉御及趙孟信葉郎將等四百餘人萬戶李邦憲劉世英領軍開道自永平入安南每三十里立一寨六十里置一驛每一寨一驛屯軍三百鎮安巡邏復令世英立堡專提督寨驛公事右丞寬徹引萬戶忙古䚟孛羅哈答兒由陸路李左丞引烏馬兒拔都由水路敗日烜兵船禽其建德侯陳仲日烜逃去追至膠海口不知所往其宗族文義侯父武道侯及子明智侯壻張懷侯幷張憲侯亡宋官曾參政蘇少保子蘇寶章陳尚書子陳丁孫相繼率衆來降唐兀䚟劉珪皆言占城無糧軍難久駐鎮南王令唆都引元軍於長安處就糧日烜至安邦

海口棄其舟楫甲仗走匿山林官軍獲船一萬艘擇善者乘之餘皆焚棄復於陸路追三晝夜獲生口稱上皇世子止有船四艘與道王及其子三艘太師八十艘走清化府唆都亦報日烜太師走清化烏馬兒拔都以軍一千三百人戰船六十艘助唆都襲擊其太師等兵復令唐兀䚟沿海追日烜亦不知所往日烜弟昭國王陳益稷率其本宗與其妻子官吏來降乃遣明里昔班等送彰憲侯文義侯及其弟明誠侯昭國王子義國侯入朝文義侯得北上彰憲侯義國侯皆爲興道王所殺彰憲侯死義國侯脫身還軍中官軍聚諸將議交人拒敵官軍雖數敗散然增兵轉多官軍困乏死傷亦衆蒙古軍馬亦不能施其技遂棄其京城渡江北岸決議退兵屯思明州鎮南王然之乃領軍還是日劉世英與興道王興寧王兵二萬餘人力戰又官軍至如月江日烜遣懷文侯來戰行至冊江繫浮橋渡江左丞唐兀䚟等軍未及度而林內伏發官軍多溺死力戰始得出境唐兀䚟等馳驛上奏七月樞密院請調兵以今年十月會潭州聽鎮南王及阿里海牙擇帥總之二十三年正月詔省臣共議遂大舉南伐二月詔

諭安南官吏百姓數日烜罪惡言其戕害叔父陳遺愛及弗納達魯花赤不顏
鐵木兒等事以陳益稷等自拔來歸封益稷爲安南國王賜符印秀嵈爲輔義
公以奉陳祀申命鎮南王脫驩左丞相阿里海牙平定其國以兵納益稷五月
發忙古臺麾下士卒合鄂州行省軍同征之官兵入其境日烜復棄城遁六月
湖南宣慰司上言連歲征日本及用兵占城百姓罷於轉輸賦役煩重士卒觸
瘴癘多死傷者羣生愁歎四民廢業貧者棄子以偷生富者鬻產而應役倒懸
之苦日甚一日今復有事交趾動百萬之衆虛千金之費非所以恤士民也且
舉動之間利害非一又兼交趾已嘗遣使納表稱藩若從其請以甦民力計之
上也無已則宜寬百姓之賦積糧餉繕甲兵俟來歲天時稍利然後大舉亦未
爲晚湖廣行省臣線哥是其議遣使入奏且言本省鎮戍凡七十餘所連歲征
戰士卒精銳者罷於外所存者皆老弱每一城邑多不過二百人竊恐姦人得
以窺伺虛實往年平章阿里海牙出征輸糧三萬石民且告病今復倍其數官
無儲畜和糴於民閒百姓將不勝其困宜如宣慰司所言乞緩師南伐樞密院

以聞帝卽日下詔止軍縱士卒還各營益稷從師還鄂二十四年正月發新附軍千人從阿八赤討安南又詔發江淮江西湖廣三省蒙古漢劵軍七萬人船五百艘雲南兵六千人海外四州黎兵萬五千海道運糧萬戶張文虎費拱辰陶大明運糧十七萬石分道以進置征交趾行尙書省奧魯赤平章政事烏馬兒樊楫參知政事總之並受鎭南王節制五月命右丞程鵬飛還荊湖行省治兵六月樞密院復奏令烏馬兒與樊參政率軍士水陸並進九月以瓊州路安撫使陳仲達南寧軍民總管謝有奎延欄軍民總管符庇成出兵船助征交趾並令從征日烜遣其中大夫阮文通等入貢十一月鎭南王次思明留兵二千五百人命萬戶賀祉統之以守輜重程鵬飛孛羅合答兒以漢劵兵萬人由西道永平奧魯赤以萬人從鎭南王由東道女兒關以進阿八赤以萬人爲前鋒烏馬兒樊楫以兵由海道經玉山雙門安邦口遇交趾船四百餘艘擊之斬首四千餘級生擒百餘人奪其舟百艘遂趨交趾程鵬飛孛羅合答兒經老鼠陷沙茨竹三關凡十七戰皆捷十二月鎭南王次茅羅港交趾與道王遁因攻浮

山寨破之又命程鵬飛阿里以兵二萬人守萬刧且修普賴山及至靈山木柵
命烏馬兒將水兵阿八赤將陸兵徑趨交趾城鎮南王以諸軍度富良江次城
下敗其守兵日烜與其子棄城走敢喃堡諸軍攻下之二十五年正月日烜及
其子復走入海鎮南王以諸軍追之次天長海口不知其所之引兵還交趾城
命烏馬兒將水兵由大滂口迓張文虎等糧船奥魯赤阿八赤等分道入山求
糧聞交趾集兵箇沉箇黎磨山魏寨發兵皆破之斬萬餘級三月鎮南王引兵
還萬刧阿八赤將前鋒奪關繫橋破三江口攻下堡三十二斬數萬餘級得船
二百艘米十一萬三千餘石烏馬兒由大滂口趨塔山遇賊船千餘擊破之至
安邦口不見張文虎船復還萬刧得米四萬餘石普賴至靈山木柵成命諸軍
居之諸將因言交趾無城池可守倉庾可食張文虎等糧船不至且天時已熱
恐糧盡師老無以支久爲朝廷羞宜全師而還鎮南王從之命烏馬兒樊楫將
水兵先還程鵬飛塔出將兵護送之三月鎮南王以諸軍還張文虎糧船以去
年十二月次屯山遇交趾船三十艘文虎擊之所殺略相當至綠水洋賊船益

多度不能敵又船重不可行乃沉米於海趨瓊州費拱辰糧船以十一月次惠州風不得進漂至瓊州與張文虎合徐慶糧船漂至占城亦至瓊州凡亡士卒二百二十人船十一艘糧萬四千三百石有奇鎮南王次內傍關賊兵大集王擊破之命萬戶張均以精銳三千人殿力戰出關諜知日烜及世子興道王等分兵三十餘萬守女兒關及丘急嶺連亘百餘里以遏歸師鎮南王遂由單己縣趨盝州間道以出次思明州命愛魯引兵還雲南奧魯赤以諸軍北還日烜尋遣使來謝進金人代己罪十一月以劉庭直李思衍萬奴等使安南持詔諭日烜來朝二十六年二月中書省臣奏既罷征交趾宜拘收行省符印四月日烜遣其中大夫陳克用等來貢方物二十七年日烜卒子日燇遣使來貢二十八年十一月鎮守永州兩淮萬戶府上千戶蔡榮上書言軍事大要以朝廷賞罰不明士不用命將帥不和坐失事機其弊有不可勝言者書上不報二十九年九月遣吏部尚書梁曾禮部郎中陳孚持詔再諭日燇來朝詔曰省表具悉去歲禮部尚書張立道言曾到南安識彼事體請往開諭使之來朝因遣立道

往彼今汝國罪愆既已自陳朕復何言若曰孤在制及長死道路不敢來朝且
有生之類寧有長久安全者乎天下亦復有不死之地乎朕所未喻汝當具聞
徒以虛文歲幣巧飾見欺於義安在三十年梁曾等使還日燇遣陪臣陶子奇
等來貢廷臣以日燇終不入朝又議征之遂拘留子奇於江陵命劉國傑與諸
侯王亦里吉觧等同征安南勅至鄂州與陳益稷議八月平章不忽木等奏立
湖廣安南行省給二印市蜑船百斛者千艘用軍五萬六千五百七十人糧三
十五萬石馬料二萬石鹽二十一萬斤預給軍官俸津遣軍人水手人鈔二錠
器仗凡七十餘萬事國傑設幕官十一人水陸分道並進又以江西行樞密院
副使徹里蠻爲右丞從征安南陳巖趙修已雲從龍張文虎岑雄等亦令共事
益稷隨軍至長沙會寢兵而止三十一年五月成宗即位命罷征遣陶子奇歸
國日燇遣使上表慰國哀幷獻方物六月遣禮部侍郎李衎兵部郎中蕭泰登
持詔往撫綏之其略曰先皇帝新棄天下朕嗣守大統踐祚之始大肆赦宥無
間遠近惟爾安南亦從寬宥已勅有司罷兵遣陪臣陶子奇歸國自今以往所

以畏天事天者其審思之大德五年二月太傅完澤等奏安南來使鄧汝霖竊
畫宮苑圖本私買輿地圖及禁書等物又抄寫陳言征收交趾文書及私記北
邊軍情及山陵等事宜遣使持詔責以大義三月遣禮部尚書馬合馬禮部侍
郎喬宗亮持詔諭曰燇大意以汝霖等所爲不法所宜窮治朕以天下爲度勅
有司放還自今使价必須選擇有所陳請必盡情悃向以虛文見紿曾何益於
事哉勿憚改圖以貽後悔中書省復移牒取萬戶張榮實等二人與去使偕還
武宗卽位下詔諭之屢遣使來貢至大四年八月世子陳日燇遣使奉表來朝
仁宗皇慶二年正月交趾軍約三萬餘衆馬軍二千餘騎犯鎮安州雲洞殺掠
居民焚燒倉廩廬舍又陷祿洞知洞等處虜生口孳畜及居民貲產而還復分
兵三道犯歸順州屯兵未退廷議俾湖廣行省發兵討之四月復得報交趾世
子親領兵焚養利州官舍民居殺掠二千餘人且聲言昔右江歸順州五次刼
我大源路掠我生口五千餘人知養利州事趙玨禽我思浪州商人取金一碾
侵田一千餘頃故來讐殺六月中書省俾兵部員外郎阿里温沙樞密院俾千

戶劉元亨同赴湖廣行省詢察之元亨等親詣上中下由村相視地所詢之居民農五又遣下思明知州黃嵩壽往詰之謂是阮盎世子太史之奴然亦未知是否於是牒諭安南國其略曰昔漢置九郡唐立五管安南實聲教所及之地況獻圖奉貢上下之分素明厚往薄來懷撫之惠亦至聖朝果何負於貴國今胡自作不靖禍焉斯啓雖由村之地所係至微而國家輿圖所關甚大兼之所殺所虜皆朝廷係籍編戶省院未敢奏聞然未審不軌之謀誰實主之安南回牒云邊鄙鼠竊狗偷輩自作不靖本國安得而知且以貨賂偕至元亨復牒責安南飾辭不實却其貨賂且曰南金象齒貴國以爲寶而使者以不貪爲寶來物就付回使請審察事情明以告我而道里遼遠情辭虛誕終莫得其要領元亨等推原其由因交人向嘗侵永平邊境今復倣効成風兼聞阮盎世子乃交趾跋扈之人爲今之計莫若遣使諭安南歸我土田返我人民仍令當國之人正其疆界究其主謀開釁之人戮於境上申飭邊吏毋令侵越却於永平置寨募兵設官統領給田土牛具令自耕食編立部伍明立賞罰令其緩急首尾相

應如此則邊境安靜永保無虞事聞有旨俟安南使至卽以諭之自延祐初元以及至治之末疆埸寧謐貢獻不絕泰定元年世子陳日爌遣陪臣莫節夫等來貢益稷久居於鄂遙授湖廣行省平章政事當成宗朝賜田二百頃武宗朝進銀青榮祿大夫加金紫光祿大夫復加儀同三司文宗天歷二年夏益稷卒壽七十有六詔賜錢五千緡至順元年謚忠懿王三年夏四月世子陳日𤐤遣其臣鄧世延等二十四人來貢方物

元史卷二百九

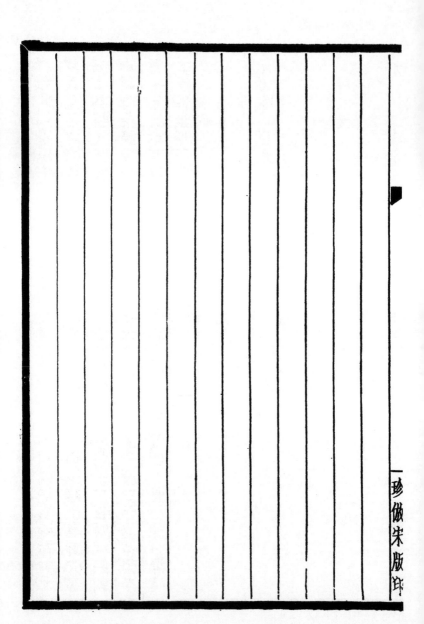

元史卷二百十

明翰林學士亞中大夫知制誥兼修國史宋　濂等修

列傳第九十七

緬

緬國爲西南夷不知何種其地有接大理及去成都不遠者又不知其方幾里也其人有城郭屋廬以居有象馬以乘舟筏以濟其文字進上者用金葉寫之次用紙又次用檳榔葉蓋騰譯而後通也世祖至元八年大理鄯闡等路宣慰司都元帥府遣乞䚟脫因等使緬國招諭其王內附四月乞䚟脫因等導其使价博來以聞十年二月遣勘馬剌失里乞䚟脫因等使其國持詔諭之曰間者大理鄯闡等路宣慰司都元帥府差乞䚟脫因導王國使价博詣京師且言嚮至王國但見其臣下未嘗見王又欲觀吾大國舍利朕矜憫遠來卽使來使覲見又令縱觀舍利益詢其所來乃知王有內附意國雖云遠一視同仁今再遣勘馬剌失里及禮部郎中國信使乞䚟脫因工部郎中國信副使卜云失往諭

王國誠能謹事大之禮遣其子弟若貴近臣僚一來以彰我國家無外之義用
敦永好時乃之休至若用兵夫誰所好王其思之十二年四月建寧路安撫使
賀天爵言得金齒頭目阿郭之言曰乞䚟脫因之使緬乃故父阿必所指也至
元九年三月緬王恨父阿必故領兵數萬來侵執父阿必而去不得已厚獻其
國乃得釋之因知緬中部落之人猶羣狗耳比者緬遣阿的八等九人至乃候
視國家動靜也今白衣頭目是阿郭親戚與緬爲隣嘗謂入緬有三道一由天
部馬一由驃甸一由阿郭地界俱會緬之江頭城又阿郭親戚阿提犯在緬掌
五甸戶各萬餘欲內附阿郭願先招阿提犯及金齒之未降者以爲引道雲南
省因言緬王無降心去使不返必須征討六月樞密院以聞帝曰姑緩之十一
月雲南省始報差人探伺國使消息而蒲賊阻道今蒲人多降道已通遣金齒
千額總管阿禾探得國使達緬俱安十四年三月緬人以阿禾內附怨之攻其
地欲立砦騰越永昌之間時大理路蒙古千戶忽都大理路總管信苴日總把
千戶脫羅脫孩奉命伐永昌之西騰越蒲驃阿昌金齒未降部族駐劄南甸阿

禾告急忽都等晝夜行與緬軍遇一河邊其衆約四五萬象八百馬萬匹忽都等軍僅七百人緬人前乘馬次象次步卒象披甲背負戰樓兩旁挾大竹筩置短槍數十於其中乘象者取以擊刺忽都下令賊衆我寡當先衝河北軍親率二百八十一騎爲一隊信苴日以二百三十三騎傍河爲一隊脫羅脫孩以一百八十七人依山爲一隊交戰良久賊敗走信苴日追之三里抵寨門旋濘而退忽南面賊兵萬餘繞出官軍後信苴日馳報忽都復列爲三陣進至河岸擊之又敗走追破其十七砦逐北至窄山口轉戰三十餘里賊及象馬自相蹂死者盈三巨溝日暮忽都中傷遂收兵明日追之至干額不及而還捕虜甚衆軍中以一帽或一兩靴一氈衣易一生口其脫者又爲阿禾阿昌邀殺歸者無幾官軍負傷者雖多惟蒙古軍獲一象不得其性被擊而斃餘無死者十月雲南省遣雲南諸路慰使都元帥納速剌丁率蒙古爨僰摩些軍三千八百四十餘人征緬至江頭深蹀酋首細安立砦之所招降其磨欲等三百餘砦土官曲蠟蒲折戶四千孟磨愛呂戶一千磨奈蒙匡里答八剌戶二萬蒙忙甸土官甫祿

堡戶一萬水都彈禿戶二百凡三萬五千二百戶以天熱還師十七年二月納速剌丁等上言緬國輿地形勢皆在臣目中矣先奉旨若重慶諸郡平然後有事緬國今四川已底寧請益兵征之旁以問丞相脫里奪海脫里奪海曰陛下初命發合剌章及四川與阿里海牙麾下士卒六萬人征緬今納速剌丁止欲得萬人帝曰是矣即命樞密繕甲兵修武備議選將出師五月詔雲南行省發四川軍萬人命藥剌海領之與前所遣將同征緬十九年二月詔思播敘諸郡及亦奚不薛諸蠻夷等處發士卒征緬二十年十一月官軍伐緬克之先是詔宗王相吾答兒右丞太卜參知政事也罕的斤將兵征緬是年九月大軍發中慶十月至南甸太卜由羅必甸進軍十一月相吾答兒命也罕的斤取道於阿昔江達鎮西阿禾江造舟二百下流至江頭城斷緬人水路自將一軍從驃甸徑抵其國與太卜軍會令諸將分地攻取破其江頭城擊殺萬餘人別令都元帥玄世安以兵守其地積糧餉以給軍士遣使持輿地圖奏上二十二年十一月緬王遣其鹽井大官阿必立相至太公城欲來納款爲孟乃甸白衣頭目𧫫

塞阻道不得行遣謄馬宅者持信搭一片來告驃甸土官匿俗乞報上司免軍
馬入境匿俗給榜遣謄馬宅回江頭城招阿必立相赴省且報西平緬麗川等
路宣慰司宣撫司差三摻持榜至江頭城付阿必立相忙直卜算二人期以兩
月領軍來江頭城宣撫司率蒙古軍至驃甸相見議事阿必立相乞言於朝廷
降旨許其悔過然後差大官赴闕朝廷尋遣鎮西平緬宣撫司達魯花赤兼招
討使怯烈使其國二十三年十月以招討使張萬爲征緬副都元帥也先鐵木
兒征緬招討司達魯花赤千戶張成征緬招討使並虎符敕造戰船將兵六千
人征緬俾禿滿帶爲都元帥總之雲南王以行省右丞愛魯奉旨征收金齒察
罕迭吉連地撥軍一千人是月發中慶府繼至永昌府與征緬省官會經阿昔
甸差軍五百人護送招緬使怯烈至太公城二十四年正月至忙乃甸緬王爲
其庶子不速速古里所執囚於昔里怯答剌之地又害其嫡子三人與大官木
浪周等四人爲逆雲南王所命官阿難答等亦受害二月怯烈自忙乃甸登舟
留元送軍五百人于彼雲南省請今秋進討不聽既而雲南王與諸王進征至

蒲甘喪師七千餘緬始平乃定歲貢方物大德元年二月以緬王的立普哇拿
阿迪提牙嘗遣其子信合八的奉表入朝請歲輸銀二千五百兩帛千疋馴象
二十糧萬石詔封的立普哇拿阿迪提牙爲緬王賜銀印子信合八的爲緬國
世子賜以虎符三年三月緬復遣其世子奉表入謝自陳部民爲金齒殺掠率
皆貧乏以致上供金幣不能如期輸納帝憫之止命間歲貢象仍賜衣遣還四
年四月遣使進白象五月的立普哇拿阿迪提牙爲其弟阿散哥也等所殺其
子窟麻剌哥撒八逃詣京師令忙完禿魯迷失率師往問其罪蠻賊與八百媳
婦國通其勢張甚忙完禿魯迭失請益兵又命薛超兀而等將兵萬二千人征
之仍令諸王闊闊節制其軍六月詔立窟麻剌哥撒八爲王賜以銀印秋七月
緬賊阿撒哥也弟者蘇等九十一人各奉方物入朝命餘人置中慶遣者蘇等
來上都八月緬國阿散吉牙等昆弟赴闕自言殺主之罪罷征緬兵五年九月
雲南參知政事高慶宣撫使察罕不花伏誅初慶等從薛超兀而圍緬兩月城
中薪食俱盡勢將出降慶等受其重賂以炎暑瘴疫爲辭輒引兵還故誅之十

月緬遣使入貢

占城

占城近瓊州順風舟行一日可抵其國世祖至元間廣南西道宣慰使馬成旺嘗請兵三千人馬三百匹征之十五年右丞唆都以宋平遣人至占城還言其王失里咱牙信合八刺哈迭瓦有內附意詔降虎符授榮祿大夫封占城郡王十六年十二月遣兵部侍郎教化的總管孟慶元萬戶孫勝夫與唆都等使占城諭其王入朝十七年二月占城國王保寶旦拏囉耶邛南詖占把地囉耶遣使貢方物奉表降十九年十月朝廷以占城國主孛由補剌者吾曩歲遣使來朝稱臣內屬遂命左丞唆都等即其地立省以撫安之既而其子補的專國負固弗服萬戶何子志千戶皇甫傑使暹國宣慰使尤求賢亞闌等使馬八兒國舟經占城皆被執故遣兵征之帝曰老王無罪逆命者乃其子與一蠻人耳苟獲此兩人當依曹彬故事百姓不戮一人十一月占城行省官率兵自廣州航海至占城港港口北連海海旁有小港五通其國大州東南止山西旁木城官

軍依海岸屯駐占城兵治木城四面約二十餘里起樓棚立回回三梢砲百餘座又木城西十里建行宮孛由補剌者吾親率重兵屯守應援行省遣都鎮撫李天祐總把賈甫招之七往終不服十二月招真臘國使速魯蠻請往招諭復與天祐甫偕行得其回書云已脩木城備甲兵刻期請戰二十年正月行省傳令軍中以十五日夜半發船攻城至期分遣瓊州安撫使陳仲達總管劉金總把栗全以兵千六百人由水路攻木城北面總把張斌百戶趙達以三百人攻東面沙嘴省官三千人分三道攻南面舟行至天明泊岸爲風濤所碎者十七八賊開木城南門建旗鼓出萬餘人乘象者數十亦分三隊迎敵矢石交下自卯至午賊敗北官軍入木城復與東北二軍合擊之殺溺死者數千人守城供餉餽者數萬人悉潰散國主棄行宮燒倉廩殺永賢亞闌等與其臣逃入山十七日整兵攻大州十九日國主使報答者來求降二十日兵至大州東南遣報答者回許其降免罪二十一日入大州又遣博思兀魯班者來言降王命國主太子後當自來行省傳檄召之官軍復駐城外二十二日遣其舅寶脫秃花等

三十餘人奉國王信物雜布二百疋大銀三錠小銀五十七錠碎銀一甕爲質來歸款又獻金葉九節標槍曰國主欲來病未能進先使持其槍來以見誠意長子補的期三日請見省官却其物寶脫禿花曰不受是薄之也行省度不可却姑令收置乃以上聞寶脫禿花復令其主第四子利世麻八都八德剌第五子世利印德剌來見且言先有兵十萬故來戰今皆敗散聞敗兵言補的被傷已死國主頰中箭今小愈愧懼未能見也故先遣二子來議赴闕進見事省官疑其非真子聽其還諭國主早降且以問疾爲辭遣千戶林子全總把栗全李德堅偕往覘之二子在途先歸子全等入山兩程國主遣人來拒不果見寶脫禿花謂子全曰國主遷延不肯出降今反揚言欲殺我可歸告省官來則來不來我當執以往子全等回營是日又殺何子志皇甫傑等百餘人二月八日寶脫禿花又至自言吾祖父伯叔前皆爲國主至吾兄今孛由補剌者吾殺而奪其位斬我左右二大指我實怨之願禽孛由補剌者吾補的父子及大拔撒機兒以獻請給大元服色行省賜衣冠撫諭以行十三日居占城唐人曾延等來

言國主逃於大州西北鴉候山聚兵三千餘并招集他郡兵未至不日將與官軍交戰懼唐人泄其事將盡殺之延等覺而逃來十五日寶脫禿花偕宰相報孫達兒及撮及大師等五人來降行省官引曾延等見寶脫禿花詰之曰延等姦細人也請繫縲之國主軍皆潰散安敢復戰又言今未附州郡凡十二處每州遣一人招之舊州水路乞行省與陳安撫及寶脫禿花各遣一人乘舟招諭攻取陸路則乞行省官陳安撫與己往禽國主補的及攻其城行省猶信其言調兵一千屯半山塔遣子全德堅等領軍百人與寶脫禿花同赴大州進討約有急則報半山軍子全等比至城西寶脫禿花背約間行自北門乘象遁入山官軍獲諜者曰國主實在鴉候山立砦聚兵約二萬餘遣使交趾真臘闍婆等國借兵及徵賓多龍舊州等軍未至十六日遣萬戶張顒等領兵赴國主所棲之境十九日顒兵近水城二十里賊浚濠塹拒以大木官軍斬刈超距奮擊破其二千餘衆轉戰至木城下山林阻隘不能進賊旁出截歸路軍皆殊死戰遂得解還營行省遂整軍聚糧掫木城遣總管劉金千戶劉涓岳榮守禦二十一

年三月六日唆都領軍回十五日江淮省所遣助唆都軍萬戶忽都虎等至占城唆都舊制行省舒眉蓮港見營舍燒盡始知官軍已回二十日忽都虎令百戶陳奎招其國主來降二十七日占城主遣王通事者來稱納降忽都虎等諭令其父子奉表進獻國主遣文勞卬大巴南等來稱唆都除蕩其國貧無以獻來年當備禮物令嫡子入朝四月十二日國主令其孫濟目理勒蟄文勞卬大巴南等奉表歸款是年命平章政事阿里海牙奉鎮南王脫歡發兵假道交趾伐占城不果行

暹

暹國當成宗元貞元年進金字表欲朝廷遣使至其國比其表至已先遣使蓋彼未之知也賜來使素金符佩之使急追詔使同往以暹人與麻里予兒舊相讐殺至是皆歸順有旨諭暹人勿傷麻里予兒以踐爾言大德三年暹國主上言其父在位時朝廷嘗賜鞍轡白馬及金縷衣乞循舊例以賜帝以丞相完澤答剌罕言彼小國而賜以馬恐其隣忻都背譏議朝廷仍賜金縷衣不賜以馬

瓜哇

瓜哇在海外視占城益遠自泉南登舟海行者先至占城而後至其國其風俗土產不可考大率海外諸蕃國多出奇寶取貴於中國而其人則醜怪情性語言與中國不能相通世祖撫有四夷其出師海外諸蕃者惟瓜哇之役為大至元二十九年二月詔福建行省除史弼亦黑迷失高興平章政事征瓜哇會福建江西湖廣三行省兵凡二萬設左右軍都元帥府二征行上萬戶四發舟千艘給糧一年鈔四萬錠降虎符十金符四十銀符百金衣段百端用備功賞亦黑迷失等陛辭帝曰卿等至瓜哇明告其國軍民朝廷初與瓜哇通使往來交好後刺詔使孟右丞之面以此進討九月軍會慶元弼亦黑迷失領省事赴泉州興率輜重自慶元登舟涉海十一月福建江西湖廣三省軍會泉州十二月自後諸啓行三十年正月至枸欄山議方略二月亦黑迷失孫參政先領本省幕官幷招諭瓜哇等處宣慰司官曲出海牙楊梓全忠祖萬戶張塔刺赤等五百餘人舩十艘先往招諭之大軍繼進於吉利門弼與進至瓜哇之杜並足與

亦黑迷失等議分軍下岸水陸並進弼與孫參政帥都元帥那海萬戶甯居仁等水軍自杜並足由戎牙路港口至八節澗與與亦黑迷失帥都元帥鄭鎮國萬戶脫歡等馬步軍自杜並足陸行以萬戶申元爲前鋒遣副元帥土虎登哥萬戶褚懷遠李忠等乘鑽鋒船由戎牙路於麻喏巴歇浮梁前進赴八節澗期會招諭爪哇宣撫司官言瓜哇主壻土罕必闍耶舉國納降土罕必闍耶不能離軍先令楊梓甘州不花全忠祖引其宰相昔剌難答吒耶等五十餘人來迎三月一日會軍八節澗澗上接杜馬班王府下通莆奔大海乃爪哇咽喉必爭之地又其謀臣希寧官沿河泊舟觀望成敗再三招諭不降行省於澗邊設偃月營留萬戶王天祥守河津土虎登哥李忠等領水軍鄭鎮國省都鎮撫倫信等領馬步軍水陸並進希寧官懼棄船宵遁獲鬼頭大船百餘艘令都元帥那海萬戶甯居仁鄭珪高德誠張受等鎮八節澗海口大軍方遂土罕必闍耶遣使來告葛郎王追殺至麻喏巴歇請官軍救之亦黑迷失張參政先往安慰土罕必闍耶鄭鎮國引軍赴章孤接援與進至麻喏巴歇却稱葛郎兵未知遠近

與回八節澗亦黑迷失尋報賊兵今夜當至召興赴麻喏巴歇七日葛郎兵三路攻土罕必闍耶八日黎明亦黑迷失孫參政率萬戶李明迎賊於西南不遇興與脫歡由東南路與賊戰殺數百人餘奔潰山谷日中西南路賊又至興再戰至晡又敗之十五日分軍為三道伐葛郎期十九日會答哈聽砲聲接戰土虎登哥等水軍泝流而上亦黑迷失等由西道興等由東道進土罕必闍耶軍繼其後十九日至答哈葛郎國主以兵十餘萬交戰自卯至未連三戰賊敗奔潰擁入河死者數萬人殺五千餘人國主入內城拒守官軍圍之且招其降是夕國王哈只葛當出降撫諭令還四月二日遣土罕必闍耶還其地具入貢禮以萬戶捏只不丁甘州不花率兵二百護送十九日土罕必闍耶背叛逃去留軍拒戰捏只不丁甘州不花省掾馮祥皆遇害二十四日軍還得哈只葛當妻子官屬百餘人及地圖戶籍所上金字表以還事見史弼高興傳

瑠求

瑠求在南海之東漳泉興福四州界內彭湖諸島與瑠求相對亦素不通天氣

清明時望之隱約若煙若霧其遠不知幾千里也西南北岸皆水至彭湖漸低近瑠求則謂之落漈漈者水趍下而不回也凡西岸漁舟到彭湖已下遇颶風發作漂流落漈回者百一瑠求在外夷最小而險者也漢唐以來史所不載近代諸蕃市舶不聞至其國世祖至元二十八年九月海船副萬戶楊祥請以六千軍往降之不聽命則遂伐之朝廷從其請繼有書生吳志斗者上言生長福建熟知海道利病以爲若欲收附且就彭湖發船往諭相水勢地利然後興兵未晚也冬十月乃命楊祥充宣撫使給金符吳志斗禮部員外郎阮鑒兵部員外郎並給銀符往使瑠求詔曰收撫江南已十七年海外諸蕃罔不臣屬惟瑠求邇閩境未曾歸附議者請卽加兵朕惟祖宗立法凡不庭之國先遣使招諭來則按堵如故否則必致征討今止其兵命楊祥阮鑒往諭汝國果能慕義來朝存爾國祀保爾黎庶若不効順自恃險阻舟師奄及恐貽後悔爾其慎擇之二十九年三月二十九日自汀路尾澳舟行至是日巳時海洋中正東望見有山長而低者約去五十里祥稱是瑠求國鑒稱不知的否祥乘小舟至低山下

以其人衆不親上令軍官劉閏等二百餘人以小舟十一艘載軍器領三嶼人
陳煇者登岸岸上人衆不曉三嶼人語爲其殺死者三人遂還四月二日至彭
湖祥責鑒志斗已到瑠求文字二人不從明日不見志斗蹤跡覓之無有也先
志斗嘗斥言祥生事要功欲取富貴其言誕妄難信至是疑祥害之祥顧稱志
斗初言瑠求不可往今祥已至瑠求而還志斗懼罪逃去志斗妻子訴于官有
旨發祥鑒還福建置對後遇赦不竟其事成宗元貞三年福建省平章政事高
興言今立省泉州距瑠求爲近可伺其消息或宜招宜伐不必它調兵力興請
就近試之九月高興遣省都鎮撫張浩福州新軍萬戶張進赴瑠求國禽生口
一百三十餘人

三嶼

三嶼國近瑠求世祖至元三十年命選人招誘之平章政事伯顏等言臣等與
識者議此國之民不及二百戶時有至泉州爲商賈者去年入瑠求軍船過其
國國人餉以糧食館我將校無它志也乞不遣使帝從之

馬八兒等國

海外諸蕃國惟馬八兒與俱藍足以綱領諸國而俱藍又爲馬八兒後障自泉州至其國約十萬里其國至阿不合大王城水路得便風約十五日可到比餘國最大世祖至元間行中書省左丞唆都等奉璽書十通招諭諸蕃未幾占城馬八兒國俱奉表稱藩餘俱藍諸國未下行省議遣使十五人往諭之帝曰非唆都等所可專也若無朕命不得擅遣使十六年十二月遣廣東招討司達魯花赤楊庭璧招俱藍十七年三月至其國國主必納的令其弟肯那却不剌木省書回回字降表附庭璧以進言來歲遣使入貢十月授哈撒兒海牙俱藍國宣慰使偕庭璧再往招諭十八年正月自泉州入海行三月抵僧伽耶山舟人鄭震等以阻風乏糧勸往馬八兒國或可假陸路以達俱藍國從之四月至馬八兒國新村馬頭登岸其國宰相馬因的謂官人此來甚善本國船到泉州時官司亦嘗慰勞無以爲報今以何事至此庭璧等告其故因及假道之事馬因的乃託以不通爲辭與其宰相不阿里相見又言假道不阿里亦以宅事辭五

月二人蚤至館屏人令其官者爲通情實乞爲達朝廷我一心願爲皇帝奴我使札馬里丁入朝我大必闍赤赴算彈華言國主也告變算彈籍我金銀田產妻孥又欲殺我我詭辭得免今算彈兄弟五人皆聚加一之地議與俱藍交兵及聞天使來對衆稱本國貧陋此是妄言凡回回國金珠寶貝盡出本國其餘回回盡來商賈此間諸國皆有降心若馬八兒既下我使人持書招之可使盡降時哈撒兒海牙與庭璧以阻風不至俱藍遂還哈撒兒海牙入朝計事期以十一月俟北風再舉至期朝廷遣使令庭璧獨往十九年二月抵俱藍國國主及其相馬合麻等迎拜璽書三月遣其臣祝阿里沙忙里八的入貢時也里可温兀咱兒撒里馬及木速蠻主馬合麻等亦在其國聞詔使至皆相率來告願納歲幣遣使入覲會蘇木達國亦遣人因俱藍主乞降庭璧皆從其請四月還至那旺國庭璧復說下其主忙昂比至蘇木都剌國國主土漢八的迎使者庭璧因喻以大意卽日納款稱藩遣其臣哈散速里蠻二人入朝二十年馬八兒國遣僧撮及班入朝五月將至上京帝卽遣使迓諸途二十三年海外諸蕃國以楊

庭璧奉詔招諭至是皆來降諸國凡十曰馬八兒曰須門那曰僧急里南無力曰馬蘭丹曰那旺曰丁呵兒曰來來曰急蘭亦䚟曰蘇木都剌皆遣使貢方物

元史卷二百十

一珍做宋版印

臣祖庚謹言昔明太祖詔廷臣曰元雖亡國事當紀載况史紀成敗示懲
勸不可廢也遂以所得十三朝實錄命中書左丞相李善長爲監修前起
居注宋濂漳州通判王禕爲總裁徵山東遺逸之士汪克寬等十六人於
洪武二年二月開局編纂詔先成者進閱者俟續采補八月書成復遣歐
陽佑等往北平等處採訪故元一統及至正事蹟佑等還詔續修仍命濂
等爲總裁以儒士趙勳等十四人同纂修之三年二月開局七月成書論
者謂爲期太促故不無率略也臣等奉
命校勘深愧學識淺陋不能搜採靡遺此書舊刻自南北二本外別無他本可
据而諸家文集所載非確有證佐者亦不敢濫爲徵引謹錄考證如干條
附諸卷末俾覽者有所取資焉臣謹識

原任詹事臣陳浩洗馬臣陸宗楷編修臣孫人龍臣韓彥曾臣李龍官候

補直隸州知州臣王祖庚拔貢生臣郭世燦等奉

敕恭校刊

西元二〇二〇年十一月一日重製一版

元史（附考證）冊十（明宋濂撰）

平裝十冊基本定價陸仟伍佰元正
（郵運匯費另加）

發行人　張敏君
發行處　中華書局
臺北市內湖區舊宗路二段一八一巷八號五樓（5FL., No. 8, Lane 181, JIOU-TZUNG Rd., Sec 2, NEI HU, TAIPEI, 11494, TAIWAN）
客服電話：886-2-8797-8396
公司傳真：886-2-8797-8909
匯款帳戶：華南商業銀行西湖分行 179100026931
印刷：維中科技有限公司
海瑞印刷品有限公司

No. N1060-10

國家圖書館出版品預行編目(CIP)資料

元史/(明)宋濂撰. -- 重製一版. -- 臺北市 : 中
華書局, 2020.11
冊 ; 公分
ISBN 978-986-5512-38-5(全套 : 平裝)

1.元史

625.701 109016937